あるくみるきく双書

田村善次郎・宮本千晴【監修】

宮本常一とあるいた昭和の日本

7

近畿①

農文協

はじめに

——そこはぼくらの「発見」の場であった——

「私にとって旅は発見であった。私自身の発見であり、日本の発見であった。書物の中で得られないものを得た。歩いてみると、その印象は実にひろく深いものであり、体験はまた多くのことを反省させてくれる。」これは『私の日本地図』の第一巻「天竜川にそって」の付録に書かれた宮本常一の「旅に学ぶ」という文章の一節である。これは宮本先生の持論でもあった。近畿日本ツーリスト・日本観光文化研究所に集まる若者の誰もが幾度となく聞かされ、旅ゆくことを奨められた。そして「どうじゃー、面白かったろうが」というのが旅から帰った者への先生の第一声であった。一生を旅に過ごしたといっても過言ではないほど、旅を続けた宮本先生にとって、旅は面白いものに決まっていた。それは発見があるからであった。発見は人を昂奮させ、魅了する。

この双書に収録された文章の多くは宮本常一に魅せられ、けしかけられて旅に出、旅に学ぶ楽しみと、発見の喜びを知った若者達の旅の記録である。一編一編は限られた村や町の紀行文であるが、こうして地域ごとに集めてみると、期せずして「昭和の風土記日本」と言ってもよいものになっている。

日本観光文化研究所は、宮本常一の私的な大学院みたいなものだといった人がいるが、この大学院は学歴も職歴も年齢も一切を問わない、皆平等で来るものを拒まないところであった。それだけに旺盛な好奇心と情熱をもった多様な性向の若者が出入りしていた。『あるく みる きく』は、この研究所の機関誌的な性格を持った月刊誌であり、所員、同人が写真を撮り、原稿を書き、レイアウトも編集もすることを原則としていた。編集者もデザイナーも筆者もカメラマンも、当時は皆まだ若かったし、素人であった。公刊が前提の原稿を書くのは初めてという人も少なくなかった。発見の喜び、感激を素直に表現し、紙面に定着させるのは容易なことではない。何回も写真を選び直し、原稿を書き改め、練り直す。徹夜は日常であった。素人の手作りからの出発であったが、この初心、発見の喜びと感激を素直に表現しようという姿勢、は最後まで貫かれていた。

月刊誌であるから毎月の刊行は義務である。多少のずれは許されても、欠号は許されない。特集の幾つかに宮本先生の古くからのお仲間や友人の執筆があるし、宮本先生も特集の何本かを執筆されているが、これらは欠号を出さず月刊を維持する苦心を物語るものである。

『あるく みる きく』の各号には、いま改めて読み返してみて、瑞々しい情熱と問題意識を感ずるものが多い。それは、私の贔屓目だけではなく、最後まで持ち続けられた初心、の故であるに違いない。

田村善次郎　宮本千晴

目次

近畿①

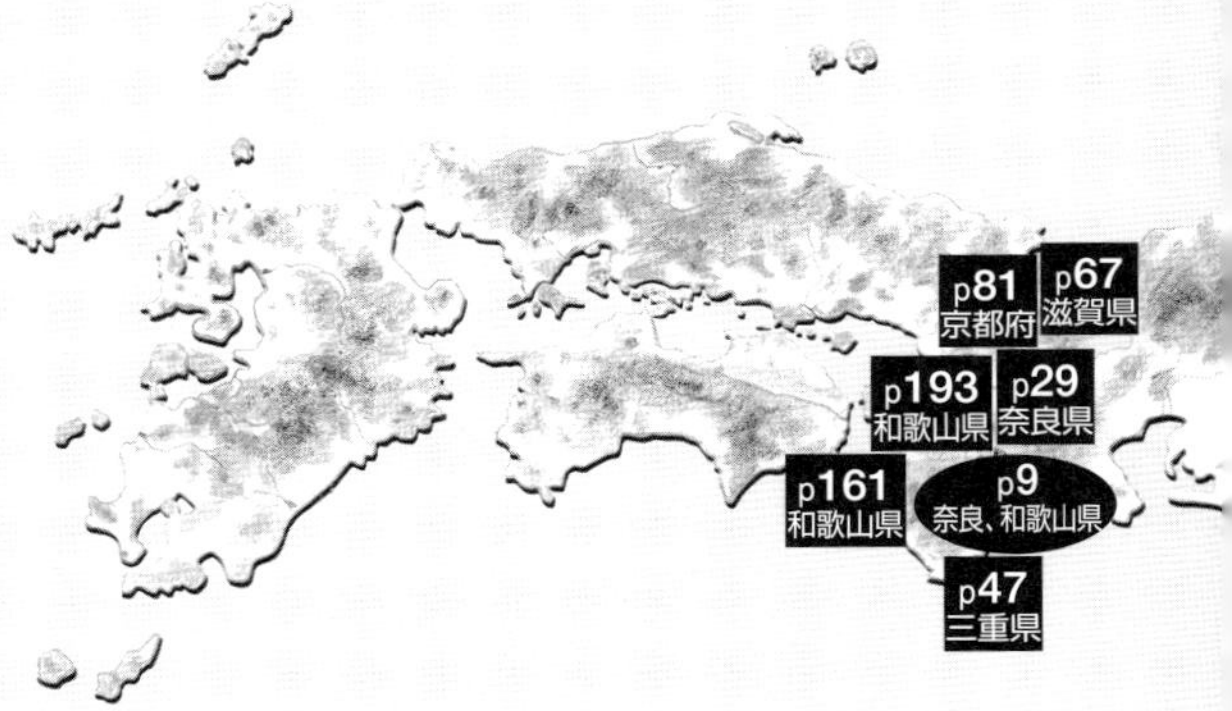
p81
京都府
p67
滋賀県
p193
和歌山県
p29
奈良県
p161
和歌山県
p9
奈良、和歌山県
p47
三重県

凡例

○この双書は『あるくみるきく』全二六三号の中から、日本国内の旅、地方の歴史・文化・祭礼行事などを特集したものを選出し、それを原本として地域および題目ごとに編集し合冊したものである。
○原本の『あるくみるきく』は、近畿日本ツーリストが開設した「日本観光文化研究所」（通称　観文研）の所長、民俗学者の宮本常一監修のもとに編集し昭和四二年（一九六七）三月創刊、昭和六三年（一九八八）一二月に終刊した月刊誌である。
○原本の『あるくみるきく』は一号ごとに特集の形を取り、表紙にその特集名を記した。合冊の中扉はその特集名を表題にした。
○編集にあたり、それぞれの執筆者に原本の原稿に加筆および訂正を入れてもらった。ただし文体は個性を尊重し、使用漢字、数字の記載法、送り仮名などの統一はしていない。
○写真は原本の『あるくみるきく』に掲載のものもあれば、あらたに組み替えたものもある。原本の写真を複写して使用したものもある。
○掲載写真の多くは原本の発行時の少し前に撮られているので、撮影年月は記載していない。
○写真撮影者は原本とは同一でないものもある。
○市町村名は原本の発行時のままで、合併によって市町村名の変わったものもある。また祭日や行事の日の変更もある。
○日本国有鉄道（通称「国鉄」）は民営化によって、昭和六二年（一九八七）四月一日から「ＪＲ」と呼ばれる。『あるくみるきく』はほとんどが国鉄当時の取材なので、鉄道の路線名・駅名など国鉄当時のものが多い。民営化によって廃線や駅名の変更、あるいは第三セクターの経営になった路線もあるが、それらは執筆時のままとし、特に註釈は記していない。
○この巻は須藤功が編集した。

一枚の写真から

宮本常一

―村の鍛冶屋―

和歌山県粉河町（現紀の川市）。昭和49年（1974）5月　撮影・森本　孝

今から三〇年あまり前、まだ自動車のあまり走らない世の中の静かだったころの話である。土埃《つちぼこり》のたつ田舎道をあるいていて、里が近付くとかならず聞えてくるのが鍛冶屋《かじや》の金槌の音である。カン高い音が静かな空気をふるわせて聞えて来ると、「あ、この村もみな元気にいそがしく、しかしのんびりと生きているな」と何となく思って、その里になつかしみをおぼえた。その頃は家の五〇戸一〇〇戸ある里ならば、たいてい鍛冶屋が一軒はあったものである。さてその鍛冶屋の前まで来て中をのぞくと、仕事場には鍛冶屋と弟子と、そのほかに二、三人がくずれかけた腰掛けに腰を掛けて、鍛冶屋の手もとを見ながら話しこんでいたものである。中には農具の修理をたのみに来た者もあるだろうが、通りがかりに立ち寄って話しこんでいる人もある。こちらもついにやにやして立ち寄って鍛冶屋の手もとを見ていると「兄さんどこから来たかね」と向うから声をかけてくれる。かい

つまんで旅の目的を話すと、「休んで行きな」ということになって、鍛冶屋の仕事が一区切つくまで話しこんでいくことが多かった。そして「あれはどこの鍛冶屋であったか」と情景は思いうかんでも場所が思い出せないことが多い。もう戦争のはげしくなった頃のことであるが、年老いた鍛冶屋が三〇歳内外の女を向槌《むこうづち》にして鍬《くわ》を打っているのを見た。息子が戦地へいって、その嫁が息子にかわって向槌を持っているのだとのことであった。力の入る仕事で女にはつらいことだろうが、必死になって手伝っている姿に心をうたれた。私は仕事場の一隅に腰かけてあれこれと村の話を聞いたのだが、嫁御《よめご》が息をいれるわずかの間にフイゴの火床の上にかけてある鍋から湯を汲んで茶をいれてくれた。その茶のうまかったことを今もよくおぼえている。多分大和盆地のどこかの村でのことであった。あの嫁御の亭主は戦地から無事にかえって来たことだろうか。戦争がすんでもう三〇年あまりもたっているのに、今でもそんなことをふっと思い出すのである。そしてその嫁御の姿は今でも三〇歳内外のまま私の心にのこっている。

　鍛冶屋の前を通りかかったとき仕事をしていないことも多い。鍛冶屋の仕事場は殺風景であり店先も殺風景である。当節風にデザインを考えて物をならべた様子は感じられない。そのぶっきら棒さ加減がまた妙に心をひくのである。私はそこにならんでいる道具をまず見る。するとそのあたりの農業のありさまが何となくわかるような気がする。

　大きな備中鍬がかかっている。柄をつけると一貫目もするのだろうかと思う。山間の棚田を起すために使うのだろう。刃先の長い砂利切りは深い溝でも掘るのに使うのか。長い二叉の火箸を見ると、まだこの近くの山地で炭焼をしているのではないかとも考える。薙《な》ぎ鎌の刃を見ると牧草を刈るのだなと思うし、この近くで酪農をやっている農家のことを想定する。そして手打ちの農具がたくさんならんでおれば年をとった鍛冶屋が頑固に古風を守って仕事をつづけている姿を思いうかべるのである。

　事実数は少なくなったけれども、まだそんな鍛冶屋が方々に生きている。そういう人に仕事をつづけてもらいたいものである。郷里の金物屋（鍛冶屋ではない）へ寄ったら小さな、刃渡りが一寸五分ほどの庖丁を売っていた。不細工なものだが、切れ味はよさそうである。金物屋に聞いたら網の糸を切る庖丁だそうである。私の町（山口県大島郡東和《とうわ》町）のすぐ西に安下庄《あげのしょう》という大きな漁浦がある。そこでは、小網を用いる漁師が多い。漁師は網がやぶれると自分でつくろいをする。その時糸を切るのにこの庖丁を使う。この庖丁は三〇年あまりまえ、つまり戦前まではいくらでも手にはいったが、終戦と同時に手に入らなくなった。ほかの刃物ではどうにもうまくゆかない。この庖丁を打っていた鍛冶屋は伊予の松山にいた。戦後そこへハガキを出したら戻って来た。松山へいったついでたずねていってみたら、そのあたりは戦災にあって家がすっかり建ちかわり、鍛冶屋の消息もわからなかった。もう死んだのかもわからぬと思ってあきらめていた。

野鍛冶図（部分）　群馬県明和町梅原　明治19年（1886）奉納　撮影・須藤　功

ところが四、五年前のこと松山のある金物屋へ寄って見たら、当世風な刃物の並んでいる中に古風な手打ちの菜切庖丁《なきりぼうちょう》がおいてある。見おぼえのあるものなので聞いてみると、その庖丁の愛好者が、そのあたりに多くて、取り寄せて売っているとのことである。その鍛冶屋は松山の南の砥部《とべ》の近くの田舎で、百姓のかたわら仕事をしているという。こういう人ではないかと聞いてみるとそうだという。私の町の金物屋はそれを聞いてとび上るように喜んだ。そして松山の奥へその鍛冶屋をたずねていった。もう八〇歳近い老齢になっていた。戦災におうて郷里の村へかえって百姓になったが、周囲の人にたのまれるままに、また少し仕事をはじめた。ところが松山の町の主婦たちの中に、その鍛冶屋の打った庖丁の切れ味をおぼえている人があって、風のたよりにまた仕事をはじめていることを知って訪ねて来て注文していった。それから注文に応じて少しずつ松山へも出すようになったのである。

私の町の金物屋の願いもおなじであった。その鍛冶屋の刃物をほしがる人は多く、それが思い出話になっていた。ところがその鍛冶屋はまだ生きていて注文すれば刃物を打ってくれるというので町の金物屋はいろいろ注文して帰った。私が見たのは何回目かの注文の荷が届いたところであった。私は早速網の糸を切る小さい庖丁を一本買った。たった百円である。「小さくてもきたえる手かずはかかるのだから五百円も千円もほしいのだが、小さいとみな安いと思っている。もうけにはならないがみんなが喜んでくれるのだから安い価で出します」とその鍛冶屋は言ったという。私はその鍛冶屋は訪ねていったことはないから知らないが、この写真の鍛冶屋よりもう少し小さい仕事場を持っているのではないかと思う。小さいけれども古いあたたかい心がみちあふれているに違いない。

岡山県美作《みまさか》の山中は作州鎌《さくしゅうがま》の産地だが、そこからも古風な鎌がわれわれの故郷へ送られて来ている。それは作州鎌でなければならないという百姓が何人もいるからである。広い世の中の片隅で仕事をしており、何のかざり気もない生活をしているのだが、決して孤独ではない、多くの人、それもほとんど生涯顔をあわすことのない人びととの間に強い絆があって結ばれて仕事をしているのである。全ての刃物が機械で作られるようになったら、こうしたこまやかなしかも強い人間関係はきれていってしまうのではないかと思われる。

近頃は田舎をあるいても鍛冶屋の槌の音はきこえなくなった。仕事も減ったが雑音の方が大きくなってきたからであろう。

十津川に架かる谷瀬の吊橋

十津川村谷瀬の民家

十津川・熊野

文　志村妙子
写真　須藤功

吉野山地に源を発し、奈良県では十津川、和歌山県では熊野川となる流れ

十津川は、立体的に点在する民家を稲妻状に走る山道とつり橋が結ぶ郷である

和歌山線五条から十津川温泉行きのバスに乗る。西吉野、大塔をすぎて十津川村へ入る頃、次第にバスはまっすぐには進まなくなる。行く手に見え隠れする道も、通って来た細く続くそれも、ただうねうねと降りては登る。視界がずっと開ける山の上を走ると、次には深々と山の底に沈む。その曲線から眺める風景のなかにひとにぎりの、ある時にはただ一粒の民家が見られる。V字型とはいうまい。しかしそれに近い山間の中腹に奇跡的にくっついているとしか思えない驚きをよそに、板屋敷が静かに秋の陽を受けている。家の近くの柿の実が歓ばしげに光っているのだ。山の頂上の、もうこれより上は青空のみという場所にすら点在する民家。見上げる顔の鼻先を、材木を満載したトラックが身を揺らしながら幾台もすれ違う。檜・杉が多い。集積地の五条まで運ばれて行くのである。

行き交うトラックがすべて木材関係の車であるのにうなずいて山々に目をやれば、見事に茂った杉の植林である。

〝とんと十津川御赦免どころ年貢いらずの作り取り〟と古い謡に唄われている。この地は江戸時代は免租地であった。慶長五年（一六〇〇）の関ヶ原の合戦での戦功により、所謂太閤検地で高千石と測られた租税は赦免になった。またその直後に起った北山一揆の鎮圧に対する協力で、郷民四五人に扶持米七八石七斗五升が下された。しかし租以外の税、諸役は免除されたわけではない。

たまたま慶長九年（一六〇四）江戸城本丸普請のため、北山御料材の木材が池原より新宮まで十津川、熊野川を下った。このとき十津川郷が仰せつかったのが機となって筏役が始まった。一年分の筏流しの木の本数に対する日当の総額は七八石七斗五升だったという。この数字は四十五郷士に与えられる扶持米と同額である。つまり幕府は郷士の扶持米を筏役に形がえしたのである。

元禄ごろになると、木材商人の商品としての材木運搬が始まった。そして初期においてはそのころすでに出来ていた北山郷の筏問屋に請け負わせていた筏下しも、次第に材木の商品化が進むにしたがって十津川郷運営の色が濃くなった。そして明治維新まで続くのである。その十津川は眼下に見る川の様相とはほど遠かったという。まさに山に生じた亀裂ともいえる谷の底知れぬ深みに、水はうず巻いて流れていたのだ。その水さえ見えないくらい両岸が迫っていて、下る材木の端が岸にかかる個所すらあったという。いま流れはゆるく、ゆったりと広い河原をさまよっている。激流に乗って踊り狂う筏の姿はない。明治二十二年（一八八九）の大災害は山を崩し、その土で新たな丘をつくり、かと思うと渓谷になだれこんだ。加えて川上に次々と建設された坂本、猿谷、風谷のダムは、十津川の様相を変えてしまった。そして切り出された木材は国道を走り林道を揺られるようになった。筏流しは時代の流れとともにその生命を閉じたのである。

道がひとまがりする。バスが方向をかえる。窓の外の光景が変わる。ブレーキテストがあり、身替地蔵《みがわり》であろう。交通の安全を守るお地蔵様のまろやかな姿がすすきの間からのぞいた。

つり橋を幾つも目にした。文字どおり吊るした橋で、長さ数十メートル、河原まで数十メートルの高みの空間にかけられたワイヤーロープの上に板が縦に数列並べられただけのもの。その細くしんなりとした橋の揺れに合わせてこともなげに土地の人は歩く。学校帰りの子供達が歌いながら渡る。大きな荷を負った老婆が、体をくの字に曲げて黙々と進む。若者がエンジンの音を響かせながら単車で通過する姿も見えた。なかでも谷瀬は長さ約三〇〇メートル、思わず息をのむつり橋の女王である。

古い湯の里で知られる湯泉地で下車。すぐ目の前のそれを渡る。

「平衡をとろうと足を広げて歩いたらあかん。一枚の板をまっすぐ行くンや」

腰をかがめ橋の動揺と同じくらい心臓をドキドキさせながらやっと行くと対岸の畑で、セッセと大根を抜いていた老婆が遠くから大声でどなった。

「初めての人は怖かろう。もうチット近かったら飛んで行って手を引いてやったけど」

畑はきつい傾斜である。腰に籠を結びつけ、抜き取ったらここに入れる。白いソバの花が無心に揺れている。二〇年近く北海道へ家族をあげて行っていたという。十津川では北海道へ移住した話をよく聞く。明治二十二年の災害後、新十津川という地へ大挙移住した。

和歌山県那智勝浦町・熊野那智大社の7月14日の「夏祭り」の松明と扇御輿

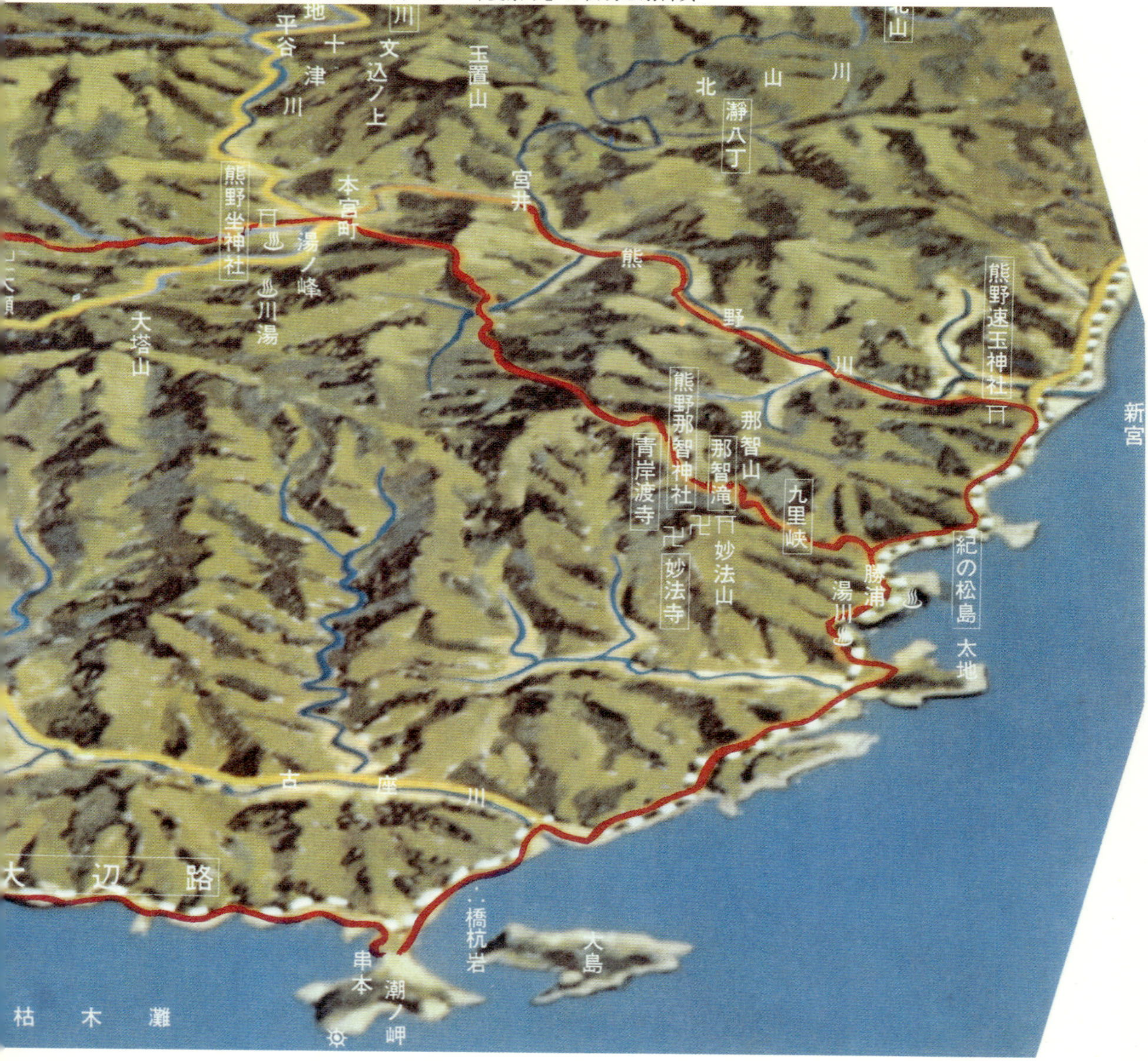

和歌山県古座川町の7月24・25日の、「御船祭」とも呼ばれる「河内祭」

皮の着物を着た十津川の男。昭和8年（1933）1月　撮影・高橋文太郎

十津川の女たち。昭和8年（1933）1月　撮影・高橋文太郎

「北海道？　いいところ。しかしここもいい」と曲げていた腰を伸ばして叩きながら若やいだ声で答えが返って来た。

畑は少なく、自分の家で食べるのがそこそこだ。山仕事とて今はそれほどなく、若い男達は外へ職を求めて出て行く。温泉地として次第に他郷の人の足を留めつつあるとはいえ、そこで消費される労働力は未だ微々たるものだという。大勢かたまって住むには平地が狭すぎる。

国道沿いの部落は国道開通後山から降りて来た家が多く、家屋自身も、そしてその内で営まれている生活もずい分変ってしまった。古い十津川を知るにはやはり国道や林道の助けを断って、山中へはいらねばならない。数年前にやっと電気のつくようになったという奥の地には、傾斜の一部を削り取り、石垣で土を止め、石段を築き、ソギ葺《ぶき》、杉皮屋根に石を乗せた民家がある。それはこの傾斜地に石を組むことを以って挑戦した人々の証でもあろう。当然、庭は狭い。母屋―厩舎―風呂場―物置―便所に至るまで横にならんだ一直線の構成だ。そしてこういう家が上下に点在する間を電光形に小径が結んでいる。

十津川の人々が山で生きて来た記録に接したいのなら、郷土館がある程度の資料を与えてくれよう。賢い山の生活者の知恵が生み出した八〇〇点余の生活文化財が収蔵されている。込《こみ》ノ上《うえ》の十津川高校の中にある。

十津川郷の信仰の中心は、玉置《たまき》山（七七九メートル）の頂上近くに鎮座する玉置神社である。麓の人々は三月二十四日の春祭、十月二十四日の秋の大祭には大挙して

北海道の移住地に分霊を遷した玉置神社（現新十津川神社）に奉納された絵馬。所蔵・十津川開拓記念館

山にのぼるが、正月のほかに常でも足繁く参る。

「昔ャー、それ、二食分の弁当を持って出かけたものですョ」

とお年寄りは言う。今でも登り口までバスで行き二〜三時間登らなくてはならぬ。樹令二千年といわれる大杉等、深山のたたずまいの中にひっそりとあるその神社は、熊野三山の奥の院とも言われる。

熊野へ参らむと思へども
かちより参れば道とおし、
すぐれて山きびし……空より参らん

大台ヶ原を中心とするけわしい山麓が白く波立った海原と咬み合った半島、豊かな雨の降りそそぐ地、樹木の繁りに繁った土地――そこが熊野である。紀伊の国の南の部分一帯をさす。紀伊国は紀の国―木の国で人間の国ではないのだ。しかしこんな土地にも人々は住みついて、山に入って木を切り、海の幸を追って生きて来た。また、この土地を中世以後、多くの人々が訪れたのである。熊野詣《もうで》だ。

「旅をする」という行為はとても古くからあった。食料を始め生活用品を求め合うための、あるいは官吏などが命を受けて任地におもむくといった旅である。しかし経済的安定が満たされた時、あるものたちは我が信じる神や仏を求めて出かけた。これは新しい旅の幕開けといえよう。

院の熊野詣は政治的基盤である国司の奉仕と荘園の資

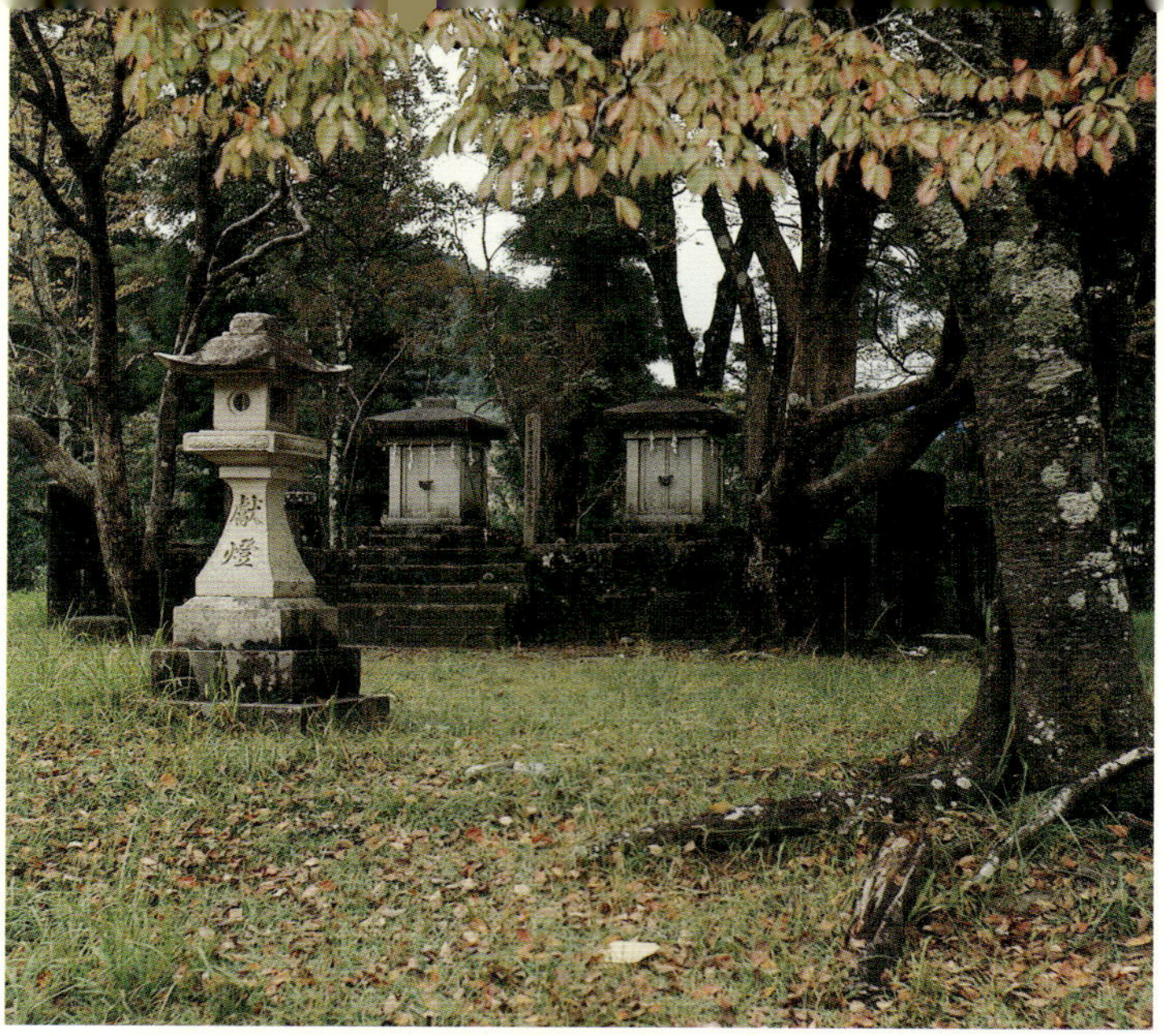

旧本宮の宮（上）と宮址（下）

力を以って早くは宇多上皇に始まり、院政時代には年中行事的になってしまった。そしてこれは院にかぎられた行事ではなくて、院を含む貴族社会全般の傾向であった。一方施与と寄進は神社経営上の決定的財源である。参詣者誘致は死活の問題だ。特に地理的条件に恵まれない熊野はなおのことだ。

その一つのあらわれが女人に対する積極的な布教と、鎌倉時代に熊野三山固有の先達を生んだ。先達とは学問等の先覚者、先進者を言ったが、平安時代、修験道の特殊用語化すると、初めて峰入りする人に対して熟達した山伏をさすようになり、さらに参詣人の道者を指すようになった。彼等は参詣前の潔斎その他の行儀を指導し、道案内をし、宗教上の不安疑問に答えもした。この先達の広汎な分布が「蟻の熊野詣」と呼ばれるほど多数の武士、一般庶民までをも吸収したのであった。

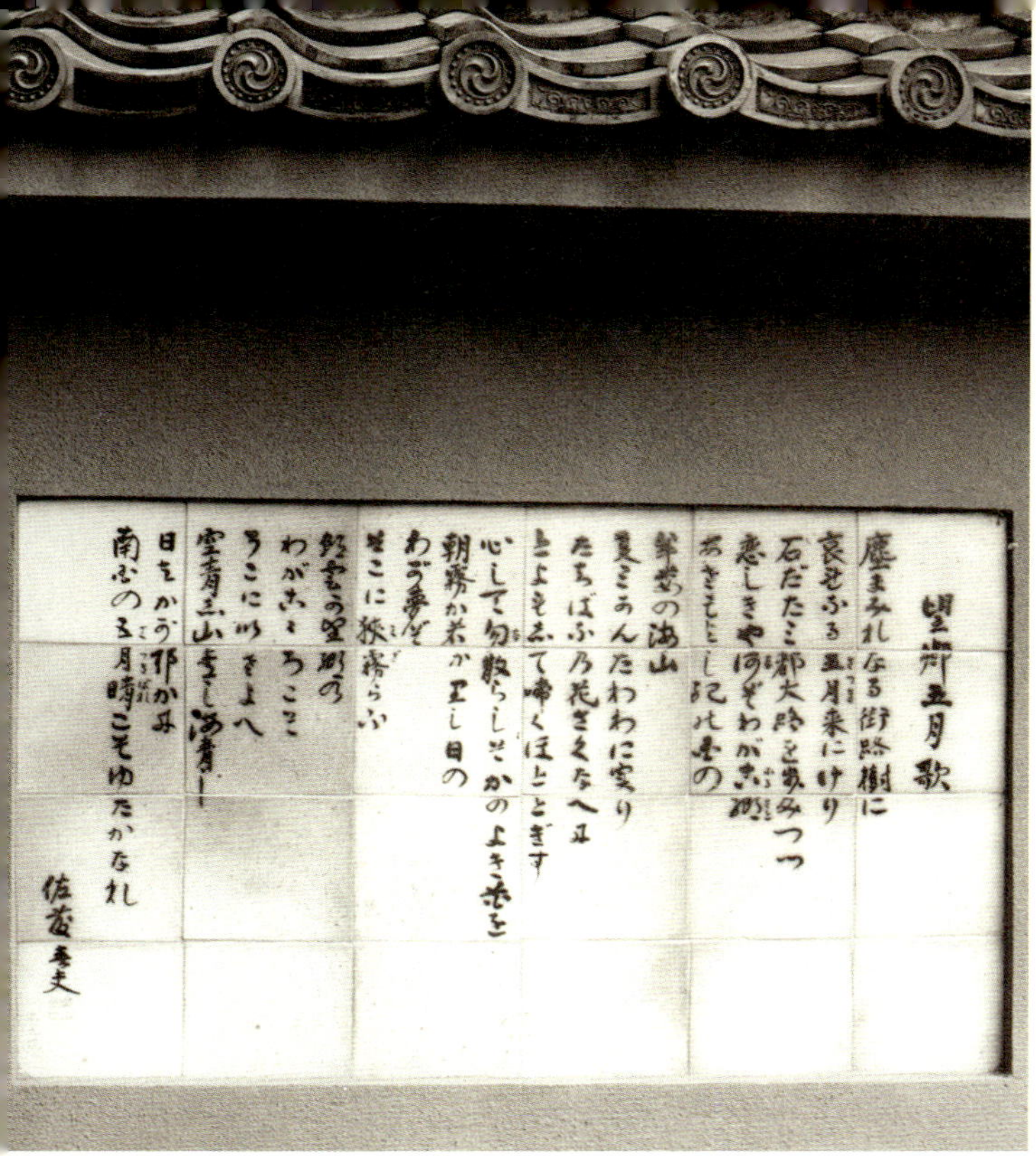

熊野速玉大社境内の神門脇にある佐藤春夫の詩碑

本宮町はこの熊野本宮の門前町として発達したが、今は湯の峰、川湯が足だまりとなって留まる人は少ない。熊野川の広い砂洲にこんもりと残る神宮址は仮の石祠二殿。参道の両側に続いた杉の古木とこけむした石垣が荘厳だった姿をしのばせるに十分である。山岳信仰の神の多くは山中にまつられるのに、どうしたことか熊野の神は谷底の川原にまつられていた。それが明治二十二年の大増水によって一挙に流されて、同二十四年には現在のすぐ近くにある高台に移された。音無川を渡って左手、熊野本宮大社だ。朝もやがまだ立ちこめているなかを、すでに何人もの人が急な石段を上っていた。

白木のゆかしい社殿である。

本宮は京都より数十里、二〇日から三〇日かかった。京都の南鳥羽から舟で淀川を下り大阪八軒家に上陸しそこから陸路をとって紀州田辺、ここから中辺路《なかへち》をこえて本宮へ、次に熊野川の風光を賞味しつつ新宮へ参った。

新宮は今なお吉野熊野から運ばれた木材で活気をおびている所だ。熊野川が灘に注ぎ込んでいる地域には製材やチップの工場が建ち並び、黒い煙をさかんに天に吐き出している。

つい先頃まで筏の終点であった貯木場へ行ってみる。「貯木場開造碑」と刻まれた石が、川辺の草むらの中で雨に打たれていて淋しい。

熊野速玉神社は河口を少し遡った街中にある。境内には榊のもととされているオガタマの木が枝を広げる。招《おが》霊《たま》、小香玉《おがたま》ともいわれる。昭和二十六年（一九五一）から改築されて朱と緑の驚く程新しい神殿である。熊野をこよなく愛した詩人佐藤春夫の詩碑がある。

室町時代にはいると支配者のみならず一般庶民も多く信仰の旅に出ている。しかしこの時代、伊勢参宮、西国巡礼、高野山参詣の非常な発展に反し熊野詣は低迷し続けた。そして江戸時代、地理的条件の劣悪な熊野は伊勢にその繁栄を奪われるのである。

とはいえ熊野那智大社を訪れる人は明治時代にも年十万人を下ることはなかった。はるばる毎年詣でる篤い信仰の主もあれば、最近は那智の大滝見物の観光客、華やかな新婚さんと種々雑多な人々が長くつづく石段に絶える事がない。那智の大滝は谷むこうの山に掛かる。熊野の国の豊かな水を集めて近よればゴウゴウと大地を揺るがす巨大な滝であるけれど、社から遙かに眺める姿は数千丈の高さから落ちるせいであろうか、一帯の原始林の中にあってほっそりと華麗にすら見えた。

三社に参った人々は再び新宮を経て大雲取《おおぐもとり》小雲取《こぐもとり》の険しさを越えるか熊野川をさかのぼって本宮へ帰り、中辺路を踏んで田辺から船路をとった。大辺路の利用は比較的新しく古代中世はほとんど中辺路一路に限られていたという。

那智神社からちょっと足を延ばして妙法山へ登るのは痛快である。女人高野と呼ばれたこの山からは那智山、熊野の山々が一望に望め、はるかに熊野灘の広がりがある。妙法寺は人影も無く、古い姿をそのまま持っていて杉の黒い林の奥にひっそりと息づいていた。この山には死者の霊があつまったと、昔はいいわれていたそうだ。

「夏祭り」の扇御輿と那智の滝

湯けむりが、歩く人の姿を白める温泉郷

十津川の支流湯の川。この川は杉の黒々とした衣裳を着込んだ谷合で、いたるところから熱い湯をふき上げている。湯の峰もそのうちの一つ。湯と共に明けては暮れる湯泉郷である。両岸にびっしりと家々が建ち並び、その後に山々

川のなかにも湯がわく湯の峰温泉。熊野本宮大社へ参詣する人はここで湯垢離をとった。

がせまる狭い谷川は湯で乳色にけぶる。そしてかがみこんだ女衆が野菜や玉子をゆで、洗い物をする。吹きすぎる風は冷たい。けれど手ばかりでなく体の芯まで温かい。「寒さ知らずの冬ですヨ」上げた顔が上気していた。あちこちに、洗濯物の一杯はいったカゴ、ヤカン、まっさおにゆで上ったナッパのザルが置かれ、話し声が飛び歩く。笑いが走ることもある。台所の延長でもあり、女達のいこいの社交場でもあるのだ。

すぐ上手、これはまた川のただなかに一坪ほどの小屋が危げに立っている。雨が降って水がふえると、流れは小屋の中を洗い再び川にはいるそうだ。

小栗判官が難病を治したといわれる壺湯である。壺のなかの湯は色が七色に変わる。

「いや、本当に変わりますヨ。そう……乳色、緑、紫、青、赤みがかったり。時間によります」

と土地の人は言う。子宝湯として婦人の入浴者が多い。お年寄りは好んで入るそうだ。かろうじて囲いと呼べるものをまわし、一方は風に揺れるすだれが一枚。風の音を聞き、山の音を聞き、川の流れの中で湯につかれば、判官ならずとも病がいえようというものである。入口に、

「はいる方は二十円をお払い下さい」

という意味の札が下っている。どこに払うのか、それらしきところも見当らない。のどかな湯の里であった。

霊湯も大変古いものである。が、すぐ川上にある「紀のくすり湯」とのれんのかかった共同風呂も、建物こそ新しいがやはり遠く遙かなときからつづいている。

この里の温泉は、成務天皇（記紀伝承上の天皇）の時代、国造《くにのみやつこ》の大阿刀足尼《おおあとのすくね》が発見したと伝えられている。中世以降熊野信仰が盛んになると、その湯垢離《ゆごり》場として人々が足をとめた。熊野地は山けわしく、谷深く、道厳しい地である。信仰の心を持ってこの道を越えて来た善男善女は等しくこの湯で旅の汚れを洗い、

心身を浄め、夢にまでみた熊野神社へ詣でたものであった。

室町から江戸へ。時代とともに、参る人の数は次第に減った。地理的条件により恵まれたお伊勢神宮の布教が活発になると、参詣の列は伊勢により多く向ったのだ。

今、湯の峰は近畿の温泉郷として年々客も増え、両岸の旅館も改築に忙しい。古い姿は残っていない。けれど毎年四月十五日の熊野本宮大社の祭の二日前には、宮司を初め祭りに奉仕する人々が、湯垢離をとりに小さな峠一つこえてやって来る湯登り行事が残っている。このときは一般の入浴はシャットアウト。行事の後にはいってもらう。

土地の人ばかりでなく湯の峰の温泉を訪ねた人は、宿の如何に関わらず、どの旅館のどの湯槽へでも自由気ままにつかることができる。これもまた、古来からの風習である。体の芯までしみ込んでくる湯を味わいながら、いっしょになった土地の人と、思わぬ話がはずんだりするのもこの地ならではのものであろう。

郷の中心にある東光寺には、藤原、鎌倉時代の、作風も美事な木彫仏のほかに、重要文化財指定の日光月光の画等が納められている。熊野詣が運んだ中央文化の一片をそこに窺うことができる。

秋の陽のなかで並んだ宿の軒が長々と影をひく。静かに暮れていく湯の里には、いにしえの湯垢離場の表情はしのぶよすがすらない。しかし、湯は今も絶えず湧き出し、人々はこの湯といっしょに生活し、生活の底流にある風習は不思議なほど変わらずつづいている。外見の変貌する家と家並みの奥に。

那智駅は砂浜にある駅である

下り大阪・和歌山方面行きのホームのすぐ下まで熊野灘の波が寄せてはかえす。視界一杯に広がる那智湾の左手には燈台の火が点滅し、灰色のうすものがあたりを覆っていた。

小雨の夕刻このホームに立って波の音を聞けば旅のひっそりとした思い出の光景となろうし、夏の陽光の中で眺めれば彩《はな》やかな歓びが残るであろう。湾曲した浜のはずれからコトコトと列車が近づいて来るのも面白い。太地《たいじ》はここから、海辺を走りトンネルをぬけ、海を見て山へもぐる――山と海のせまった南紀の実感にひたれ

海のそばにある紀勢本線那智駅の日の出

「くじらの博物館」に展示されている、鯨に挑む男たちの人形。撮影・相沢韶男

ば二〇分余り。鯨の町である。

漁の最高はクジラですナー　これを知ったら止められんデス

太地駅より一〇分程バスに揺られれば、ひと昔前までその名を馳せた鯨村に着く。ひっそりとした、落ち着きの感じられる港である。鯨という言葉が次々に出現する。町営の国民宿舎の名前が白鯨。役場へ行けば鯨の一種シャチの骨格。鯨の保育所、養殖場、試験場、博物館、建築等に始まる広大な観光プラン。そして、盛んなりし頃沖を通過する鯨見張人が凝視しつづけた燈明崎。崎登る坂道に立って町を見守る漂流人記念碑。

明治十一年（一八七八）十二月、折からのシケのなかへ出漁し、遂に自然の暴威との激闘に屈して帰らなかった百十数人に寄せる悲しみは、今も太地の人々の心に深くのこっている。それ以来この地に、山のような鯨の肉、鼻をつく鯨の香は消えた。この碑は、従来の捕鯨の終末を刻んだ墓標ともいえよう。

わが国の捕鯨史は古い。南洋からは暖流黒潮が、北洋からは寒流が回流しているため、秋にはベーリング海峡から千島・本州にそって南へ回游する鯨を迎え、春にはそれが再び北へかえってゆくのを打つ。人々は刃先に逆鉤をつけて突き刺さったら抜けない工夫をし、さらに鯨の身体に網をかけて行動をにぶらせる網取り法を生み出した。戦国末期、士農工商それぞれが生きる活路を必死に求め、知恵と力のある者が生き残った時代の産物である。これによって近海捕鯨は画期的な発達をとげる。大鯨を一頭しとめれば一年間に必要な道具代をまかない、二頭をものにすれば人件費をまかなってなお余りあったという。このため、いわば企業化が各地で始まった。

太地はその先端をきった。

他の地では藩の支配によって行なわれていた鯨とりを、太地捕鯨の元祖和田頼元は独立した経営とし、三代目は網を使ってより巨大な鯨とりに成功をおさめた。そして熊野人の開放進取の精神はこの新しい方式を九州、四国へと伝え、活躍しつづけたのである。村はうるおい、和田氏は巨富を蓄積した。一代の文豪井原西鶴もこのうわさを聞き及んで、『日本永代蔵』に太地の天狗源内を書いている程である。

和田家には、往時をしのぶ幾巻もの絵巻が保管されている。勇壮な沖の鯨と人間の闘い、帰りを迎えに走り出ている女子ども、浜辺でナタを振り上げて肉を切る男たち――まさに潮と鯨と汗の香が流れ、呼び交う声や騒音が伝わって来る。その他、鯨の種類や捕鯨についての巻物、経営に関する明細な規則を記したのもある。

断片的な記録ながら一村あげての自給制を知ることが出来る。勢子舟（鯨を網に追い込み銛を打ち込む）、網舟（網を積んでいる）、持左右舟《もっそうぶね》（捕えた鯨を横木に結びつけて持ち帰る）、樽舟（網から流出する樽を拾う）、舟見舟（道具、食料を乗せている）。その乗組員は言うに及ばない。船大工、櫓大工、鍛冶、桶士。これらの作ったものを整理保管する役、望遠鏡で常に通鯨を見張る山見、あるいは解剖、採油、筋とり。すべて組織的に運営されていた。人々は鯨の一物も残さなかった。皮を採り、油を得、臓物を食し、骨は油をとった後肥料とした。これらは舟に揺られて、大阪へ伊勢へと運ばれて行ったのである。

このような縦の組織立てばかりではない。力のない年寄りや年少者に対する配慮、病人や命を落とした者の遺族の対策等々、横の関係についても細かい法則があった。こういう共同体としての有機性が、あの繁栄をもたらした重要なポイントであったのであろう。

幕末、次第に収穫量は減っていった。アメリカ、イギリスの捕鯨船が漸次日本海に姿を現わしたのだ。彼等は銃砲を用いて自由に海原を走りまわった。三〇〇年の鎖国で固まってしまっていた日本の漁業界は、これに対処する方法は皆無で、不漁の貧しさの中へ沈んでいく。そして漂流人記念碑が刻むあの明治十一年の惨事。西風の吹く海に大鯨を見つけて必死にくり出した太地の人々は潮の流れにもまれて散って行ったのである。以来、再び太地にはかがやかしい光景がもどる日は無かった。

昭和四十三年（一九六八）のある朝五時半、私は一隻の鯨船が港を出て行くのを見送った。乗組員三人。前田式連発銃一台。船足は速い。腕はたしかだ。多い日には船底が一杯になり、船脇にも引いて帰るという。

「漁の最高は鯨ですナー。この味を一度知ったら止められン」

日焼けした顔は輝く。

「とれるかとれぬか海を見りゃわかる」

海を読むという表現をつかう。「命中率は？」と聞くと大声で笑われた。

「うちのボウズだってうちますヨ」

けわしく鋭い表情が一時にくずれて海に生きる父親の歓びが広がるのである。船の名は勝丸。今太地に残る唯一の鯨船であるという。町所有のものと聞く。

　鯨のメッカ太地は変貌しつづけて来た。鯨の香が港に充満していた時代、遭難後の悲嘆の時。そして明治中期～昭和初期にノルウェーの捕鯨砲が輸入された頃、年三〇〇～五〇〇人の太地の漁人が太平洋の波の上を伊勢、伊豆、三陸、北海道と北上しさらに日本海を越後、能登、朝鮮海峡、九州、四国とその意気を四海に馳せた。そして昭和十年（一九三五）、母船式捕鯨が南極の海にいどめば、幼い日より鯨と共に育った太地の男衆は、勇躍血を踊らせてこれに乗り込んだ。

　でも、若者の多くが巨大な海の獣を追って遠い南極の海にある。

「息子は捕鯨船に乗っております。砲手でして」

　太地の母親にとってこれほど誇れることはない。露地の裏で魚市場の荒仕事のなかで、語るとき光った瞳に何回か出合った。

　こみ入った迷路をつくる家並の下を歩きながら表札を見ると、世古《せこ》（勢子）、脇師《すし》（筋師）、遠見（山見）等、世襲された仕事の分担を表わす名称を姓にしているのに出合う。

　燈明崎は町から歩いても一息で行ける、太陽と海の輝く南の明るい岬である。金刀比羅さんが海を見ている。今も遠洋に出かける者は必ず参るし、残った家族は安全を祈って何回となく手を合わせる。眼下の大明神岩と神宮岩の二つの岩の沖を通る時、鯨船はその日の収穫の一片をここにむかって投げた。トビがこの習わしを知っていて群がり、その数で陸地で待つ者は今日の漁の如何を知ったという。この海の恵みを神に感謝する礼は一隻の小型捕鯨船勝丸にも続いている。

　太地は落ちついた熊野の漁村である。と同時に、鯨とりに対する計り知れない情熱がたえる事なく流れている人々の土地だ。その情熱が今、遠く南極の海へ数百人の男衆を乗せていっている。

ここが本州最南端です

白い潮岬燈台を右手に見ながら見事な海岸段丘を降りれば、乗りあげてしまった巨船の骸にも似た岩の立体である。潮風が息苦しい程体の中に吹き込んで来る。時には細かいしぶきが降りかかる。そして黒い岩の先端に立った時、本州の最南端を自分が占めているという満足感がひろがった。

　すぐ眼下を洗う黒潮は、この地方に霜さえも縁のうすい暖国紀州の気候をもたらしている。しかし風は強い。冬は北の季節風、春の前線、夏秋の台風と一年中風の力と対峙した生活がある。椿、うまべ、とりもち等の強風に耐える木々が妙に体をくねらせて、燈台の近くや、台地のあちこちに見られる。人々はこういう種類の木、あるいは石で防風垣をまわし屋根瓦を固くとめる。網を屋根の上にすっぽりかけて、瓦の飛ばない工夫をしている家もみかけた。芝生と松林に被われた台地の東に、大島が三段の平坦面のある海岸段丘の姿をはるかに見せてい

太地捕鯨の元祖の和田家に伝わる捕鯨絵巻。二頭の鯨を鯨舟が囲み銛を打ちこんでいる。

首尾よく鯨を捕獲。悦びいっぱいの男たち

息絶えた鯨が沈まないように鯨の体に樽をまわす。

鯨を海辺で解体する。鯨は肉はもとより、骨や油を含めて捨てる部分はほとんどない。

る。

もとは潮ノ岬、大島ともに本州と陸つづきであったが沈下して本土と離れ、さらにその後沿岸流の運ぶ砂によって潮ノ岬は再び本土と結ばれたという。

その結び役の砂州の上に串本の町が広がる。大島によって波浪がさえぎられるので、カツオ釣りが盛んに行われるし、熊野灘の避難港ともなっている。

目の前のその大島まで、名勝橋杭岩《はしくいいわ》がその名の通りの形で跳び跳びにつづく。串本駅と紀伊姫駅の間の車窓からもよく見える。

紀伊州《きのくに》の白良《しらら》が浜に
真白良《ましら》の浜に
来てゐる鴎《かもめ》　はれ
其《そ》の玉持て来《こ》

古くから催馬楽《さいばらがく》にも万葉にも詠まれ、白浜の地名はここに由来するという白良浜は町の南部にある。入江は白色の珪《けい》砂が続いて、松の並木が縁どりをしている。付近が白浜温泉。湯崎温泉が南に連なっている。

紀温湯《きのいでゆ》として飛鳥奈良期にすでに名の知れた所であったという。熊野参詣の貴族が田辺から船で立ち寄ったりもしたという。当時は砂岩が海水で侵食された凹所に湯が湧出して、人々はその自然の作ってくれた湯槽に共同で入浴した。この風習は大正末まで続いていたそうだ。一帯の砂地には、夏、浜木綿《はまゆう》の優しく白い花を見ることができる。

さらに海岸を南に下れば千畳敷。海岸につき出した砂岩の断層が太平洋の波濤とぶつかりあって凄まじい。また高さ五〇メートルの断崖が数段の段丘をなして広がる三段壁が近くにあって奇観をきそっている。

心ひかれるのは白浜の北にふかく入りこんでいる田辺湾である。湾の内は小さな入江と岬が連続し、沖には藤島、高島、神島などがうかぶ。夏など船あそびにはこんないい所はないのではないかと思う。白浜に近い網不知《あみしらず》は、土地の者でさえ景色の美しさに見とれて網を海に入れることを忘れてしまうほどだ、という意味で名付けられたといわれる。

田辺に近い神島は天然記念物に指定されている。島の周囲は一キロメートルほどの小さいものだが、大山と小山の二つから成り、大山には海上鎮護の神島明神をまつる。昔から今まで木を伐ったことがなく、原始そのままの林で、ホルトノキ、ヤマモガシ、ミミズバイ、コバンモチ、クシドイゲ、タチバナ、ヒメユズリハ、バクチノキなどが思いのままに茂り、地質も砂岩、砂質泥板岩の互層で波蝕痕をもつ砂岩香合石が露出している。実に美しい島である。

世界的な博物学者南方熊楠《みなかたくまぐす》はこの島を深く愛して、島の植物層については綿密な調査を行なっている。昭和天皇が皇太子のとき田辺をおとずれた際、南方は皇太子をこの島に案内してつぶさに説明した。南方は反体制的な人であったが、天皇がすぐれた学者であるということによってある共通の感覚をもち得たのであろう。そして和歌一首をのこしている。

このとき南方は標本をミルクキャラメルの箱に入れて献上した。献上品となれば普通は桐の箱を新製し、それに入れる。しかし南方はそんなことはしなかった。天皇も南方のそうした態度にひどく感激した。しかもその中に入っている標本は天皇の研究にとっても、重要な資料となるものばかりであった。

田辺は紀州徳川の家臣安藤氏の城下町であったが、大正から昭和へかけてはむしろ南方熊楠の住む町として知られた。

南方は慶応三年（一八六七）に生れて昭和十六年（一九四一）に田辺で亡くなっている。その博覧強記はおそらく空前絶後といっていい。しかもすぐれた観察眼をもち、粘菌学者としては彼のあとに彼を越える人を見ない。一八八六年にアメリカにわたり、一八九二年イギリスにわたった。そしてそこでロンドン学会が募集した天文学懸賞論文に第一位で入選している。大英博物館にはいって考古学、人類学、宗教学関係の資料蒐集と整理にあたり、超人的な活動をした。一九〇〇年に日本にかえってからは田辺に住み、在野の学者として活動したが、その盛名はむしろ海外で知られた。そしてその生涯をかけた菌譜はまだ刊行せられていないそうだ。

南方熊楠

田辺の土地柄を伝える興味深い話を聞いた。昭和の初めころまで東北地方からの熊野詣の習俗はつづき、昭和十年ごろまでその数は数万にのぼった。この人たちが熊野詣を終えて田辺までかえって来ると、かならず精進落しをしたものである。宿で臼を借り、家からもって来た餅米をむして餅につき、それを宿や近所へもくばり、土産として家へも持って帰った。田辺の精進おとしは、熊野詣の人たちには印象の深いものであったが、紀勢線が熊野まで通じて徒歩旅行の時代が終わると同時に止んで、いまは昔語りになっている。そして今日、田辺は木材の町として変貌をつづけている。

おばさんたちは、山村に魚を担いで行って売り、そこで仕入れた野菜を今度は漁家で売る。

大小40余の奇岩が、およそ700メートルにわたってつづく橋杭岩。和歌山県串本町

周参見《すさみ》漁港の朝。網の手入れをする人、伊勢海老を仕入れにきた人などでにぎわっている。和歌山県すさみ町

奈良盆地

文・写真　渡部　武

法隆寺。昭和55年（1980）5月　撮影・須藤　功

まほろばの国へ

奈良の歴史と重なるような農家のたたずまい

関西本線が木津川と並行するあたりにくると、山の様子樹木の様子が一変し、角がとれてまるみを帯びてくる。それはあらゆる造形が大地にのめり込んで吸収されていく南画の筆法にも似ている。松や杉の濃紺色、川面にかかる竹林、狭い田畑で働く農夫を見ると、自分はこれから時代を遡行する旅の途についたのではないかという錯覚をおこした。

中世以降、国中《くんなか》とよばれたこの奈良盆地は、東側にはゆるやかな笠置《かさぎ》山地が南にいくに従いやや高くなっていき、西側は生駒《いこま》山系が大和川によって分断されてはいるが、再び金剛山地として吉野川の河谷に沿う和泉山脈に続いてゆく。南部は「一目千本」の桜で有名な吉野山地がある。

これらの山地にかこまれた奈良盆地の形成は、その昔瀬戸内が陥没した時、近江盆地、京都盆地とならんで形成されたといわれている。そして山間部の河川によって運ばれた土砂が、盆地に吐き出され次第に現在のような姿となっていったのであろう。

盆地内は実に歩きやすい。道が東西方向と南北方向にしかないからである。これには南北方向を条、東西方向を里と区切る条里制の問題が深く関係しており、それに盆地自体が菱形をしていることが輪をかけている。その広さは東西約十六キロメートル、南北約三十キロメートルと、歩こうと思えば、一日のうちで盆地内ならどの地点からも目的のところに行ける距離にある。

この奈良盆地を頭に入れるのに簡単な方法がある。それはこの盆地を一枚の菱形の紙だと思うことである。四頂点の東北は奈良市、東南は桜井市、西北は王寺町、西南は御所《ごせ》市とまことに見事な調和を示している。

こうした町や村、それに道路の原型がいつ頃できたということはよくわからないが、七世紀の天皇による統一支配体制が完成した頃にはできていたであろう。条里制という碁盤型地形が残っているのも、ここが王城の地であったからに他ならない。そして歴史上からみても、記録については千年以上も断絶することなく、またこれといった村落が荒廃するといった戦争もなく、農民一揆も世に知られるものはほとんどない。

私達の身のまわりに無いものが多いのが奈良の特色で

ある。だから奈良に来て、この地が好きになり、魅せられていくその心の変化の中に、見る対象は、寺院、仏像、古墳、瓦とかわっていき、果ては雨でくずれた土塀にまで美をみい出すにいたる。しかし、私を一番ひきつけたのは、奈良盆地が京都と違って農村であるということであった。東大寺でも興福寺でも法隆寺でもそうであったが、それらの大きな伽藍の堂塔をみあげながら鍬や鋤をふるう人々にこそ盆地の生命の灯をともすエネルギーが潜んでいるのである。

地図とにらめっこ

盆地を理解する手掛りはどこにあるのかという問題は、机上でできるものではない。しかし、どうにかその見当をつけなければならない。一見天より胡麻がばらまかれたように満遍なく分布する村落の歴史の新旧は、どこで判断すればよいのであろうか。一つの集落を過ぎるとまた次の集落へと、考える間もなく通り過ぎてしまうようなところで、自分の歩こうとする重点を決定するのは難しい。ともかく自分が古代、中世、近世と幾世代も生きた人間のつもりになって歩くより他はない。

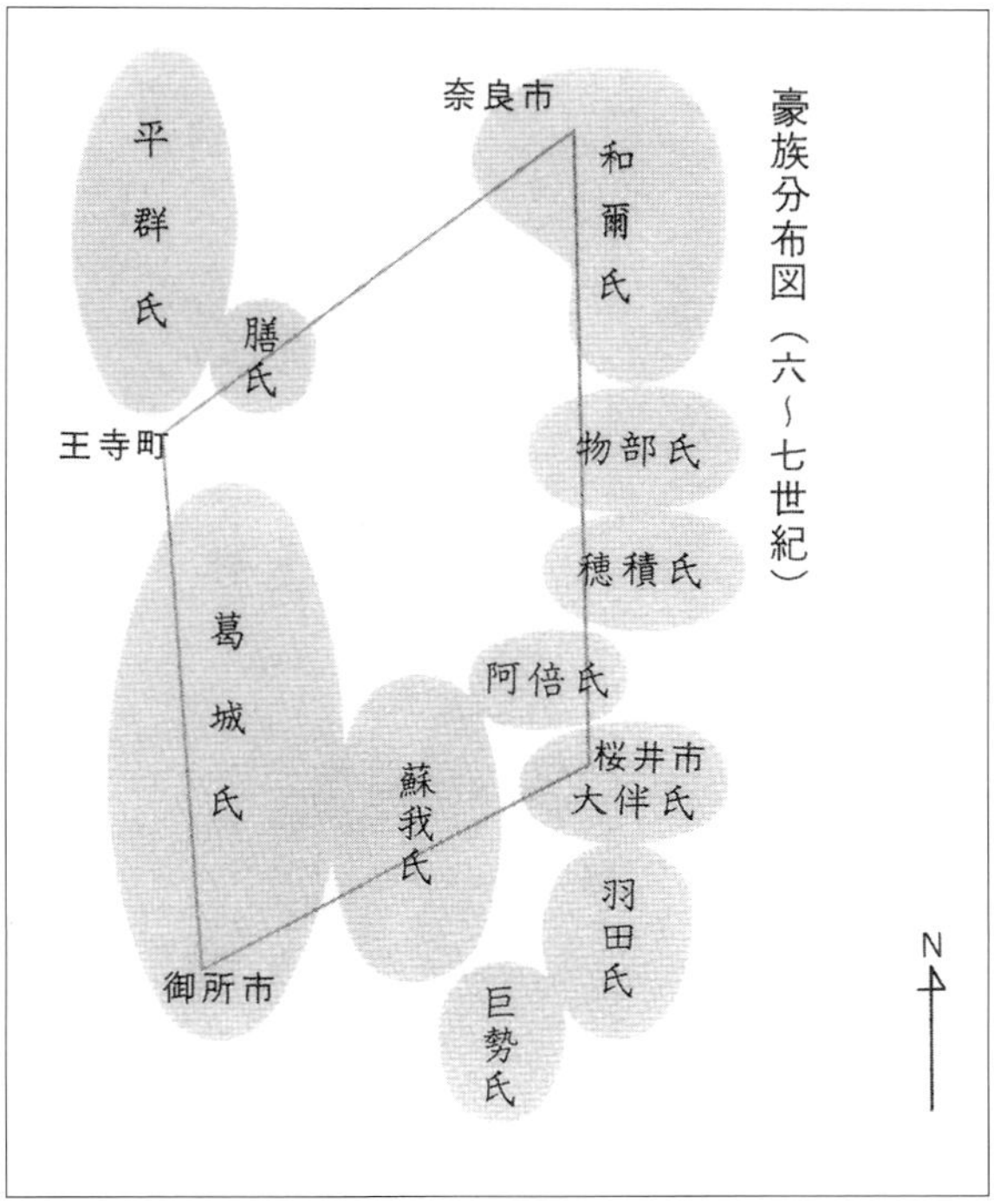

豪族分布図（六〜七世紀）

そこで私はある一つの仮説をたててみた。それは記紀に記載された豪族の分布を地図に落としてみることであった。そうすれば六、七世紀頃の集落適地がわかるはずである。

大きな豪族のみをあげると、盆地の東辺部は、和爾《わに》、物部《もののべ》、穂積《ほづみ》の諸氏、南部は阿倍、大伴、羽田、巨勢《こせ》、蘇我の諸氏、西部は、平群《へぐり》、葛城《かつらぎ》の諸氏が拠っていた。

こうしてみると盆地の真中が計算されたかのようにポッカリと空白が残って、気味が悪いみたいである。これよりどうして盆地中央部に豪族が拠らなかったのであろうかという疑問がおこってくる。これについて興味ある話を小耳にはさんだ。それは大倭《おおやまと》神社で神主と話をしていたときに、境内に大木がないのをいぶかると、「下が湿地らしうて、よう根がつきまへんのや。大きうなると台風でよう倒れましてなあ」という答えが返ってきた。盆地が湿地であったという伝承は、いたるところで聞いたが、一方これを拒絶するかのように唐古《からこ》遺跡が盆地中央部にある。昔は本当に「葦原の瑞穂《みずほ》の国」であったのだろうか。この折り合いを解決しない限り、初期の集落が山麓部だと断定できない。

神主の話は続いた。その昔神社のすぐそばまで稲を積

毎年、8月7日に行なわれる、東大寺の大仏の御身拭い

んだ常陸《ひたち》（茨城県）からの船がついて、長柄《ながら》や長岡《なんか》がその船着場であったこと、また二つの地名は、古くはナガラオカミサキ、ナンカミサキと呼ばれていたことなど、私には不思議なことばかりであった。どうやら私の頭の中では、盆地に湿地部が残っていた頃には、円い沼地があったと勝手に想像したのがいけなかったらしい。開発前の盆地中央部にもナンカミサキではないが、丘陵部があり、そこまで弥生人は進出していたとみるのが正しいのであり、唐古でも丘から少し下った湿地を利用して水稲を植えたのであろう。しかし、豪族の分布からわかるように当所の集落として最適であったのは、山麓部であった。

初期の歴史の舞台である飛鳥地方も、河川が山間部より盆地に出た直後の扇状地である。「昨日の淵ぞ今日は瀬になる」と古今集にうたわれる飛鳥川の乱流と伏流は、何もこの地域に限ったことではなく、盆地に共通していえることなのである。山麓の谷口は人間の住むのに水の取り入れの便があり、水害の最も少なかったところだったのである。

地名の語るもの

私は歩いてみる重点を山辺《やまのべ》の道に置くことにした。そして古代の人々の居住生活の叡知をたどることにした。ついでに「春の大神祭後宴能《おおみわまつりごえんのう》」を見ることにした。山麓は梅もとうに終って、スモモやハタンキョウの花が一面に咲き、その白と桃色が雨にけぶり、谷よりのぼる蒸気がみな雨雲となっていくような、それこそ「白雲の生ず

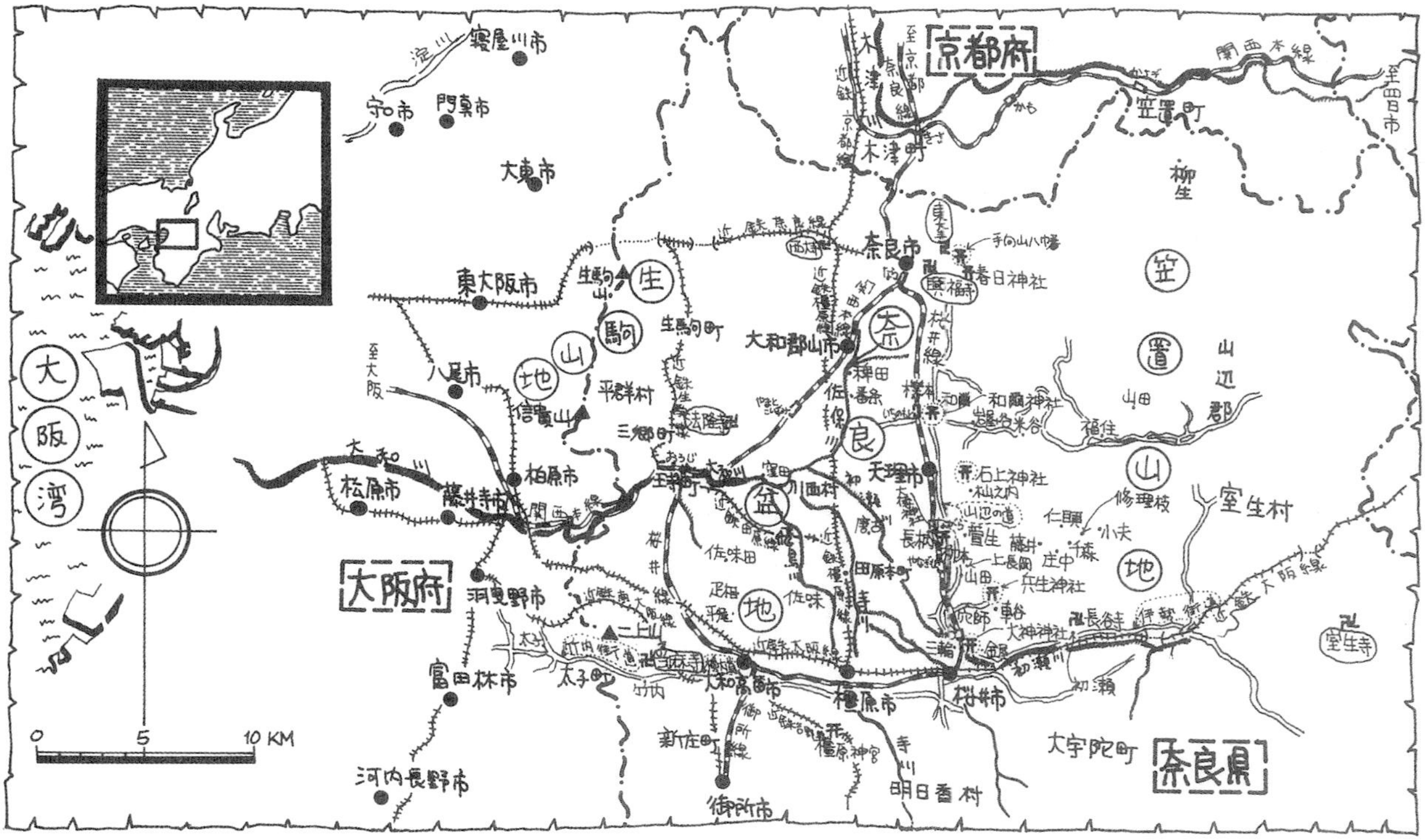

奈良盆地略図

るところ人家あり」の中国の詩人の句を連想させた。

山辺の道は古代の主要幹線道路と考えられている。山麓の村々より一段高い丁度海抜七〇から八〇メートルの間に位置して、西に開ける盆地をながめるのによいところである。現在は県の方で道標や案内図を立て、ハイカーに便をはかっている。元来は人間がすれちがうのにやっとというぐらいの通りで、集落と集落とを結ぶ簡単なものであったろう。今は山麓一帯に発達した果実出荷の道路としても役立っている。

この山辺の道で私が想像するような谷口は、桜井より天理あたりにかけて、金屋、三輪、車谷《くるまだに》、穴師《あなし》、山田、上長岡《なんか》、萱生《かよう》、杣《そま》之内《うち》、天理、櫟本《いちのもと》などがあげられる。

中でも車谷・穴師・杣之内という地名に興味をもった。これらの字《あざ》名は、往々にして過去の本来有した集落の特性をあらわすからである。穴師からは宇陀の丹生津《にうず》姫の水銀伝説にからむ金属採掘集団に思いをおこすし、杣之内は山野を駆けめぐった山の民杣人を連想する。

車谷という地名にも何かひっかかる。このあたりは昔から有名な三輪素麺の産地である。歩いていてこんな俗謡を耳にした。

〽素麺かける時やねむとてねとて
だんご食う時や猿まなこ

「素麺、車谷………、素麺、車谷………」と心の中でつぶやいてみた。どんな関係があるのだろうか。ふとしばらく降り続いた雨が下水溝をゴウゴウと音をたてて流

ガタンコトンとまわって三輪素麺を生み出してきた水車

れるのをみて、もしこの水が水車をまわしたらどうなるかと思った。そうだ水車がまわれば粉がひける。粉がひければ素麺ができる。車谷とはそうした水車が林立した地域だったのだと。

　穴師まで達していた足を急遽引き戻し、車谷で水車の有無を聞いてまわった。やはり私の想像は正しかった。水車は三つ残っていたが、今では皆使用を中止していた。終戦直後まで盛んに使われていたが、それ以後モーターに切り替えられたという。その廃品のあるものは破棄され、あるものは料亭の店飾りに引きとられていった。粉をひく石臼の部分も庭の飛石として使われ、奈良市内の依水《いすい》園では池庭の重要ポイントとなっている。

　この水車と素麺との結びつきは、いいかえれば山麓部にむいた麦作とそこに流れる一定した水量によるものなのだ。いつ頃から水車があったか、というのはずい分と難しい問題だが、おとなりの中国ではひき臼を利用して粉食が普及するのは、唐代の七世紀頃からである。三輪素麺として名前がでてくるのは、『多聞院日記』の永禄八年（一五六五）からで、中世あたりより水車が動いていたとみてさしつかえあるまい。

ゆったりした変化

　盆地内では稲作が主体となり、土地はかなりそれに適している。裏作としては今はこれといった作物を栽培していないようで、一昔前は麦があったと考えられる。

　そうしたことは、麦作の停止で藁の補給がつかなかった民家の屋根によくあらわれている。あの急勾配の独特の藁屋根をもつ大和棟民家は、最近トタン屋根ですっぽりキャップしたようなスタイルになってきている。

また裏作の麦よりも商品作物である果樹園芸をやった方が率がいいということもいえる。この傾向は近年とみに盛んになり、ミカン、イチゴ、桃、梨、ブドウ、柿と山麓部の農作物の分布が一変してきている。

麦が無くなり、水車が無くなったりしたのに、どうして依然と素麺作りが盛んなのであろうか。これにはおいそれと廃れさしてはならないという土地の人々の根強い食習慣があったことも考慮しなければなるまい。

地理的に三輪地方は、江戸時代より盛んとなるお伊勢参りの通り道にあたっていた。伊勢講などを組織した当事者の多くは農民であった。彼らは農閑期にグループをなして伊勢に出かける。三輪の人達にとってこの農閑期の仕事が素麺作りであった。寒の入りの空気の湿り具合と気温が、素麺を干すのにめぐまれていたからである。

伏流する流れは雨が降ると本来の生命をとりもどす。飛鳥川

この期間のお伊勢参りの人達との接触は、三輪素麺の名を高からしめ、一段と技術を磨きあげさせていった。今だに「三輪は素麺所《そうめんどこ》」と呼ばれるのは、こうした長い間の伝統からなのである。実際に素麺の作り方などを聞いてみると、粉の練り方から干しあがるまで、とうとうと講義してくれる。それほど生活の一部となっているのである。

この素麺作りの条件の大半がとってかわられても、あの十一月すぎに野外で干される風物詩は天から与えられたもので、その微妙な気候条件をみたすところは他に少ない。量の増大によって質の低下をまねくのはやむをえないことであるが、昔の味をよく知った人の間では、今だに自家製を尊ぶ。二、三の寺で御馳走になったが、やはり腰があっておいしかった。主食として食べることは少ないが、間食《けんずい》といって野良仕事でオヤツがわりに食べる。

元来奈良盆地は大きな産業の無いところであるから、素麺業の増大は主婦に手内職の口を与えた。そのほか今里あたりの盆地中央部では、貝殻を打ち抜いてのボタン作りをはじめとして家内工業が盛んである。農家の納屋が大きいのも簡単な手内職の場であるからだ。

田植え前の春も、暑い日射しの夏もそうであったが、そうした内職小屋のそばを通ると、かすかな人の談笑する声が伝わって、喧噪のひどい都会人には、なんと時計の振子がゆっくり動くのであろうかと嘆息させられる。

朝から晩まで歩いても田畑で働く農民をみかけることはない。ものを尋ねて飛び込んだ農家も閑散としてい

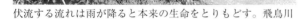

る。しかし、小刻みだが時間は動いている。大和棟のトタン屋根がそうだ。が、色を塗る段になるとまわりの調和を考え黒や茶にする。急激に変わるのを拒んでいるようだ。

鍵は山の民だ！

山間部から出た谷口に古い集落が拓けた原因は、水の便だけからであろうか。この疑問は山辺の道をとらえるテーマでもあった。人間の往来から考えるなら、それより東に入る山間部の山の民とも関係していたのではないかと疑いたくなる。

また基本的な考え方にもどって、地名の追求をはじめた。山の民と里の民が接触するのは物資の交易をおいてないと考えた。そうすると「市」に関係する地名がクローズアップされてくる。私が一番古いというので知っているのは、金屋にある海石榴市《つばいち》である。金屋あたりは崇神天皇の磯城瑞籬宮《しきのみずがきのみや》などがあったところで、最初に統一国家を現出したゆかりの地でもある。また伊勢街道と山辺の道の交点でもある。その他に丹波市、今市、古市などがあり、現在の奈良市も三笠丘陵に四通八達して、須川、大柳生《おおやぎゅう》、柳生、下狭川《しもさがわ》等の村落と関係をもち、春日大社の「おん祭り」は年間最大の市が立つ日だったといわれている。

しかし、私が興味をおぼえたのは櫟本《いちのもと》であった。江戸時代末の諸国名所地図の類には、「市の本」と記載してある。どちらが本字であるかしらないが、その一角の市場垣内《かいと》の中に「馬出し」という地名が残っている。和爾《わに》で尋ねたところでは、山の民がもっている牛馬を里の人が田植えなどをする時に貸し与えたからそういうのだと教えてくれた。ところがこれは誤りであって、貸借はむしろ逆だったらしい。

山から下って櫟本に入るT字型の路のところが馬出しである。そこには今だに牛馬をつないだ「馬繋《うまつな》ぎ」が残っている。山田、福住《ふくずみ》、入田、米谷《まいたに》あたりから山の民が牛馬の背に柴や炭を積んでおりてき、そこに家畜をつ

手綱を結んだ馬繋ぎ。山と里の民の交流を物語る。櫟本

なぎ、もってきた品物を主に日用雑貨に代えて、それぞれの村に帰っていったのである。古老の話では、岩屋《いわや》が谷に舗装道路が通る以前の昭和のはじめ頃にも、よくそうした人々をみかけたという。現在はその旧道に並行して、名古屋と大阪を結ぶ名阪高速道路が急ピッチで建設されている。古い道が犠牲になって新しい道が生まれつつあるのだ。

右の櫟本の場合は、山の民と里の民の接触のコミュニケーションがますます強められたのであるが、それとは逆に消滅してしまったところがある。柳本がそれである。

柳本は、俗にいう「萱生《かよう》の千塚」をはじめとして、柳本古墳群があり、前方後円墳では、景行、崇神、手白香《たしらかの》皇女《ひめみこ》陵と第一級のものがある。そこだけ樹を伐っていないから、こんもりとした森となっている。田圃にポッカリとある風景は盆地ならではのものである。その柳本は、小夫《おぶ》、修理枝《しゅれだ》、千森、庄中《しょうなか》、藤井、仁興《にごう》などと交渉があった。ところがその地域に初瀬方面よりバスが通じるようになると、山間部から長岳寺に出る道は廃道になってしまった。夏場は草が繁って歩けないという。

両者の対照は、道とは人間が歩ければいいという時代が去ったことを物語っている。それとともに山辺の道の集落が、かつては山の民と里の民との接触という役目も負っていたことは銘記すべきである。

こんな細い道がと思うようなところも、過去には大きな役割りを果していたかもしれないのである。それを考えると、感慨はひとしおであった。

神と仏と人と

奈良盆地を理解するのに寺院を除いては不可能だということをよく耳にする。しかし、それと同じぐらいにとりあげてもよいのは、神社ではないかと思う。特に山辺の道には大きな神社が多く、奈良市の手向山八幡宮、春日大社、櫟本の和爾下神社、天理の石上《いそのかみ》神社、穴師の兵《ひょう》生《す》神社、柳本の大倭神社、三輪の大神《おおみわ》神社とある。こうした神社は中世頃より垂迹思想によって仏教と混淆し、一身同体となってしまって性格がよくわからなくなるが、本来は豪族達の土地神を祀ったものと考えられる。

石上神宮は物部氏と関係が深い。神社の規模からしたらかなりの郷をもっている。その境界は大倭神社のすぐ北にせまる。参道もゆったりとしたカーブを基調として、大樹が鬱蒼と繁り、夏場は蝉しぐれで耳が痛いほどである。天理の町の繁栄におされがちであるが、願をかけに来る人はあとを絶たない。

実際歩いてみてはっきりたどれる山辺の道は、三輪よりこの石上神宮までである。これより奈良市までの延長は、『日本書紀』の武烈天皇がその愛人影媛《かげひめ》を悼んだ「石の上布留を過ぎて　薦枕《こもまくら》　高橋過ぎ…」の地名をたどるのがそうだといわれる。布留は地名であるが、祠祭者が神憑《かみがか》りの状態になって震えること、または鈴を振るなどの「フル」にあたるという。意味深長な地名である。

『万葉集』に神社と書いて「もり」と読ませる例がある。本来は神社という呼び方はしなかったろうと考える。明日香《あすか》村を歩いていた時、「今晩お祭りや！」と、清掃を一段落させ神社境内で休憩している村人から声をかけられた。神社名は「天王《てんおう》さん」という。私も仲間に加えてもらい、なんだかんだと雑談に花を咲かせた。話題も途中であったが、ノミノスクネとタイマノケハヤがどうしたという例の相撲談義であった。出される酒を口に含み、ふと四年前に沖縄の最果てを旅して、豊年祭の甘酒を御嶽《うたき》（拝所）で飲んだことを思い出した。そこもやはり大きな森であった。車座になり男女の別なく酒を楽しみ、木もれ陽がキラめく空を仰いだ。そのときと同じように注連縄《しめなわ》が時おり風でゆれていた。神と人間が対話をするのはこんな日であろう。普段死んだように静かな神社も一年の例祭の時には、眠りを覚まされるのである。

こうした人間の集いが寺院で行なわれたらどういう雰囲気になるのであろうか。私は幸いなことに、柳本の真言宗古刹長岳寺で毎月二十一日の「釜ノ口お大師様」に出くわした。この寺は大倭神社の神宮寺として建てられたものであるから、一時神仏混淆であった。

寺には特異な阿弥陀三尊像や十王図等、見るものは沢山あるが、一番親しまれているのは境内の小八十八ヶ所である。近在の人々にとっては、小四国であり、仏教世界の小版なのであろう。あるグループは御詠歌をうたい、ある人は石のお不動様の前で熱心に祈りをささげる。私には天王さんで経験した安らぎと異った、なんというか死を何者かに託した安堵感を身に覚えた。

車座で酒を飲む。昔からこうやって心の交流をはかってきたのだろう。山王神社

二つの道の呼び方

盆地を南北に走る道路の呼び方に二通りある。一つは、上《かみ》ッ道《みち》、中《なか》ッ道、下《しも》ッ道という呼び方。二つは、上街道（上ッ道にあたる）、

神さびた布留に物部氏の氏神が祀られた。石上神社

中街道（下ッ道にあたる）、下街道という呼び方である。

　前者は盆地の東半分に通り、後者は盆地全体にかけて通っている。大きくみると、ある時期には盆地の主要部は、上ッ道から下ッ道にいたる間であったろう。残りの西半分の開拓は、山麓部を除いて湿地の度合いがひどく、耕地化はかなり遅れたはずである。

　このことは盆地の村の形態をみるとよくわかる。私は山辺の道を離れて盆地中央部に向った。

　国道二十四号線は下ッ道にあたる。北にどこまでも行くと平城京跡に達する。昔の人は兜跋毘沙門天《とばつびしゃもんてん》が護る羅城門をくぐり、官庁舎の林立する朱雀《すざく》大路の土を踏みしめ、朱雀門の後に控える朝堂院の朱塗りの柱でとりかこまれた回廊を見て嘆息をもらしたことであろう。それは異国唐《もろこし》の世界であった。

　私は大和川の一支流寺川に沿って下ることにした。川は下流にいくに従って天井川となっていき、江戸時代に亀ノ瀬から魚簗《やな》船がのぼって着いた「浜」という地名を残す今里を過ぎると、盆地は川堤の続く風景にかわっていく。

　一本の老松が目印となる所は、もう川西村である。村の主要部は、辻、中村、井戸、市場の四垣内《かいと》からなっており、辻垣内の富井氏宅と井戸垣内の片山氏宅は、豪壮な屋敷を構え、家の周囲には濠をめぐらし中世の館《やかた》を思わせる。

　垣内は盆地村落の基本型で、一種の相互扶助的農村共同体といえる。一垣内は十戸ぐらいからなり、数垣内が集まって一村を形成することが多い。中世以後外部からの侵入を防止するため、家屋が集合して環濠集落の形を整えていったという。

　実はこの環濠集落を外敵侵入防止とみるのが正しいのか、それともそれ以外に形成の原因があったのかという問題が心にひっかかった。

　南吐田《はんだ》を右に折れると盆地内を蜘蛛手のごとく流れてきた佐保川、初瀬川、寺川、飛鳥川は合流して大和川となり西流する。長年の河川の氾濫と改修の戦いは、窪田に深い傷跡を残し、村のはずれの記念碑がそれを物語っている。

　この窪田も中央部に濠をめぐらした一画があり、佐保川をずっと北に遡った番条、稗田《ひえだ》は、典型的な環濠集落の形を残している。

　盆地の西半分にこうした濠をめぐらした集落の形態が集中しているのは、単に外敵防止というよりも、水害の時の排水溝の役目もあったからではないか。それと相俟って二つの道の呼び方と関係がありはしないかと思っ

柿の実が色づくころ、盆地は黄金色に染まり、農家も田圃も一幅の絵となる。西の京

た。もしあるとしたなら、環濠集落の多くある下街道沿いは、盆地内でも遅れて開発されたと推測できないであろうか。

環濠は、夏場は雑草にさえぎられて見えにくいが、それが枯れる頃ともなると、その全貌を現わす。

皿池の話

盆地内にはいたるところに皿池（溜池）がある。高い所からみると、陽の光が反射して鏡のように見える。一見このポエティックな風景は、実は農民の生活を左右する大事な農業用水なのである。そして盆地に精通したいと思ったら、この皿池の機能を知ることからはじめるのがよい。

もし国中人気質《くんなかじんかたぎ》という言葉が許されるなら、あの独特の悠長さは、この皿池を育んできた長い歴史の中にかたちづくられたものと考えられるほどである。

皿池が多くあることは、裏を返せば農業用水に不足しているということである。盆地地形に必ずつきまとう扇状地は、水田耕作に水の心配を与える。大和川の合流点ではいくぶん水量があるといっても、雨の降った時と降らない時では天地の隔りがあって、常に一定の水が得られるというわけではないからである。

おまけに「番水制」という厄介な慣習があって、水の所有者、土地の所有者、耕す者の三者の合議の上で水が田にまわされる。盆地の周辺部だったらまだしも、左味《さみ》田《た》、赤部、疋相《ひきそ》、平尾などの中央部にいくに従って水の利用は不利になってくる。そのためそのあたりは江戸時代末期には綿作が、そのあとに西瓜作りが盛んになっていくのである。

この西瓜作りでいつも思い出すのは、井上靖氏の小説で有名になった中央アジアの「敦煌《とんこう》」のことである。敦煌は一つのオアシス都市であり、やはり水主と地主と耕作者ははっきりわかれていた。そして水分の蒸発がひどいせいか果物作りが盛んで、特に瓜が名産であった。一時そこから敦煌が「瓜州《クワチョウ》」と呼ばれたこともあった。盆地と敦煌は奇しくも自然条件の類似によって同じような農業形態を生み出したことになるのである。

また皿池の利用に金魚の養殖がある。大和郡山市は全国の金魚のほとんどを出荷するので名高い。

郡山の金魚の歴史は、享保九年（一七二四）甲斐国より転封してきた柳沢吉里の趣味に発するといわれる。それに商都大阪に近いところから新種が入り、拍車がかけられた。明治維新後、藩籍奉還で明日の生活に困る下級藩士が多く出た。その救済対策として金魚の大量養殖を思いついたのが岡町の小松善隣で、この時より周辺の皿池は新たな用途の道が開けたのである。

私が訪ねた長田《おさだ》さんもやはり先祖は郡

環濠集落は水に浮かぶ島を思わせる。濠の蛙が喧しい。稗田

山藩の下級藩士出身で、皿池の多い箕山に居を構えて養殖をやっている。折よく鯉の品別けをしており、三景、紅白、オレンジ、黄金、ドイツ等々、千差万別の鯉が大きな玉網ですくわれ、百花繚乱の鱗をキラめかせて移しかえられていた。

この金魚の養殖は、盆地全体に拡がりつつある。法華寺付近の古墳の周濠のそばを通った時も、岸辺に集った真赤な稚魚の群が、足音とともに底の方に吸い込まれてゆくのを見た。子供達は見なれたせいか、網ですくおうなどという気は無いらしい。

ある時間の遡行

山辺の道を交叉する伊勢街道は、藤原宮のあった横大路を経て竹の内街道に通ずる。私は大阪側の太子町より

皿池の開削は古い。その翳りに悠久さが漂う。広大寺池

竹の内街道をたどった。格子窓と藁屋根、瓦屋根の調和のとれた家が軒を競う道筋が切れると、雑木林の山道になる。春には木蓮に似たシデコブシやヤシャブシの白い花がちらほらみられる。

竹の内峠の手前に二上山への登山道があり、私は雄岳の大津皇子《おおつのみこ》の墓を訪ねることにした。

朱鳥元年（六八六）九月丙午に、天皇の病、遂に差《い》えずして、正宮に崩《かむあが》りましぬ。……大津皇子、皇太子を謀反《かたぶ》けむとす。……冬十月の戊辰の朔己巳に、皇子大津、謀反けむとして発覚《あらは》れぬ。皇子大津を逮《か》捕《ら》めて……庚午に、皇子大津を訳語田《おさた》の舎に賜死《みまからし》む。時に年二十四なり。

この『日本書紀』に書かれた大津皇子に、私はいささか興味をもっていた。同年齢ということばかりでなく、「長に及《いた》りて弁《わきわき》しくして才学有す。尤も文筆を愛《この》みたまふ。詩賦の興《おこり》、大津より始れり」と、『書紀』の編者が評価を与えているように、文学を愛し、いち早く大陸での詩文に興味をもちそれを取り入れた彼は、当時のエリートで多感な青年であった。そうした彼に同調するからである。

天武天皇が没した時に十人の皇子が残され、その皇位継承の争いは表面おだやかでも、内部では熾烈であった。果して彼が謀反を企てたかどうかは不明である。当時彼の姉大伯皇女《おおくのひめみこ》は伊勢に出かけていた。『書紀』は、

十一月の丁酉の朔壬子に、伊勢神祠に奉れる皇女大来《おほく》、還りて京師に至る。癸丑に、地震《なね》る。

と簡潔に結んでいるが、これは天皇の歴史を軸として記

昼が近くなると村里では移動販売車が店開きをする。番条

録を語る関係上、なるべく感情を抑えて書きとめたに相違ないと思う。それにかわってこの悲しみを書きとめたのが『万葉集』に残る歌であろう。

うつそみの　人にあるわれや　明日よりは
二上山を　兄弟《いろせ》とわが見む

雄岳にある皇子の墓は小さい。そこからは盆地を一望できる。むかいには雌岳と化した大伯皇女がいるようだ。当麻《たいま》寺あたりには、その昔天皇の葬送儀礼を司った豪族当麻氏がよっていた。殯宮《もがりのみや》で群臣達の奏上する誄《しのび》儀礼《ごと》がすむと、当麻氏が先頭になり、柩《ひつぎ》を運んだ行列がこの二上山の麓を縫って、竹の内峠を越え御陵をめざして進んで行った。大宮人は涙をこらえ、再びこの世に戻らぬ大君と最後の道行をしたことであろう。挽歌はこのような時に詠われた。雄岳にいます皇子はどういうふうに感じとったものやら……。

「ピカピカに磨く」とは

以前フランスのH・デシャンの『黒いアフリカの宗教』という本を読んだことがある。それによると、目下アフリカ大陸は北からイスラム教が、南からキリスト教がそれぞれ浸透して競争の真最中であると。二上山を下って当麻寺についた時、ふと奈良盆地もそうした宗教の相剋がみられるのではないかと思った。

元来盆地内は、南都系の法相、三論《さんろん》、律宗などが主流を占めていた。それが平安頃になると、密教や山岳仏教が、またそれより代が下ると念仏宗などがそれぞれ入ってきている。その進出具合がまるで蚕が桑の葉を食べるように南から勢力拡張しているのは興味深い。

当麻寺は長谷寺と似て門前町を

形成し、境内で子供達がキャッチボールや鬼ゴッコをするような親しみやすい寺であり、やはり三論宗より真言宗・浄土宗（二派混在）といった変遷をしている。

盆地を歩いて、こうした変遷を見分けるのに面白い方法をみつけ出した。密教系の寺には不動明王が重要な役を演じ、念仏系の檀家寺には合墓《ごうばか》があることである。

当麻寺の場合、不動明王は勿論、そのものずばりを物語る山伏のもち歩く「陀羅尼助《だらにすけ》」という万能薬を製造販売している。こうした不動明王の造立は、山伏が盆地を「霞場《かすみば》」として峰入りの風習をつけたのとも関連している。不動の祈祷は実利的で庶民の願いを簡単に受け入れる。三輪の翠松《すいしょう》寺の不動堂に掲げられた一対の剣額の絵馬群には、それぞれ病気平癒、入学のお札等、いろいろな祈願、返礼が書き込んである。

また合墓は盆地のいたるところで見かける。無縁の墓石をピラミッド状に積みあげ、そばに六地蔵などが立っている。奈良市内でも元興寺極楽坊や十輪院に、山辺の道では長岳寺裏、長山の念仏寺にそれぞれみられる。南都系の寺は学問寺であるから、葬式とはあまり関係がない。観光事業に力を入れるのはこうした寺が多い。檀家をもたないからである。そのかわり檀家のある寺はのんびりしている。万事が農村のテンポで動くからである。

盆地にはこうした寺が多い。

射すくむような眼に勢至《せいし》菩薩《ぼさつ》の厳かな慈愛がある。長岳寺

ある寺の住職と話をしていて、話題は自然に京都と奈良との比較になっていった。私は「奈良・京都を長く見た人は、どうして奈良の方がいいと思うのでしょうかね？」と聞いてみた。すると「京都いうところは、何んでもようピカピカに磨きあげますな。奈良はそなことありまへんからやろ」と答えてくれた。なるほどピカピカに磨きあげるとはうまいことを言うものだと感心した。しかし、もっとつきつめると、京都は町民の町で、奈良は農村で、何もかもテンポが遅いからであろうと考えている。

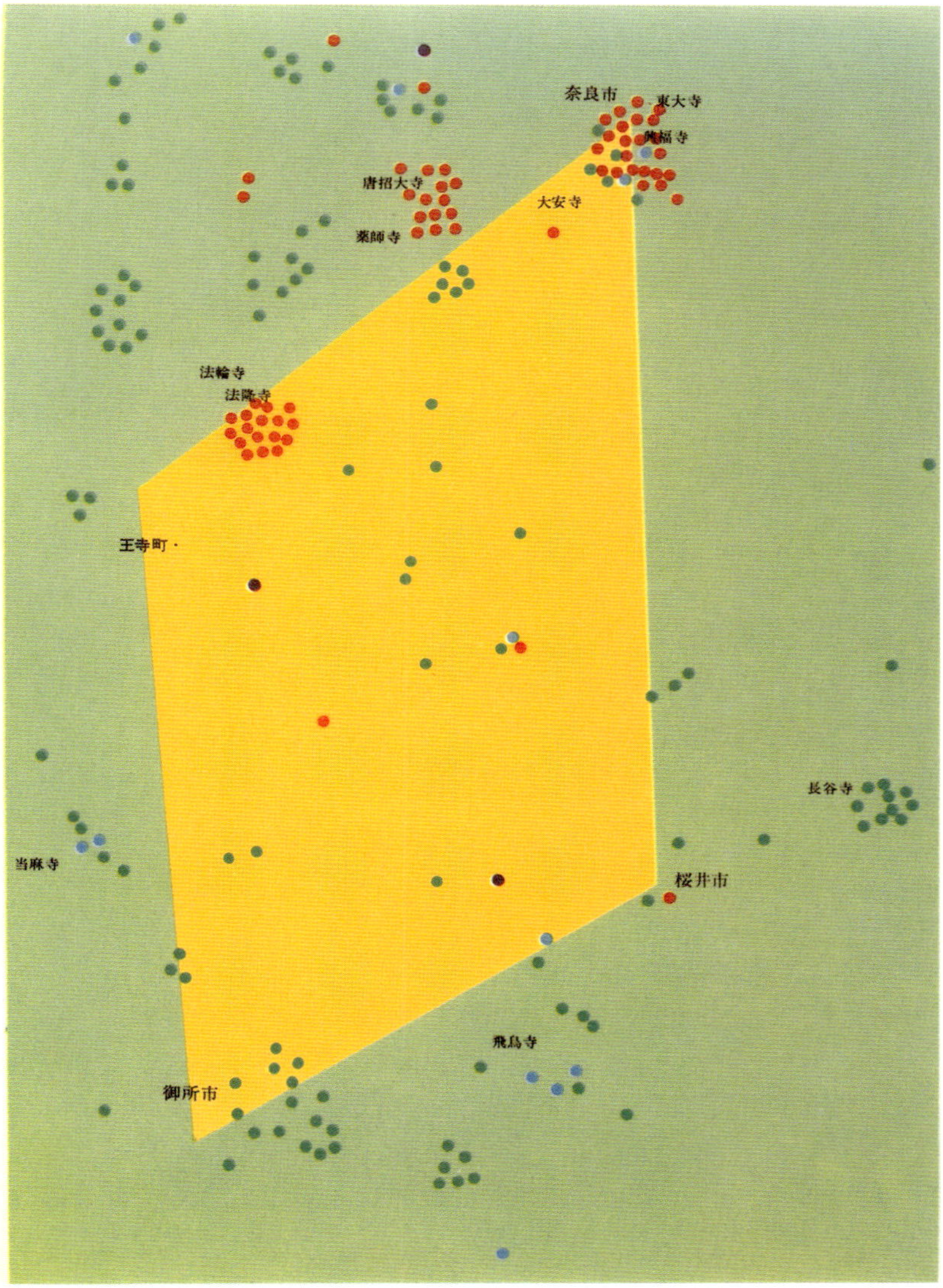

天武天皇は豪族・貴族を統率するのにその氏寺を握ることによって成功した。以後都が藤原宮から平城宮に遷る時もこうした大寺は影の如く行を共にした。図をみると南都系の主流が飛鳥から西廻りで奈良市へ移ったのがわかる。中世に入るや貴族の日常生活に修験道が入り、密教が保護され繁栄した。南に修験の山吉野・熊野をかかえるため盆地はその洗礼の波をうけ、南都系の寺院は次第にまわりの厚い壁を破られ、総本山周辺のみとなった。

正月2日の翁祭り。安乗

ツボキを添えた門口の注連《しめ》。安乗

浜に立てた注連飾り。甲賀

伊勢志摩

文　田村善次郎
写真　須藤　功

上部の山の下方に白く小さく開いているのが内宮（皇大神宮）。手前は伊勢市の住宅街

伊勢

ここは心のふるさとか
そぞろ詣れば旅ごころ
うたた童にかへるかな
吉川英治

陽が宇治橋の鳥居を射る朝。皇大神宮

暮もおしつまった頃の伊勢路はひっそりとしている。松坂をすぎ伊勢市に近づくにつれて畦畔や川岸に大根の干してあるのが目立つ。雪もよいの空から時折りもれる陽光に、その白いつややかな肌がキラッと光ってはすぎる。

宮川を渡ると神都と呼ばれる宇治山田の町である。今は気づかぬうちにすぎてしまう宮川も昔の参宮者たちにとっては神域への入口として大事なところだったのである。西から来る者も東から来る者も、神宮をめざすほどの人は全てこの宮川の渡を越していった。ここには明治になるまで橋がかけられていなかった。渡舟に乗る前に人びとはこの川原におりて禊《みそぎ》をし、身を清め、すがすがしい気持になって山田の土地を踏んだのである。なお信心深い人はそのまま二見《ふたみ》の浦まで行き、禊をした後、神宮に参拝したのであった。江戸時代になると人が少し横着になって来たのか、代垢離《だいごり》といって銭を貰って代りに禊をする子供たちがあらわれている。そして現在の人びとは……。

山田の町は静まりかえっていた。外宮《げぐう》前の広場には正月に焚く大篝《かがり》火《び》のための薪《たきぎ》が山と積まれていた。人影も少ない町中を、伊勢注連《しめ》を売りに出て来た農家の人びとが家から家をまわっているのが正月の近いことを知らせた。

外宮の大鳥居をくぐって玉砂利を踏んで行くとさすがに気持がひきしまる。観光客の多いシーズンや初詣での人びとで混雑する正月とはまるでちがった静けさである。拝殿前にたつと唯一神明造りといわれる正殿《しょうでん》がすっきりとした美しさを見せてくれる。簡素といえば簡素、質素といえばこれほど質素な建物もないであろう。切妻、

古殿地から見る神殿。皇大神宮

平入り、そりのない屋根、柱は礎石も使わない掘立柱、装飾らしいものとしては、屋根に乗せた鰹木《かつおぎ》にまいた赤《しゃく》銅《どう》と高欄の金具くらいのものである。直線的で単純明快、それでいてある荘重さと心打つ何物かを感じさせる。これが日本人が古くから持っていた美意識から生み出されたものであろうかなどと柄にもない感慨にふける。

神域内にある別宮の土宮《つちのみや》、風宮《かざのみや》、多賀宮《たかのみや》なども同じ形式ながらそれぞれにしっとりと落着いている。神殿ととなりあった古殿地《こでんち》に立てば苔むした玉石の広がりの中に心御柱《しんのみはしら》の覆屋《おおいや》がある。俗人の立入るすきまを与えない空間である。

外宮から内宮に向う。バス通りをさけて裏通りを行こう。途中にある徴古館、農業館、神宮文庫などには神宮の歴史や文化をしめす資料などが多く集められている。徴古館前から右にそれて坂をのぼれば間《あい》の山であり、古《ふる》市《いち》の町に出る。間の山は内宮と外宮の間にあるということで呼ばれるようになったもので、ここにはその昔お杉、お玉で代表される袖乞の女達がいた。三味にあわせて物哀しい「間の山節」を歌っては参宮客の喜捨を受けていたということはあまりにも有名であるが、いまはしのぶよすがもない。古市の町もまた参宮客の精進落しの場所として遊女をかかえた家々が軒を並べ、備前屋、杉本屋、油屋などという世間に知られた妓楼もあって、遊女の歌う伊勢音頭の聞えぬ日とてはなかったという。その繁栄のあとは妻入りの商家が軒を並べた風格ある町の造りに見られる。ここにはまだ伊勢歌舞伎を伝える人も

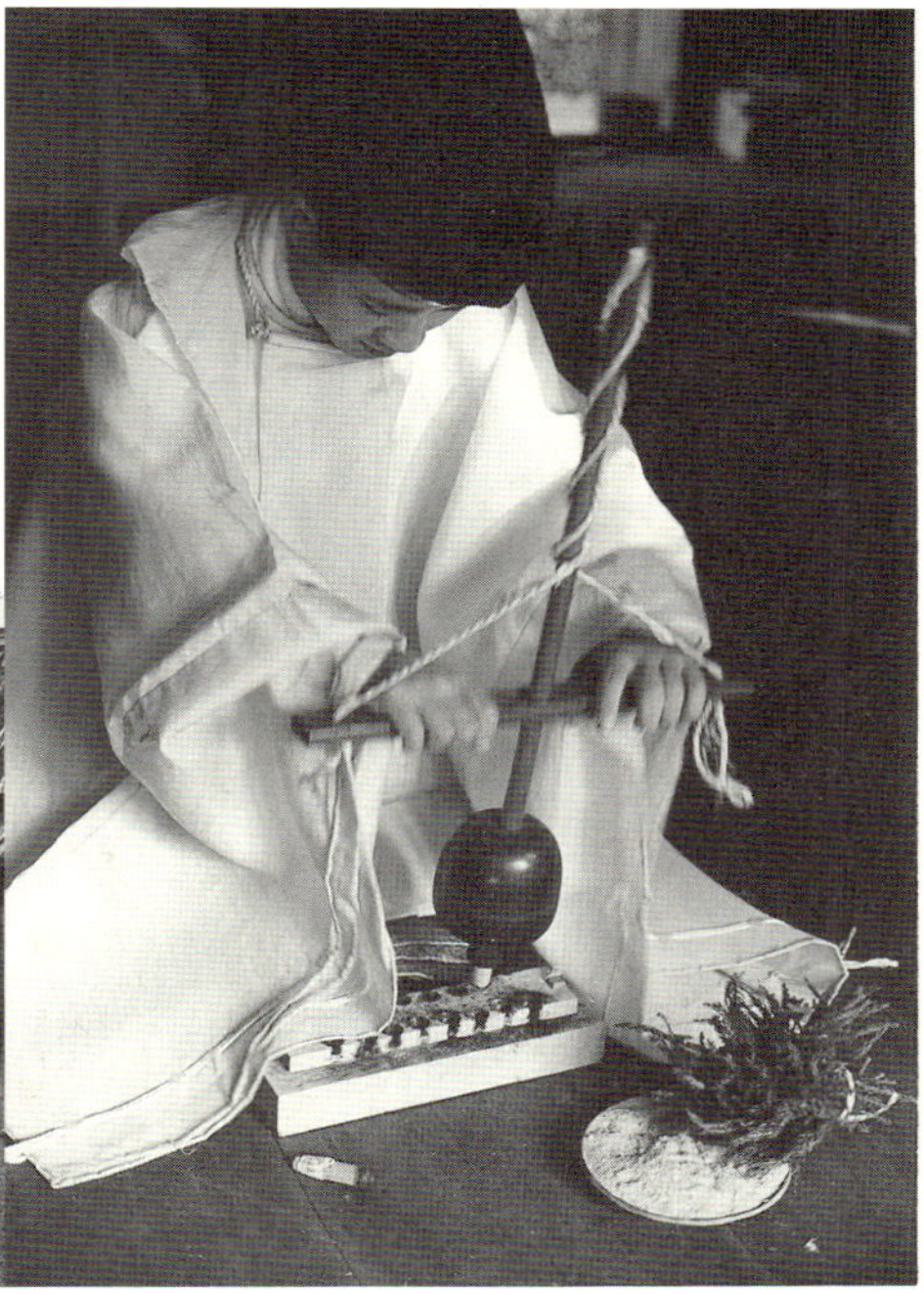

御饌《みけ》の調製は忌火を鑽《き》ることから始まる（右）。豊受大神宮（外宮）で調製され、神々に供えられる御饌（上）。御饌は毎朝、外宮から白木の長櫃でそれぞれの神前に運ばれる。

残っているという。

伊勢には妻入の民家が多い。神殿造りと同じつくりでは恐れ多いということで古い家並はだいたい妻入りの古風なたたずまいである。中にはまだ蔀戸《しとみど》を残している家もある。妻入りの小格子をはめこんだ家の中で箸や御守札の用紙などを内職に作っている家も多いという。宇治山田の町全体が、神宮の余徳によって暮しているようなものである。それだけに神宮に対する尊崇の念も人一倍あついのであろう。古市の町はずれに建っていた御木曳《おきびき》行事寄附者札に書かれた金額にはびっくりする程高額なものが多かった。

御師《おし》と参宮

わしが国さは　お伊勢に遠い
お伊勢恋しや　参りたや

伊勢神宮が天照大神《あまてらすおおみかみ》を祀る皇大神宮《こうだいじんぐう》（内宮）と豊受姫《とようけひめの》命《みこと》を祀る豊受神宮（外宮）を中心とした神社であり、天照大神が皇室の先祖神、豊受姫命が農業神であるということは伊勢に参詣しようというほどの人ならばすでに承知のことである。そしてこれらの神々が何時の時代にこの伊勢の地に祀られるようになったかなどという難しい問題の詮議はここでは止めにしよう。ただ日本が統一国家としての体制をとるようになった七世紀以降になると神宮は皇室の氏神としての地位をはっきりあらわしていたということを知っておけば充分である。

皇室の氏神であったから伊勢神宮は私幣禁断、つまり、天皇家以外の一般の人びとが幣をあげて祈願をこめることが禁じられていたのである。民衆とは直接の接触はないというより持ち得ない神社であった。そこで神と人との中間にたって祈祷主の祈願を聞いて神に取次ぐ人が出てくる。これが御師と呼ばれる人びとで、神宮に奉仕する社人《しゃじん》や神役人がこれを行なっていた。はじめは願主の依頼によって祝詞《のりと》を奏上するだけであった御師が願主との関係を深めていって師檀関係が出来るようになり、旦那が参宮に来たときには宿をするようになる。そして次には御師の方からお祓札を持って旦那場をまわるようになってゆく。旦那場まわりは従来から関係のあるところだけではなく、新しい旦那を開拓することにもなった。御師が地方をまわる場合には神主や地方の旧家を頼って宿とすることが多かったようで、そういう家を中心にして神宮にたいする信仰を説き、伊勢講などを結成したものである。これは一つには御師自身の経済力を

伊勢参宮の人々の宿泊で繁盛した古市の旅館・大安。伊勢市

この神宮祭主職舎門は、御師の太郎館太夫邸の門だった。伊勢市

高めることから出たものであったろうが、そういう努力が伊勢信仰を広める大きな原因になっている。

伊勢信仰が国の隅々にまで、伊勢講をつくらせるというような根強い広がりかたをすることにより参宮客は飛躍的に増大し、宇治や山田は門前町としての形をととのえていった。

山田三方《やまださんぼう》、宇治会合《うじえごう》

宇治、山田の町が門前町として形をととのえてくると神役人などの有力者層が中心になって、民政、財政、警察、神宮祭祀などのとりきめから、羽書《はがき》と呼ぶ紙幣まで発行するようになって町の政治を自治的に行なうようになった。これが山田三方、宇治会合と呼ばれる自治機関である。中世末のことである。近世にはいって一般の郷村では検地が行なわれて、大名領国制の枠の中に組みこまれていくが、宇治山田は古くから守護不入の地であるということで検地が行われず、山田奉行をおいて監督することになるが、町の政治は従来通り、三方、会合衆が行なっていた。三方衆、会合衆の中心になるのが年寄で、山田三方の場合は二四人の年寄がいて、定期的に寄合い、町の政治を行なっていた。

こういった自治政治は宇治山田だけではなく、古くから御塩殿調進《みしおでんちょうしん》をつとめ、神領となっていた二見郷七ヵ村でも行なわれていた。二見郷七ヵ村は近世初期の検地では鳥羽の九鬼《くき》領として書上げられていたが、寛永十年（一六三三）、御塩殿調進をつとめ神宮に縁の深い土地であるということで神領に復帰する。ここでは神役人と称する中世からの家柄の者が御塩殿の神役をつとめることによって力を持ち、村の政治に参画していた。神役人の家から輪番によって年寄が選ばれ、それが月行事として村政にあたっていたのである。二見郷七ヵ村はそれぞれ独立した村であったが、御塩殿の奉仕を行なうということで一つにまとまっており、村寄合と同じように郷寄合があり、郷としての結びつきが強かった。神領という特異の事情のもとに神役人を中心とした宮座的なものや、中世的な惣とよばれる村結合の様式がおそくまで残っていたところとして興味がある。

大湊《おおみなと》――もも船のわたらうところ

宮川が伊勢湾に注ぐ川口にあるのが大湊である。ここも古く神宮との関係が深く、栄えたところであった。

伊勢国度会郡《いせのくにわたらいのごうり》、いうまでもなく伊勢神宮の鎮《しず》まりますところであるが、またもも船のわたらいの国でもあった。逆にいえばもも船のわたらいする国であったから伊勢神宮が鎮座するようになったとも考えられる。大和朝廷が東国のまつろわぬものどもを従えて国家統一を進めてゆく上でこの土地が重要な位置をしめていたからである。そのわたらいの国の最も重要な港が大湊であった。遠い神話の昔は別としても、荘園制の時代、東海、東国に広く分布していた神宮領の荘園からの年貢を積んだ船は全てここにはいって来たのであり、中世にはまた明《みん》からの貿易船も出入したというほどの港で、泉州堺と並んで栄えていた。しがって廻船問屋や、船持商人も多く、伊勢船と呼ばれて関東を往来していたのである。そうい

造船所が並ぶ、かつて港としてにぎわった大湊の夕景。二見町

う中から近世初期に海外貿易に活躍した角屋《すみや》のような豪商が出ている。船の出入を背景にして造船業も早くから盛んであった。土地の人たちの語るところによると、神《じん》功《ぐう》皇后の三韓征伐の時の船や秀吉が朝鮮征伐のときに使った日本丸などもここで造られたものだとか。それはともかく、つい最近まで伊勢湾一帯で使われていた漁船の多くはここで造られたものであった。近世にはいってからは神宮の外港としての機能はむしろ少し上にのぼったところにある神社《かみやしろ》港の方にあったようで、神社港には遊廓などもあって、はなやかであったという。

　妻入りの家並を抜けて川口に出る。夕暮れ時のこととて会う人も少なく、町はひっそりと静まり返っていた。今一色《いまいしき》の部落が霞んで見える。夕陽が海苔網を立て並べた川面に美しい影を落とし、浅瀬に捨てられたまま朽ちかけている破船がシルエットのように見えた。造船所のクレーンがいくつも建ち並んでいるのが僅かに昔をしのばせる。

　年の暮の日暮れ時というせいもあってか、大湊はわびしい感じのするところであった。

　今一色には神社《かみしろ》港から渡船がある。小さな船溜《ふなだまり》であるがつながれた漁船の数も多く、なかなかに活気のありそうなところである。部落のなかをまわって見ると、漁村特有の建てこんだ家並であるが、家の前庭や空地には隙間もないほどの海苔干しの莚《むしろ》が並べられている。浜に出る小松林の中には何軒もの小屋があり、大きな水槽がいくつも備えられている。海苔漉《のりすき》の小屋であるが、今はもう使わなくなったのか雑然としたまま、打ち捨てられているという感じである。そこを抜けて浜に出ると一面の海苔畑が広がる。今は海苔採りの最盛期で黒いゴム服を胸まで浸けて海苔採りに余念ない人々の姿が小さく見える。今一色はパッチ網や建網を主とする漁村であったが、最近海苔が主体となって大きく変って来ているところである。海苔も七、八年前までは天然採苗で自然に海苔の胞子が着くのを待っていたのであるから年によって豊凶の差が甚だしく、場所も限られていたので川口の浅い場所に小規模に行なう程度であったが、人口採苗の技術が開拓されて、生産が確実になり、また手漉きから機械漉き、乾燥も天日乾燥から脱水機や電気乾燥機をとり入れての機械乾燥にかわるなどの技術革新によって急速に規模が大きくなったという。二、三年前まで残っていたパッチ網も売ってしまって、今は海苔一本に生きている。それだけに積極的で、漁協が中心になって販売、新技術の導入開拓などに真剣にとりくんでいる。前向きの姿勢が感じられるところであった。

今一色から二見の方に進むと水田の中に防風垣に囲まれた部落があった。西、荘《しょう》の部落である。

御塩殿《みしょうでん》

二見浦の夫婦岩を眺めて行く人びとは多いが、少しはなれたというだけで、もうここまではいりこんでくる観光客は少ない。観光とは本来つくりあげられたルートをたどるだけのものであろうか。

このあたりは神々の使用される堅塩を調達する御塩殿のあるところである。毎年、夏の土用の頃に西部落の外れ、五十鈴《いすず》川のほとりにある御塩浜に潮が引き入れられ、夏の暑い陽光に当てて、水分を蒸発させ、塩分の濃い潮水をとる。それを荘の御塩殿神社の裏側にある御塩焼所に運んで煮つめて荒塩にする。荒塩は御塩殿で堅塩に固められ、古くからの御塩道を通って神宮に運ばれ、神々に供えられるのである。ここで行なわれる製塩法は入浜式と呼ばれるもので、瀬戸内海などでも最近まで行なわれていた方法であるが、昭和三〇年前後の塩業整備、合理化政策によってすたれてしまった方法である。ここでは神宮調進ということによって、これから先も続けられることであろう。

御塩殿の裏の海岸はなだらかに白砂が続いている。松林の中に地面から直接萱屋根をふいた天地根元造りの小屋が建てられ注連が張られている。古代日本の建物を思わせるものであるが、これが御塩焼所である。ここから見る伊勢海はひょうびょうと広く、かなたに知多半島が霞んで見える。そして鳥羽沖の島々が二見の旅館街の向うにのぞまれる。のどかに平和な風景であった。しかし直ぐ前の磯では寒い磯風に顔を火照らせ、手網《たも》で打寄せ

海苔採り。今一色（二見町）の大切な生業

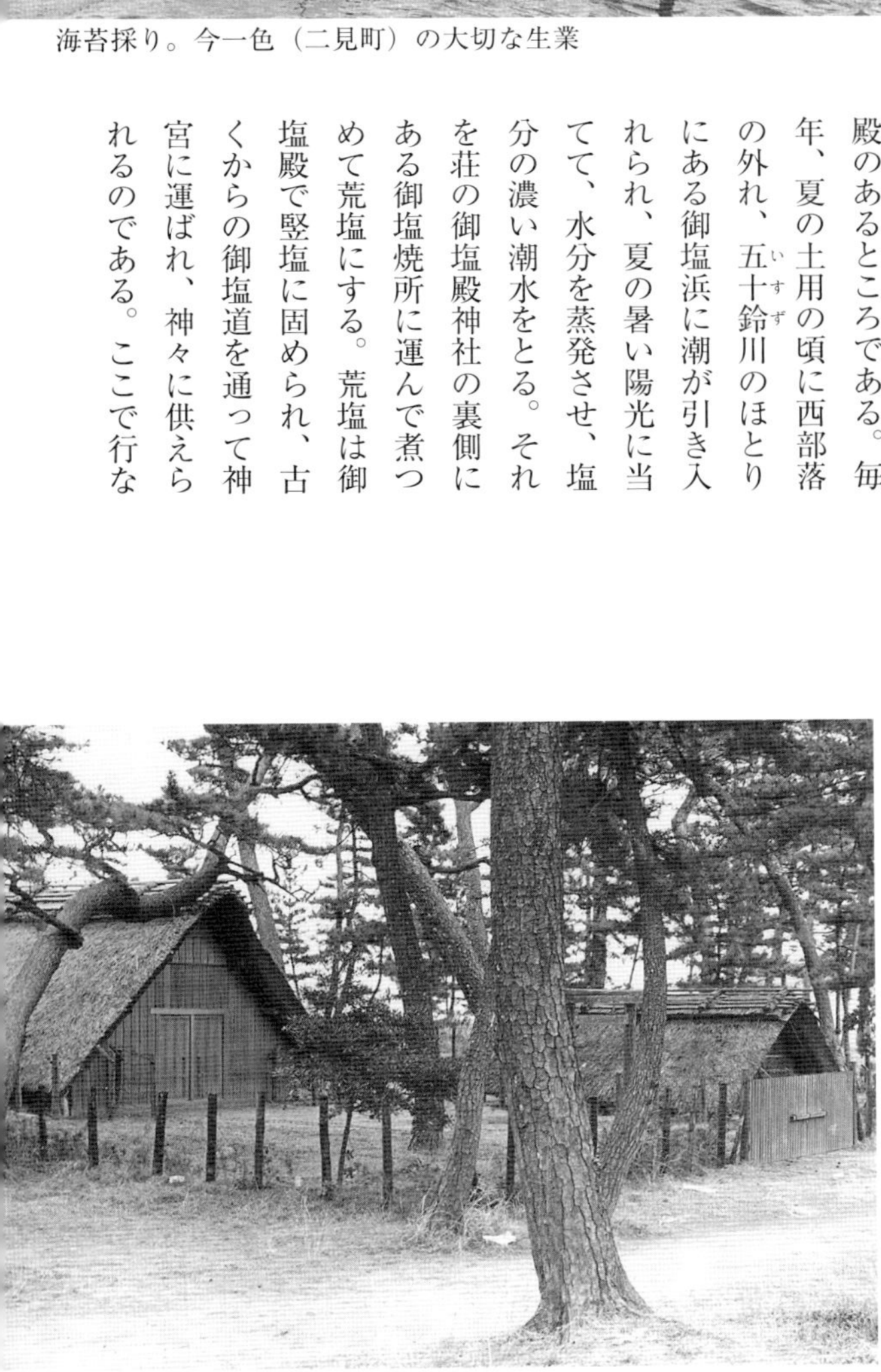

松林にかこまれた御塩焼所。二見町

第60回式年遷宮の表示。外宮

内宮古殿地。昭和48年（1973）に遷宮される。平成25年（2013）の第62回式年遷宮もこの敷地になる。

第60回式年遷宮の建築材を加工する宮大工

用途別に書きこみされた、加工済みの建築材

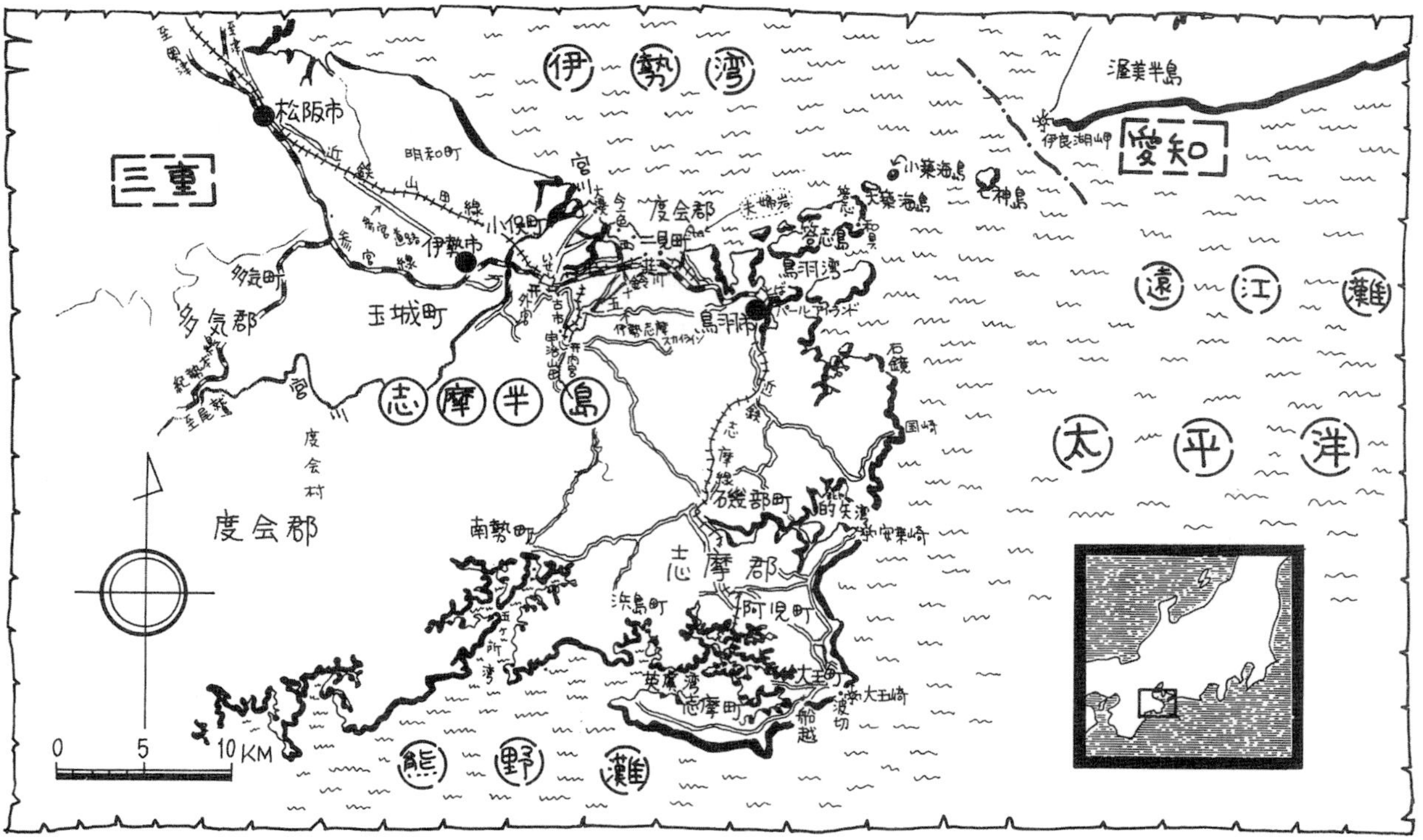

伊勢志摩略図

られた流れ海苔を拾う人びとの厳しい姿があった。

志摩

御食《みげつ》国志摩の海人《あま》ならし真熊野《まくまの》の
小船に乗りて沖辺こぐ見ゆ
（萬葉集巻六、一〇三三）

志摩は島に通ずる。島が多く、溺れ谷に囲まれた海の国である。

隆起海蝕台地と沈水によってできた複雑なリアス式海岸が、屈曲と入江に富んだ景観を見せてくれる。

外海に面して太平洋の荒波をまともにうける安乗《あのり》崎や大王崎は刃刺《はざし》をかざして鯨にいどんだ人々を思わせるように荒々しく、男性的である。英虞《あご》湾や的矢《まとや》湾などの入江は波も静かで女性的ですらある。

志摩の海はこの二つの顔をもっている。しかし、そのどちらも共通して豊かな海の産物を人びとに与えた。この海の豊かさに対して台地の上の土地は痩せており、水も少なかったから、耕地として拓くには適していなかった。

人びとは早くから海岸に住み、海を相手にして暮しをたててきた。そして海の幸によって朝廷や伊勢神宮に結びついていた。御食国《みけつくに》は御饌《みけ》の国であり、朝廷や神宮に魚類を奉る国であったのである。万葉集には志摩の海人を詠んだ歌が多い。その頃の歌詠むほどの人には志摩の海人は知られた存在であった。

アマといえば現在では海女のことで女ばかりと思っている人が多いが、潜って魚をとる方法は最も原始的な漁

志摩パールロードから見る志摩の島々

法で男も女も従事していたものである。それが漁業の進歩により釣漁、網漁などが中心となり、男はそちらに従事するのが一般的となり、女性がとり残されてきたものであろうか。

ともあれ志摩には海女が多い。外海に面した、黒潮の影響を直接に受ける岩礁の多い磯のある部落は、今でも殆どの部落で海女漁を行なっているといってもよいほどである。

海女の村の娘たちは一四、五歳になると潜水をおぼえはじめ、一七、八歳の頃にはすでに一人前の技術を身につけて立派な働き手となっている。海にもぐれない娘など嫁に行くこともできなかったという。そして「テー（亭主）一人位養わん者はヤヤ（婦人）の値打がない」といわれるほどにあてにもされ、稼ぎもしたものである。最近は真珠養殖などが盛んになり、若い娘はそちらに働きに出るものが多くなって海女になる娘が少なくなったとはいえ、海女の働きに依存しているところがまだまだ多い志摩である。

鳥羽湾の入口にある答志《とうし》島の答志や和具《わぐ》もそういう海女部落の一つである。

養殖真珠の工程をすべて公開している、御木本幸吉に縁《ゆかり》の深いパールアイランドを右手に、市営の定期船で四五分進むと、答志に着く。船着場には暮の買物をあてこんでか、茶碗売りや呉服屋が露天を広げている。網干場の中に莚でかこった小屋が二つ三つ建てられて煙が立ちのぼっている。声をかけ、のぞくと海女が五人ほど焚火にあたって身体をあたためていた。そばでは子供たちが双六に興じている。今は冬イソの時期でナマコをとるのだという。この小屋はヒバ（火場）といって五、六人が仲間になって、作っている。海女の作業は夏イソが主で、冬イソに潜るのは世帯を持った元気な人達だけで、娘や老人は潜っていない。ヒバが五つ建てられているから、三〇人前後が海にはいっているのであろう。海女の漁場は地先《じさき》に見える大築海《おおづくみ》島、小築海

冬の海に潜る準備をする答志島の海女

島のまわりで二〇メートルくらいの深さのところである。

冬イソは十二月の初めに解禁になり、一月十日までの期間ということに決められている。最近はどこも新正月になって、年があけるとナマコの値が下るので十二月いっぱいしか潜らない。朝七時から七時半頃になるとヒバに集ってくる。ヒバで充分身体を暖めてから、沖に出る。九時頃である。沖には海女二人と船頭の三人が組になって出る。ここでは今は白い木綿の磯シャツは着なくなっている。黒いスポンジの潜水着を着け、腰にオモリガネとスカリをつけている。スカリというのはとったナマコを入れる網の袋である。

漁場につくとシマ（場所）をきめ、海にはいる。はいるときに船端をかるくたたき、ツイヤとかツイツイと唱える。言葉の意味はわからないが海神に安全と豊漁を祈るのであろう。海女は広い海の底での孤独な作業であり、危険と直面することが多いせいか信心深く、神にちなんだ禁忌はよく守る。小築海《こづくみ》島はコヅクミさんと呼ばれ神のいる島であり、そのまわりの磯にはアワビなどが繁殖しているが、年に二、三回の決められた日以外ははいることができない禁断の場所である。特にナガシノクチという場所はコヅクミさんが料理するための獲物をとる場所であるから誰もはいることができない。ずっと以前一人の海女が流されてここにはいり、びっくりするほど多くのアワビをとって来たが、家に帰るなり熱を出して亡くなったなどということが、つい昨日のことのように語られている。

船から下りたら二五頭《かしら》（回）潜る。長い人で二分くら

たくさんのナマコをとってもどり、海女小屋で暖をとる。答志島

い潜れるというが普通はそんなに潜れない。二、三頭潜っては船に寄ってナマコを船端にあける。二五頭でほぼ一時間くらいになる。しばらく船にあがって休み、またはいる。二時間くらい潜ったら浜に帰って身体をあたため、そして午後からまた出る。

潜って浮きあがると同時にピューと肺の底から絞り出すような声を出す。これを磯笛というが物哀しい響きをもってはるかに遠くまで伝わってゆく。

答志では海女のことをイリドと呼ぶ。イリド専門にしている人はワカメとりの春イソから夏イソ、秋イソ、冬イソと四季も潜るが、普通は夏だけの人が多い。海女漁はアワビ、サザエ、ナマコ、ウニ、テングサ、アラメなどの磯物を採取するものであるから無制限にとったのでは資源の涸渇が早く、生活にひびくことになる。そのため、どの村でも、とる場所や期日、時間などが厳しく制限されてきた。例えば夏イソの場合は七月十二日の口明けの日から二〇日間、時間は午後二時までというように決められている。

七月十二日の口明けの日にはコヅクミさんに漁の安全と豊かなることを祈る儀式が行なわれる。禰宜《ねぎ》と組合の代表がコヅクミさんのまわりに白米をまき、祈祷をしたのち、島にあがって桑の枝と萱を切って答志八幡宮に供える。祈祷が終るのを待ちかまえていたイリドたちは先を争って潜る。

その日は禁断の場所も解禁であるから、少しでも早く、多くのアワビを採ろうと張りきっている。ちょうど小学生が運動会のスタートラインに並んだときのような気持だという。その日にとったアワビの最も大きなものを八幡様に捧げ、桑の枝と萱を貰って帰る。夏イソ二〇日間といっても荒天で沖に出られない日も多いから盆の頃までになる。盆がすぎると娘たちは伊勢や名古屋、大阪あたりまで女中奉公に出るのが最近までの海女の村一般の風であった。これは海の閑なときに出稼ぎするというよりは、むしろ広い世間に出て行儀作法などを習ってくるという意味を持つものであった。

ヒバで憩っているときのイリドたちはあけっぴろげで陽気である。しかし身体を張って働いている人々の持つ張りつめた気迫が私たちを寄せつけない強さを感じさせる。

岬に鎮座する山の神社に、暮れに参拝する。波切

ナノリと火祭り

志摩は正月行事の豊富なところであり、古風な興味あるものが多い。

先志摩の入口にある大王町波切《なきり》で大晦日の夜から元日の朝にかけて行なわれるナノリという行事もその一つである。これと同じ行事は神島、石鏡《いじか》、鳥羽本浦、大王町船越などでも呼び方は違うが行なわれている。波切では赤いジュバンを着、赤手拭で頬かぶりをした船頭が村の各家々をまわり歩いて祝言をのべる。そしてナノリに続いて注連《しめ》切り、カツオツリなどが行なわれる。この行事の中心になるのは船頭の元方といわれる家で天満《てんま》地区と天白《てんぱく》地区に一軒ずつきまっている。天満が庄九郎、天白が紋十郎の家である。

大晦日の夕方、船頭たちは元方の家に集りナノリの組割や順番をきめる。波切を二〇組にわけ、二〇人の船頭がそれぞれ一組ずつ、五、六〇軒の家をまわることになる。元方の家での打合せが終ると、漁業共同組合に移って、まず祝酒を汲み、漁協の玄関先で船頭衆が揃って一番ナノリをあげる。それから各組にわかれて行く。船頭一人に五、六人の船子《かこ》と呼ばれる子供たちがついている。船子になる子供たちは路地から路地をまわるときに「ハライサ、コライサ、ヨイヨイヨイ」と声をはりあげて叫んでいく。家の前にたつと「あーたらしき、年の始めに、とーじさいわいわい」と船頭が祝意を表し、ついで「ここの旦那は商売事は」とか「ここの娘は裁縫事は」とかいうと船子がすかさず、「いーちばんよ」と

大晦日の夜、家々を祝福してまわるナノリ。波切

つぐ、最後に船頭「旦那たぬしゃ」子供「餅やけやけ」で終る。ナノリを受ける家では主人が紋付羽織袴の正装で、盆におみき一合と金銀になぞられた米餅と粟《あわ》が黍《きび》の餅を入れて正座して待っている。今は酒は出さないし正座して待つ家も一、二軒くらいになってしまったが、ナノリが訪れるまでは寝てはいけないし、玄関をあけておかなければならないということになっている。忌《いみ》のかかった家（不幸のあった家）ではナノリを受けることは出来ない。ナノリを受けたあとで夫婦仲良く若水汲みを行なう。

　ナノリが終ると船頭は元方の家に集り、皆揃ったところで、村の出口にある山の神祠の前に注連縄を張る準備と港の浜に藁のスクレを積みにゆく組にわかれて出てゆく。残った五、六人の船頭は元方につれられて桂昌寺に波切丸の太刀を迎えにゆく。太刀迎えは一度や二度では渡されない。俗に七度半の使というほどで、寺の門を出たり入ったりして問答をくり返し、ようやく受取ったら、門前で藁松明《わらたいまつ》をつくって待っていた船頭と共に一気に坂をのぼって山の神のところまで走る。このときたいまつの火を消すようなことがあってはならない。山の神の前には若松が両側に立てられており、それに準備していた藁で大きな注連縄を「ヤーセ、ヤーセノ」の掛声をかけながら綯《な》ってつける。注連縄をつけ終ったら元方が注連切りをする。注連の内側から村の外をむいて「山の神かあーかあーかあー」とどなり、山の神が「オー」と答えたら一太刀で切りたおし、「あとみるなー」とどなって藁松明に火をうけて御浜《みはま》まで走ってゆく。御浜には藁がつまれており、それに点火する。火が燃えさかる頃には手に手に鰹釣りの竿を持った船頭や村人が竿で勢いよく火をはねる。これをカツオツリという。正月に今年の豊漁を祝う予祝行事の一つである。ひとしきりカツオツリ、といっても竿を火の中に突きこんで思いきりはねあげる勇ましいものであるが、終ると残り火を竿に移して持船まで走ってゆき、その火で船玉様を清める。その頃には長い冬の夜もしらじらと明けそめている。人び

大晦日の夜、火祭の注連縄作りをする。波切

とはそのまま波切神社に詣で、ここから初日の出を拝むのが毎年の習わしである。

ナノリ、注連切り、カツオツリといくつかの行事が重複、連続して行なわれるのが、この特色であるが、これと同じような行事が隣りの船越でも行なわれる。または片田でもネギアブリという火祭りが行なわれるという。

竜宮祭り

たびごころもろくなり来ぬ志摩のはて
安乗《あのり》の崎に燈《ひ》の明りみゆ　　釈迢空

波切神社に詣でて、太平洋から吹きつける風をまともにうけて眠気を覚ましているうちに、安乗崎を訪ねたくなった。いつか読んだ釈迢空の歌が思い出されたからでもあった。

安乗もまた太平洋から吹きつける潮流をまともにうける崖の上にあった。バスの終点になっている丘から安乗神社のある丘に行くには、いやもとの浜に降りて行くことになる。この低地にも家がたてこんでいる。いやもとの浜には海女の火屋が三軒ほど建っている。網干し場から波打際に降りて見るとシシバ（椎）の枝に注連とツボキ（藁の器）をつけたものが何十と立てられている。ツボキにはナマス、赤飯を入れ、竹箸が添えられている。これは船持や海女が竜宮さんに供えたもので、大晦日から三日まで供えるという。浜に引上げられた漁船にも同じように祭ってある。船玉様にあげたものであるが、これは二十日のエベス講のお飾り納めまで飾っておく。安

火祭りの前のミカンまき。波切

乗神社には初詣での村人たちがぽつぽつと見える。村の重立らしい人が紋付袴の正装で集っている。元日の二時からミタナマツリが行なわれるという。

志摩は一帯に頭屋《とうや》の制度がよく残っているところで、安乗もその一つである。そしてこのミタナマツリも頭屋が中心になって行なわれるものである。頭人《とうにん》は八歳から一五歳までの男子がなるもので一頭、二頭と二人がいて、一年でつとめを終る。頭人を務めた人は三八歳までに加用《かよう》をつとめる。それから中老、還暦をすぎると大年寄ということになる。大年寄は二〇人と定まっており、欠けたら補充する。頭人から大年寄まで厳しい段階があり、無事つとめるのは大変めでたいこととされている。これらの人々が祭り行事一切を行なう大事な役割を持っている。

さてミタナの祭りは新頭《しんとう》、古頭《ことう》（前年の頭人）加用、中老、大年寄によっていやもとの浜で行なわれる。もともとは旧正月の潮八合満《みて》の時に行なわれていたものであるが今は新暦で行なう。加用が山からシシバの木を伐って来て、いやもとの浜に設けられた祭壇の前にたてる。ミカンを枝もたわわにつけている。祭壇では神饌を供えて禰宜さんが祝詞を上げる。祝詞は二回、初めのは海の神を呼ぶものであり、二回目は海神に海幸の多きを祈るのである。それが終ると参列者一同揃って神饌を海に向って捧げる。海に帰る海神を送るのであるという。それが終るとシシバがたおされミカンがうばい合われる。このとき木の倒れた方角によって漁の豊凶が占われるのだという。この行事はミタナとかミカンナラセなどと呼んでいるが、部落に伝わる記録では竜宮祭とある。安乗ではこのほか頭屋が行なう行事は多いし、人の一生の中で頭人から大年寄までの段階を踏んでゆくことが大変重要な意味を持っている。

安乗はまた古風な文楽を伝えていることでも知られている。正月二日の八合満の時に文楽保存会の人たちによって、三番叟が舞われる。これは仕事始の儀式の一つであり、また大漁祈願のためでもある。

志摩には暮から正月にかけて多くの興味ある行事がある。旧暦、新暦、月おくれとばらばらであるが、訪ねてみたいものが多い。

志摩は古い国である。

元旦の浜での行事に向かう頭屋（子ども）。安乗

元旦の浜で行なわれる、豊漁祈願の三棚祭。安乗

琵琶湖

―湖畔の生活詩

文・写真　西村與一

月出峠から塩津浜（西浅井町）を望む。

底は平らで、舳先は丸木舟を思わせるマキノ町（現高島市）知内の舟

大津

ゆく春を近江の人とおしみけり

近江の春はのどかである。ゆったりと水をたたえた琵琶湖。その湖をめぐる山々。湖西にそびえる比良の雪がとけて山肌が青くなると、湖面はかすんで春がふかまってくる。そして湖のほとりを行く人も多くなる。

昔、京都を出て東国へ旅するものはかならずこの国を通った。北陸への旅人たちも湖畔の道を北へあるいていった。また日本海岸の米、塩、魚のような物資も敦賀《つるが》小浜で陸上げし、山をこえて湖のほとりに出、そこから船を利用して大津にはこび、坂本の馬借《ばしゃく》たちによって京都へもたらされたものである。琵琶湖はいわば交通の要衝であった。

そしてそのことに加えて、政治の中心であった京都に隣りあわせていたために、こののどかな風景とは逆に琵琶湖は血なまぐさい戦乱のつづいたところであった。古くは天武天皇の壬申《じんしん》の乱、木曾義仲の敗戦、姉川・賤《しず》ヶ岳の合戦。関ヶ原の激戦は美濃との国境付近でおこなわれた。戦さが多かったように湖畔の村々はまた世の動きを敏感に反映した。

鈴鹿をこえる東海道が舗装され、名神高速道路もこの湖東をはしった。その沿線の工業化がめだってきた。そしてそのような近代化の波がこの景観をいちじるしくこわしはじめて、のどかな風物の失われるのをおしむ今日この頃である。

「さざなみの滋賀の都」と歌われた地は大津の北端のあたりだが、今は古き都のおもかげはほとんどない。ただ三井寺や石山寺は昔のままである。

　三井寺への坂道、大津絵を売る店や、いかにも門前町にありそうな古めかしい旅館の前を通りぬけて、駐車場の広い大門まえまでくると、三井寺の金堂、三重塔と、広々とした境内がそこにある。三井寺は八六〇年頃比叡山の円珍のひらいた寺。だがその頃比叡山には円仁の流れをくむ人々の勢力がつよく、円珍の死後両派の争いははげしくなって、円珍派は山を下って三井寺によった。これを寺門派とよんだ。山上の山門派はしばしば山を下って三井寺を焼いたが、仏灯は消えず円珍が唐から持ちかえった仏典などをつたえて今日にいたった。金堂をはじめ勧学院、光浄院、円満院など境内の建物は桃山期のものが多く、おのずから一つの風格をそなえている。

　三井寺から近江神宮へは山の手の旧道をたどるとよい。大津の町が手にとるように見え、皇子山《おうじ》のグラウンドの近くに、日本一のユースホステルが広い敷地にどっしりした構えを見せている。

　近江神宮は新しい建物ではあるが、社殿や楼門、回廊にも落着きがあって、境内の時計歴史館も、時計の祖天智天皇の社らしく珍しい。

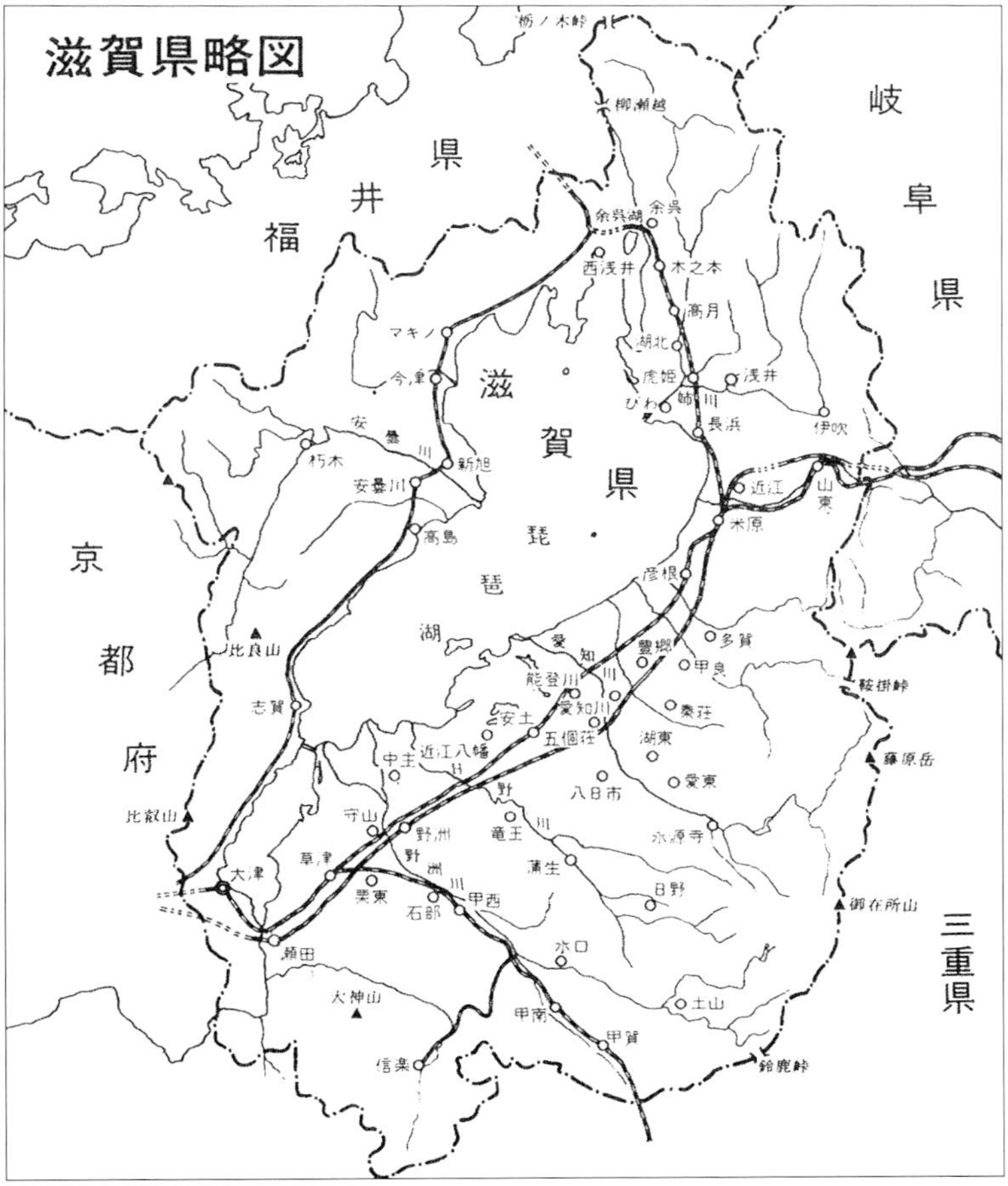

　大津の町もかわった。近代化があらゆる古いものを消していく。そんな町で古いものを見かけると妙になつかしくなる。

　湖岸通りから、石山行電車の線路を越えたすぐの山の手の通りは、昔ながらの街並みで車がやっと通れるほどだが、ここへくるとほっとする。その道を歩いていくと義仲寺がある。ここには木曾義仲と芭蕉の墓がある。

もとは田んぼの中の寺であった。せまい境内ながらひっそりとして、門の右手の控所でお茶の接待を受けながら、無名庵の庵主さんの説明をきくのはたのしい。人をなつかしがる人で、旅のものにはそれがうれしい。いつだったか宿の世話までたのんでしまった。芭蕉がこのうえなく愛したゆったりとしてしかも物さびしい雰囲気がここにはかすかに残っている。

木曾殿と背中あわせの寒さ哉

芭蕉はこのさびしさを愛して、義仲の墓のそばに骨をうずめてもらった。

ここからふたたび広い道に出て東にいくと膳所《ぜぜ》城趾である。関ヶ原の合戦ののちまっさきに家康が築いた城がこれであるが、いまはわずかに城趾公園となってのこっているにすぎない。

要衝の地といえば、ついこの先の瀬田も京への入口としてしばしば合戦のおこなわれたところである。だがいま橋の下を流れる水は平和そのものに見える。その流れにそって少し下った石山寺は、三井寺とともに名の聞えた寺である。この寺の観音の霊験にあやかろうとして、京都の貴族たちが参籠のためにしばしば訪れている。そのさまを描いた石山寺縁起絵巻は、心にとまる美しいものである。

寺の南方の南郷の橋をわたって東に入る道は、陶都信《しが》楽《らき》へつづく。

信楽

狸を表看板にした信楽は、瀬戸、常滑《とこなめ》、備前などとともに日本で最も古い焼物の町である。ここに窯がつくられたのは約千三百年前の、聖武天皇が紫香楽宮《しがらきのみや》を建造された時だといわれている。

鎌倉中期に宋代陶磁器の刺激をうけて、穴窯をつかって自然の灰をかぶった水がめのような質朴なものが作られ、室町桃山時代に茶道がさかんになると茶器もつくった。今日名器として珍重されているものは多くこのころの作だという。

登り窯が築かれたのは徳川中期からで、茶壺や茶器の生産がふえた。明治以後「なまこ釉《うわぐすり》」が研究され、今日見られる火鉢が大量生産されるようになってきた。

しかしその火鉢も不要な時代がきた。そのうえ陶業の技術もいちじるしく進歩した。いま登り窯をのぞいてみると、窯のおおいもところどころはがれ、ペンペン草がしげっていて、どの窯も荒れたままか倉庫がわりになっている。いまある百数十の工場はみな電気窯をつかっている。

とある仕事場をのぞくと仕入れた皿に着色していた。いまでは自分の工場で土こねから仕上げまでやるところはほとんどない。型の固ったものを問屋から仕入れて、着色し焼きあげる工程だけをする工場が多い。

高橋楽山氏の家をたずねる。ここは土こねから仕上げまで、それも登り窯をつかっていた。美術品をつくるのが目的で、ここの庭先には古信楽といわれる大きな壺が並び、二階には茶器などの名品が飾られている。見物するものにとってたいそう親切な工場であった。

　街はずれの小高い墓地公園から見おろす信楽町長野の町は、なごりの登り窯や近代的な工場が一望の中にはいる。伝統の窯の火に焼かれつづけてきたなべ、壺、すり鉢、とっくり、火鉢などは、いますべて私たちの生活から遠ざかろうとしている。信楽の悩みは伝統の中に引きこもれず、新しい方向を見つけなければならないことにある。それゆえに近代化された工場から大量のタイルがつくられ、建築ブームの中に生きる道を求めている。ガーデンセット、テーブルセット、建築陶器も目につくようになった。

湖東

　湖東の町近江八幡《おうみはちまん》は、江州商人の根拠地としてかっては南蛮貿易にまで進出した歴史をもっているが、近代にはいって保守的になった。明治の中頃東海道本線設置にあたって、鉄道が町の近くを通ると発展のさまたげになるという意見が強く、駅を町から一キロもはなれたところにつくってしまった。そして質素、勤倹に心掛けるという古い商人気質《かたぎ》で新しい時勢にたちむかおうとしたが、かならずしも成功しなかったのである。最近では京阪のベッドタウンとして時勢においつこうとしている。

　この地の領主であった豊臣秀次が築いた八幡山城は、いまわずかに石垣がのこっているが、京都にあった村雲御所瑞龍《ずいりゅう》寺がここに移されている。ここから見おろす八幡の町、琵琶湖の風景は美しく、麓の日牟礼《ひむれ》八幡宮は左義長祭りで名高い。茶店の主人も三月十四、五日にはぜひ来て見てくれとすすめる。豊臣秀次の時代に始まった祭りで、大きなたいまつをつくり、若者がこれをかついで市中をねりあるき踊りくるったのち、いっせいに火を点じて奉納する。

　この山を東まわりして岬に出ると、三十三カ所の札所の一つ長命寺がある。その途中北津田あたりは一面の芦原で、それも二間もあろうかと思われる見事な芦である。刈取って束にしたものを舟からあげて工場に運んでいる。広々とした建物の中で簡単な道具で適当な長さに切って編む。

　長命寺へは桟橋のある広場からまっすぐな石段をのぼる。八百八段あるという。車だと左手から上の本堂近くまでドライブウェーがある。お粗末な道だが上に駐車場もあり、ともかくいける。

　檜皮葺き入母屋造りの本堂が迫ってくる。大永四年（一五二四）の造営である。側面から内部に入るようになっているのは平地の狭さからであろうか。本堂から左へ三仏堂（室町）、鐘楼（桃山）。見おろすと樹林を背に屋根の重なりや三重塔（桃山）の配置が、はっとするほど美しい。

　石段下から半島を車で十分もいくと、国民宿舎を中心とした近江八幡休暇村で、夏はたいへんな賑わいを見せる。ここの近江肉のバーベキューはうまい。

　長命寺桟橋から沖の島へ渡ろうとしたが、しけていて欠航。網をかたづけにきた老人が、

「沖の島では今まであまり他国《よそ》ものとは結婚しないし、

よしずの材料　円山

出稼ぎもなかったのでみんな親類みたいなもんだが、このごろでは昔の風もうすれた。島には水田はないからこちらの〝向う地〟に耕作にやってくる。島の西福寺に蓮如上人の書かれた南無阿弥陀仏の文字があるから、渡ったら拝ましてもらえ」
と話してくれた。

近江八幡から東へ五キロ、東海道本線と並行に走ると安土城趾の入口につく。琵琶湖にのぞむ低い丘陵の南側の素朴な石組みの石段を右に左に幾度か折れのぼっていくと、家康、秀吉、森蘭丸などの邸あとがあり、道は左右に分かれる。左にとると摠見寺《そうけん》跡、右にとると二の丸跡に出る。自然石を据えた信長廟が扉も開け放たれたまま静まりかえっている。さらに進むと本丸天主閣跡につきあたる。このあたりの石組みはこまかいものが丹念に積まれている。

近江は古い土地である

大津絵の絵つけ　大津市

彦根市の城下町

登り窯のそば　信楽町

信楽の町

五箇荘町の町家

その上にもとは外観五層、内部七層の大天主が大空にそびえたち、書院風につくられた各層の内部は、黒塗りの柱には金箔をおき、屏風やふすまには狩野永徳らの雄大な壁画が画かれ、けたや天井も彩色され、その華麗さは筆舌につくしがたかった。また城の部屋の灯が湖上にはえる夜の美観は例えようもなかったという。すべて信長の権勢の象徴として、城全体が一大芸術品であったのである。信長はさらに諸国の商人を山麓によびあつめ、商工業の繁栄をはかって近世城下町の方向とあり方をしめした。

しかし明智光秀の反乱によって城も城下町も一場の夢として消えさってしまった。今は摠見寺の仁王門と三重塔をわずかにのこし、心ある遊子の足をとどめるにすぎない。このようにこわされてしまった城は安土城だけではない。一国一城の制がしかれて近江の国にあったという七十二城のうち、六十八城はつぶされた。

彦根城はのこった四城（安土、水口《みなくち》、膳所《ぜぜ》、彦根）のうちわずかに完全に近い姿をとどめた城である。春の桜時分がもっとも見るに楽しい。姫路城ほどの大きさはないけれど、桜の老樹や松、水青い堀などのたたずまいが美しい。

舟橋聖一の「花の生涯」で知られる大老井伊直弼の若き日のわび住い埋木舎《うもれぎのや》は、外濠にそっていくと佐和口の近くにある。直弼は井伊家の十四番目の男子であった。家を継ぐ子以外は家臣以下にあつかわれ、埋木舎と自嘲した家で三十二歳まで世捨人のような暮しをしていた男が、世に出て三十五万石をつぎ安政の通商条約を結ぶ立役者になった。だが真に時勢を見、人材を登用する手腕をもたなかったために、非業の死をとげてしまう。

二の丸に開国記念館もあり、幕末の国情や直弼らの動静がさまざまな資料によって語られている。しかしここで見おとしてならないのは井伊家の下屋敷槻《けやき》御殿《ごてん》の庭園玄宮園であろう。江戸初期につくられた大名庭園の一つで、規模も大きくよくととのっている。

長浜附近

湖北は長浜の町から始まる。

この湖北第一の町が繁栄するようになったのは秀吉が信長からこの地を与えられて、城を築き商工業をおおいにすすめてからのことという。秀吉は信長にかわって天下を取るまでの十年間ここにいた。彼の築いた城は元和元年廃城になったが、敦賀から山中七里をこえて湖畔に運ばれた物資のうち美濃尾張などに送られるものは、ここに運ばれて陸送することになった。そのためこの町は大津につぐ物資の集散地となり、それにつれて商工業もおこってきた。

だが長浜城は石垣とひとつの城門のほかなにものこっていない。いまは市民のいこう公園となったこの城趾には桜が多く、四月の花時、そこは大阪近辺では味わえない穏やかな春がある。

その春の中で秀吉ののこした長浜祭りがおこなわれる。けんらん華麗な祭りである。曳山は秀吉が城主であったとき、はじめての男子出生を祝って城下に与えた黄金をもとにして町ごとにつくったもので、現在十三台ある。曳山の前にしつらえた舞台の上では、六歳から十歳くらいまでの男子が扮装し、いわゆる子供歌舞伎を演じる。特色のある飾り、彫刻、附属の金具、重要文化財に指定されたコブラン織りの胴幕…目をうばうばかりのみごとさである。

秀吉とともに思い出されるのは市内石田町に生まれた

三井寺　大津市

渡岸寺の十一面観音像　高月町

三井寺の鐘

浮御堂千体仏　堅田

小堀遠州の墓　浅井町孤篷庵

多賀神社　多賀町

日吉神社の鳥居

小谷寺　湖北町

大通寺の山門。長浜市

石田三成である。

冬のある日そこをたずねてみた。駅前から東へ、田んぼの中の整備された広い通りをまっすぐ進むと、小堀遠州の生まれた小堀町を通って石田町にでる。途中七条か八条といった条里制の名残りの町名がいくつかある。出生地はバス停から少しさきの家並みをはずれたところに、三成出生地と大きくしめした石碑があって、附近は子供の遊び場になっている。

墓をさがしに引き返してくると老婆に会った。それなら三成ゆかりのほこらに案内すると言いながら、いまきたぬかるみ道を引き返していく。この町に一居姓を名のる三成一族が三軒あり、老婆もその一人であった。墓は京都にあるが、三成さんがこちらに帰りたいといわれるので、近いうちに当地に移したいと相談しているのだともいう。そのほこらは近くの人家の庭の松と榎の根元にあった。すぐ近くの家も一居某で、月々お供えをしてまつっているという。

徳川幕府は三成を奸賊あつかいしただけに、石田一族も部落の人たちもずいぶん肩身のせまい思いをしたことであろう。しかしいまやっと三成顕彰会もできている。

三成が秀吉に茶をもとめられ、一碗ごとにぬるい茶から熱い茶にかえていったという大原村の観音寺は、山ひとつこえたトンネルの際に大きな山門をかまえている。寺から見おろすひらけた田畑は昔のままで、眺めるだけでもおとずれていい所であった。

湖北の旅は伊吹山がつれだ。そしていたるところに、この山が見てきたはずの武将たちと率いられた男たちの野望と悲劇の跡がある。

石田町から北へ四キロ、野の道をゆくと姉川のほとりに出る。姉川の合戦の跡である。この合戦につづいた小《お》谷《だに》城の落城は、湖北の戦争史の中でもことに哀愁をおぼえる。野村橋をわたったあたりが古戦場だという。ただ平和な水田のひろがりである。道のすぐわきに元亀庚午古戦場の碑がたち、ここから東の三田あたりまでが戦いのもっともはげしかったところである。その血原とよばれるところにも碑があった。

その夏の朝、浅井・朝倉の連合軍一万八千は北に陣した。川をはさんで南には約三万四千の織田、徳川連合軍が対陣していた。戦いは午前五時ごろからはじまり、午後二時には終っていた。小谷城にむかって敗走する浅井・朝倉軍は、この一キロたらずのあいだに二千五百人の屍《しかばね》をのこした。

それから三年後（一五七三）の初秋、信長は小谷城を攻めおとす。浅井長政はそのとき二十九歳、夫に殉じようとする夫人（信長の妹お市の方）を説得して、三人の娘とともに信長のもとに送りとどけた。義弟長政をひどく憎んでいた信長は、長政の十歳になる長男を関ヶ原ではりつけにした。また長政の首をさかなに盃をかたむけ、「わが上洛を数年にわたってはばんだのはこやつだ」とののしった話はあまりに有名である。

城趾山すその小谷寺をたずねてみた。杉の古木立にかこまれ荒れるにまかされて、構えだけが大きい。鐘楼わきから裏にはいりしばらく休ませてもらう。本寺は寂《じゃく》寥《りょう》山大吉寺とよび、中世には江北の大寺として栄えていた。住職の話では大吉寺は浅井氏に味方し、落城とともに兵火にかかって文書や寺宝はすべて焼失し、子寺一つがのこったのだという。城趾へはいまななめに赤はだの線をのこして、ドライブウェー建設のブルドーザーのひびきがこだましていた。

小谷への途中虎姫から東北へ五キロ、平野がつきて山地となるあたり、小堀遠州の陣屋のあった小室がある。その南の上野に、この偉大な建築土木家であり、造園家であり、陶芸家で伏見奉行でもあった茶人の孤篷庵《こほうあん》がある。スサノオ神社の境内をぬけてひなびた山道を進むと、林の中に柴垣や門、そのむこうに本堂をかねた書院の屋根が見える。彼が京都大徳寺にたてた建物にちなむこの庵の名はまた彼の号でもあった。東側の池庭、南側の枯山水はこじんまりとはしているが、実に落ちついた庭である。延宝元年（一六七三）の作庭といわれる。

湖北

小谷から八号線へ出て北にむかうと、田のあぜ道に沿って無数の杭が目につく。はざ木とよばれる榛木《はんのき》の稲架である。北に進むにつれて数をましてくる。

道を東へおれて北陸本線をこえると、高月駅の近くに渡岸《どうがん》寺の部落がある。部落の中ほどまばらな林の中に仁王門が建っている。境内は寒風が吹きぬけており、ここにあの湖北第一の十一面観音があるようには見えない。寺の鍵をあずかる村の人をたずねて案内してもらった。

正面に実に堂々たる量感にあふれた十一面観音の像がある。二メートルあまりの檜の一木彫りである。腰をかるくひねった一種の官能的な味わいをもっていて、近江にのこる仏像の中でももっともすぐれたものの一つである。このほかにも藤原時代の大日如来坐像（重要文化財）などもあった。そこから木之本へは近い。

木之本は地蔵さんを中心に開けた町である。駅をすこし東へあがった突き当りがその地蔵さんで、石垣をめぐらせた堂々とした構えで、地蔵堂も奥の庫裏も、さらに入った阿弥陀堂もすべて大まかである。大阪からきたというお守りを売っている老人は、ローソクに灯をつけながら由来を話してくれた。天武天皇の御代（六七三～六八六）、難波の浦に金色の地蔵像が浮かんだ。奈良薬師寺の祚蓮法師がひろいあげて、仏法のいまだいたらぬ北陸さしてくだる途中、この地の柳の大木の下に休んだ。いざ出発しようとしたところ地蔵尊がどうしても動かない。それでここに伽藍を建立したのだという。木之本の地名もそこから起った。実はこの地蔵尊には胎内に仁治三年（一二四二）の銘があって鎌倉中期のものである。

前の通りは北国街道で家並みも古めかしく立派で、昔ながらの酒造りの看板などにも北国らしさが見える。このすぐ近くに、数少ない三味線糸づくりの店がある。

地蔵さんの角に古風な土産物屋がある。蒸しまんじゅうの田舎の味がなつかしかった。

八号線はここから西へ稲架のならぶ田園の中をまっすぐつきぬけて、突き当った大音《おおと》部落の下に新しい賤ヶ岳トンネルが飯浦《はんのうら》へ掘りすすめられている。道はいくたびかまがって小さなトンネルに入る。出ると平家の落人部落とよばれる山梨子《やまなし》で、道はなおも飯浦へくだり塩津浜へ湖岸を迂回しながら白く光ってのびている。

昔の北国街道は木之本の町を北へぬけて、余呉川の谷を中之郷、柳ヶ瀬とあるいて椿坂をこえ、さらに栃ノ木峠をこえて福井県今庄へ出たものであった。人家のとぼしい谷間の道で、それに冬は雪が深かった。北陸線は柳ヶ瀬からトンネルをぬけて福井県疋田《ひきだ》に出、敦賀にいたったもので、この谷間は豪雪のために汽車がしばしば不通になった。そこでもう一つ西の谷、塩津街道の下にトンネルをぬいて木之本に出るコースをとり、国道も塩津街道を利用することになった。

湖北の山々はそれほど高くない。それに山をこえるとすぐ若狭湾である。冬の雪雲は容易にこの山をこえて湖畔の北半を白雪でうずめる。冬はどうしようもないほどわびしいところで、民家なども妻入りの、土間にもみがらを敷き、その上に莚をしいた土間住いがつい近頃まで多かった。

天正十一年（一五八三）四月、羽柴秀吉と柴田勝家が雌雄を決した合戦の中心、賤ヶ岳へは大音側からリフトを利用するのが便利である。しかし、新しい琵琶湖八景のひとつになっている新雪の賤ヶ岳を味わうには麓から四十分ばかり歩かねばならない。リフトの横から山路をのぼってみた。途中大音、木之本町あたりのながめは、案内書にはない歩くもののみが知るたのしみである。頂上からの琵琶湖は八景の中でももっとも新鮮で雄大である。おぼれ谷が深くするどく湖に落ちこみ、水は黒くよどんで逆光に光る。つづらお崎のさきに竹生《ちくぶ》島がぽつんと離れてうかぶ。湖面の濃淡の縞がなんともいえないさわやかさだ。北側はすぐ眼下に余呉湖がこじんまりと静まりかえっている。目のとどくかぎりは雪に頂をおおわれた北陸の山々であった。

八号線は塩津浜から北、敦賀方面にむかって新塩野の峠をこえる。塩津は大浦、海津などとともに琵琶湖北岸の要港として栄えた。いま湖面に魞《えり》網が美しい。左へおれて月出峠への道はぜひ歩いてみたい。のぼるにつれて入江の水色が鮮やかである。賤ヶ岳、片山あたりの遠望もすばらしい。大浦へこすトンネルを過ぎ、七曲りの道をくだると、前方の大崎が視界をさえぎる。

菅浦にはいま、大浦からバスがはしり、数年前までの船をただ一つの交通機関としていた時代はさった。

扇骨をけずる　安曇川

マキノ町の街並

魞《えり》漁　塩津浜付近

大浦港　西浅井町

魞網作り　マキノ町

沈降をつづける湖北特有のけわしい岬の急傾斜が湖へなだれこむおぼれ谷の波打ち際に、へばりつくように百戸あまりの家々が押しあって建っている。道路の開通とともに職業も多様になった。久保田鉄工所の下請け仕事をしている婦人も少なくない。ここはかつて堅田の漁民とともに湖の漁業権を独占したところで中世以来の多くの古文書をのこしている。「ところのおきふみ」という村法を定め、合議制で村内のすべてを決定してきたという。村の入口にある須賀神社の宮座を中心につい最近までその制度が維持されていた。

大浦は中世以来、北陸からの年貢米や物産を京大阪へ運ぶ積荷の港であった。雪の中で舟の手入れをしていた七十歳の老人は、若い頃いくたびか大津まで荷を運んだと語った。舟は漁舟ばかりでなく農業用に使われる。岬の飛び地へ田作りにいくのである。

ここからマキノ町への大崎まわりの湖岸の道路は快適である。大崎観音付近は桜の並木のすばらしいところで春のにぎやかさが思われる。竹生島へはここから渡るのが一番近い。早春の一日船待ちをしてついに待ちぼうけをくってしまったことがある。

マキノ町から西へは、一六一号線のいわゆる西近江路のほかに、湖岸にそって走る道が旅するものには好ましい。道幅はややせまいが、松原あり魚介の加工場あり港ありで、変化に富んでいる。知内の部落にはいると、佃煮工場があちこち目につく。時期によって多少ちがうが、イザサ・ハエ・アユ・モロコ・コイ・フナ・エビ・シジミなどの琵琶湖名物の佃煮がさかんに製造されている。

この辺から今津まで湖岸の松林が美しく、夏季は水浴客で賑わう。すぐ岸辺から魞網がのび、道ばたに魞網作りの作業場もある。すだれを編む手つきで、二間もの、一間半ものなどが作られている。竹はこのあたりのものを使用するが、三年もたつともう取り替えねばならず、あまりいい仕事でもない。

今津は若狭へのわかれ道。ここも往時の繁栄はもう見られない。江若鉄道の終点でもあるが活気の乏しい路線である。

安曇《あど》川を南へ渡った西万木《にしゆるぎ》町あたりは、扇の骨作りがさかんである。路の両側の広場にきちんとならべられたいろいろの形の扇骨の乾したのをよく見かける。全国の八五％はここで作られ、ほとんど京へ送られて仕上げられる。この仕事がおこったのはそう古いことではない。聞く人によりまちまちであったが、大体明治の中期頃から盛んになったという。安曇川の氾濫をふせぐために植えられた竹を利用していたが、最近ではその不足から九州や中国から買入れている。仕事も素材作りから、仕上げ骨作りとわかれて五十軒足らずの家が、小規模な仕事場で一年中作業をつづけている。

この町の小川というところに、ひたすら精神の純粋さをもとめ、人間の内的な平等をといた儒学者、中江藤樹の書院がある。書院には誰もいない。特別用事のある人以外は静かに入り、静かに座し、静かに読み、静かに銭をおき、だまって去っていく。いかにも藤樹の村らしい。神社も墓地も近くにあった。

堅田附近

琵琶湖の西岸、もっともくびれたところにある堅田は、泉州堺とともに中世に自治体制を貫きとおした堅田衆のふるさととして知られている。地方の小都市ではあったが、いく度か戦火を浴びながらも住民の団結をくずすことなく、みずからの組織力で漁業・運送・造船の特権を守りぬいたのであった。伊豆神社の宮座を中心に、合議によって町の掟や年貢の割当て、利益の分配をきめるという進歩的な方法で町政を運営した。

漁業は沖の島を根拠地にして北の菅浦の漁民とならんでほとんど全湖にわたって権利をもっていた。運送権は上乗とよぶ水先案内を含めたもので、案内を断われば湖賊と化し襲いかかる。そのため米百俵につき一俵の割の通行税をどうしても払わざるをえなかったという。堅田は湖の検問所であったといえる。また造船は、堅田舟とよばれる四丁櫓、六丁櫓の早舟を独特の技法で造り出していた。船を造ったばかりでなく湖岸の漁民に舟の貸し付けもやっていた。

古代以来、琵琶湖は近江の商業、交通の動脈であった。越前、若狭など北陸の年貢米、物資が塩津、大浦、海津、今津など湖北の港から、湖東の商品が米原あたりから坂本、大津に運送されて京都へ送られた。湖の首ねっこをおさえる位置にあった堅田が、各種の特権を持つにいたった事情もうなずける。

古い歴史をもつ堅田は、室町時代を頂点として次第に衰微の途をたどる。現在は漁業だけではなりたたずに農業に転じたものもあり、漁船を機動船に切り換え漁具漁法の改良を加えて近代化をめざしつつも、なお伝統を守っている。

いま堅田の港はわびしい船つき場で、部落の中にはいりこんだ堀割にわずかに湖賊が防備をかためた環壕をしのぶのみである。

堅田で目につくのは昔ながらの浮御堂《うきみどう》である。現在のは第一室戸台風で崩壊後の再建で、岸から湖中の堂まで二十五メートルの橋で結ばれ、宝形造堂が椽《たるき》や柱を湖にうかべて独特のたたずまいを見せている。

「十五年もたつともうこのとおり……」

と修理の大工が正面の椽など取り換えていた。「むかしはもっと水も深く、芦もようはえてよかったが」と水位の低下をなげき、室戸台風のあと水の中を千体仏を拾い集めた思い出をかたっていた。いまはおとなう人もまれで、月光の琵琶湖大橋をとおるバスのひびきが静けさを破る。

堅田の南、一六一号線ぞいに南北約一キロにわたって山手と湖岸に続く温泉地雄琴《おごと》は、ここ十年あまりの間にまったく見違えるような町になった。設備の近代化された大型旅館が湖岸に豪壮さを誇っている。温泉とはいうものの二十度たらずの鉱泉をわかしているもので、むしろここの名をあげたのはカモスキである。

カモは古くから堅田あたりの名物で十一月頃シベリヤから渡ってくる。小魚や落ち穂をくって油がのってくる。やがて寒さが加わる頃になると食膳を賑わしてくれるものである。土なべに濃い赤身と白い脂肪と入り混った鹿の子肉を入れる。牛肉のように厚く切らず、小さくうすい。それにアバラの骨のミンチボールがつく。もみじおろしとポン酢につけて食べる味は、チリほどあっさりしてはいないがおいしい。

ここからさらに南の坂本は日吉《ひえ》神社のあるところ。参道を山に向かって上るといつとはなしに境内に入っている。境内を流れる山王峡の石橋をわたって、ちょっとかわった鳥居をくぐる。

深い樹立の中に日吉造の社殿がある。社殿の多くは桃山時代秀吉によって造営せられたものであり、山法師の強訴で知られた神輿もある。このあたり日吉の馬場の両側やわき道のいりこんだところにも石垣の高塀が目につく。比叡から切り出された花崗岩をここの穴太衆《あのう》と呼ばれる工人たちが築いたものである。穴太衆は彦根築城の折にも、その技術を発揮したようである。なお参道を上ると左手に日吉そば所がある。参詣の折は賞味してみるといい。

湖畔をざっとひとまわりして、さてふり返ってみると、実は近江の近江らしきものはなにほども見ていない。この地ほど古い寺や神社の残っているところはない。それらの社寺はかならず古いおもかげを残している。古い寺ならばかならず古い仏像がある。また宝篋《ほうきょう》印塔《いんとう》や石塔などの古いものも多い。そこだけはまだ昔を残しているといっていい。あるけばあるくほどしみじみとしたなつかしさをおぼえるものを持っているのが近江である。

雑木林のあった村

文・写真　今北哲也

ブナの葉は落ち、トチの葉も残り少なくなってきた。周りをぐるっと見渡すと、在所《むら》に近い里山のホソ（コナラ）の林はしっかり衣をつけている。天候不順のせいか紅葉はいつもの年よりくすんで見える。それでもポツリポツリと生え抜きんでている天然杉や、固まりになった人工造林のスギ山などとコントラストを見せているので、けっこう晩秋の景色になっている。

このあたりは昔から針畑《はりはた》と呼ばれてきた。川の名も針畑川である。今日の針畑しぐれもいつか安曇《あど》川と合流して琵琶湖に注ぎ込む。ずっと南の京阪神から見れば最源流のひとつということになる。

この針畑川は源流付近で二つに分かれて、一方は生杉《おいすぎ》、他方は小入谷《おにゅうだに》という部落に遡っている。両在所とも、他の中牧、古屋、それに川筋は別であるが能家《のうげ》という在所と並んで針畑とよばれている。行政上は朽木《くつき》村に属しその西北端にある。村役場のある川下の市場《いちば》近辺の人たちからは〈奥〉とよばれたりしてきた。

たしかに今では川下の平野部の方へ顔を向けざるを得ないような交通網になっているが、生杉は丹波と若狭に、小入谷は若狭に接していて、いうなら国境の在所であったから、他の山村でふつうのことであったように、ここでも以前は峠をはさんで背後のむらむらとのつき合いが深かった。

とくに若狭はいわゆる鯖街道を通じてむらの暮らしに深く入り込んでいた。針畑谷でのごちそうの一つに必ず鯖がでてくるゆえんである。ねぎなど入れたヌタ和え、鯖を米で醗酵させたすしの元祖なれずし、鯖寿司、竹串をさして焼いた焼鯖、その焼鯖をほぐして山蕗《やまぶき》と煮た行事食など。

だから現代〈奥〉とよばれ、辺〈地方〉とよばれることに、他所から移ってきたぼくもやっぱり抵抗をおぼえることがある。

針畑谷は標高四〇〇メートル前後、雪は二、三メートルの、近畿の中でも指折りの多雪地帯である。この谷でいつ頃から米づくりをするようになったのか、ここをすみかと初めて定めた針畑の先人とともに米づくりも入ってきたのか、よくわからない。書かれたものによれば針畑谷の人の営みの歴史は鎌倉時代までは確かにさかのぼれるという。

　ともかくこの谷では〝昔から〟米をつくってきた。峠向こうの若狭の名田庄《なたのしょう》村の〈奥〉の在所からは、さつき（田植え）やあき（稲刈り）ともなると、大百姓の家などに女子衆《おなごし》がしごとにやってきた。手間賃には米を背負って帰った。彼女等の在所は針畑谷ほどは田にできる地形にめぐまれていず、焼畑が盛んだったと針畑の年寄りはいう。

　針畑では甘柿が育ちにくい。名田庄の方から柿を背負って針畑の在所をまわるということもあった。山椒の実、ラッキョウ、山芋など、いずれもどうしても求めないと暮らしていけないものではなかったが、それらを針畑の人は受け容れていた。〝お互いさま〟というやつだ。

　夏になると、ノリウツギの花が山あいのあちこちに目立つようになる。地元ではニベとよんでいた。和紙の材料になった。名田庄の中名田という在所へ向いて、針畑からもこのニベが背負われていった。里よりも奥山近くに太い良いニベがあった。鉈と竹ベラをもち現場で外《おに》皮《かわ》をはいで内皮を採り集め、達者な者なら六、七貫は背負って峠を越えたという。

　片や飯米にも事欠き、片や一軒の家で少なくとも一町は耕していた土地柄のちがいは歴然としていても、同じ山ふところの在所同士という共有できる世界が確かにあったから、この峠をはさんだ二つの世界は、それぞれに厳しい自給的なくらしをくりかえしながら、相補って平和だったんだとおもう。

「何もかも変わってしもてなあ」

と在所の七、八十代のおばあさんがつぶやくとき、そこには想像以上の意味がこめられている。

「こんな楽な世の中になってしもて、いまにバチがあたる」

ともいう。

　昭和三十年代から徐々にはじまった世の中の変わり方の中で、山のくらしに大きな影響を与えたのは燃料革命といわれるものである。薪や木炭が街のくらしから消えていって、むらは大きな打撃を受けた。

　田んぼづくりにも大きな変化がやってきた。耕耘機が普及しはじめ、化学肥料が浸透していった。金肥という名のとおり、化学肥料は購入しなければ手に入らないものである。永年の山からの有機物投入のおかげで、少しの化学肥料もたしかに増収に結びついた。そして耕耘機がはやってくると、どこの家にも一頭ずつは飼われていた役牛が姿を消していった。

　針畑川筋にも戦後間もなく電柱が立つようになり、米の脱穀に、精米に、モーターが使われるようになった。しかし生杉で脱穀機が入ったとき、この利器は若狭の小浜から鯖街道を通ってかついで運ばれてきたのである。

　山のむらの田んぼづくりは牛を介して周りの山々と結びついていた。山といえばスギ・ヒノキに代表される針葉樹の植林のことを指す時代が戦後このかた続いてきたけれど、それまでは永いあいだ山はまず田を養う元手であった。それらの山は針畑も含めて朽木界隈ではホトラ山とよんでいた。ホトラというのは…牛に踏ませる肥草のことである。

　雪がとけ、山も地肌を見せるようになる。尾根筋近くのブナの芽がふくらみ、コボシと地元でよぶタムシバの花が春を告げる頃、苗代づくりを皮切りに新しい田の一年がはじまる。コボシの花が沢山咲く年は豊作だといい伝えられてきた。苗代の種まきがすみ、ゼンマイ採りがはじまるまでのいっとき、ホトラ山の火入れが行なわれた。

繰り返し火が入っていくと、賑やかな（多様な）植生も落ちついてくる。植生が安定してくるといういい方でもよいだろう。ホトラ山なる草地は火入れをつづけることによって維持されてきた。

一体それがいつの時代からのことなのかはよくわからない。米づくりとセットになって針畑にもたらされたものかもしれないし、牛が入ってきた時代がいつだったのかということも考える糸口になるのかもしれない。

山をそのまま人の手を加えず永年放っておけば、その土地に適った林ができ、森になる。風に倒され、また雪の重みや引っ張りにへし折られ、春の雪崩《なで》の季節に根こそぎ沢にずり込んでいく樹々があっても、それなり条件が備わっていれば、いつかは原生林とよばれるものに近づいていく。

生杉の在所から丹波の芦生《あしゅう》、由良川源流域へつながる林道沿いにその面影を残すブナ林がある。十数年余り前、この民有林を滋賀県が地べたごと買いとり、県立自然公園特別保護区に指定している。

生杉に限らず、針畑川水系の奥山は戦後まもない頃までこれがありふれた姿であった。むらのくらしに必要な分だけ択伐的に利用されたことはあっても、大規模に材が伐り出されるということはなかったからである。

それがパルプ業者が入ってからブナ、ミズナラ、トチを代表する大径の雑木が伐採されはじめた。木炭という柱を失った山のむらにとって、一銭にもならなかった大径の雑木群が、パルプであれなんであれ換金できるということは、大きな意味をもっていたのである。

生杉のブナ林はその当時の伐採をまぬがれてわずかに残された〈原生林〉である。

ホトラ山の話に戻ろう。

種々雑多である、多様である、というのが自然の山の特徴の一つだとすれば、先に少し触れたようにホトラ山は高木層の樹齢が三〇年、五〇年あるいは一〇〇年といった雑木山からくらべれば、植物の種類が少ないだろう。

このことは、植生を単純化するために

火は雑木山と共存する一つの手掛かりだったはずである。

火入れし、自然をむらのくらしの方により一層引きつけようとしたとも考えられる。山のむらに暮らしていく以上、自然は「脅威」であり、「恵み」である。二つの相反する相のはざまでどのようにして長らくくらしを立てていくか。子々孫々まで切れずに代をつないでいくか。むらは集団的知恵をしぼってきた。その一つが火の力を活かしたものだった。

春に火入れしたホトラ山から、やがてホソ（コナラ）をはじめとして様々な草木が芽ぶいてくる。火入れしても焼けるのは山の土の表層《あばけ》だけだから、木の根草の根まですっかり焼け尽くされるわけではない。たとえば荒れた田にはびこった萱株を、雪に押し倒された前年秋の茎葉とともに春の乾燥時焼くことは今でもやる。焼いても根は死なず、五月ともなれば青々と新しい葉が伸びてくる。

火入れを喜ぶ植物群がとくにあるのだろうか。木本の代表ではそれがホソなのだろうか。山焼き跡の萌芽はやわらかくて鎌もたつ。

ホトラ刈りは夏の土用の頃からはじまる。ふつうは女の仕事だった。五十代半ば以上の人たちなら誰もが忘れられない重労働として身体に刻んでいる。

ジリジリ照りつける山の斜面。ふつうの山ではないから木陰になる枝を張った高木もない。木鎌を手に、青葉のついたホソの幼木や雑多な柴草を刈り集め束にしていく。ホトラの一束はひと抱えほど、稲ワラの穂先同士を結わえてくくったかさである。一度に運ぶ量は五、六束。ホトラ山は里に近い所ばかりではなかったので、背負って帰るのがまたひとしごとであった。

家にもちかえったホトラは家族同様に世話をしている牛の足元に入れられ、踏まし肥となっていずれ田に施される。在所によっては冬にそなえて小屋のなかにとっておいた。

ホトラ山への火入れは一つの斜面に注目すれば二年に一度の慣行であった。毎年でもなく、三年あるいは四年に一度でもない。

今年ホトラを刈って、また翌年ホトラを刈ろうとしても、焼かれる植物体が少なすぎて火入れがやりにくいということがあるかもしれない。夏に刈られて宿根の二番手が葉をだしてもしれた量である。また連年の刈り取りでは地味がやせるからということもあるだろう。

三年、四年というと他の制限条件がでてくる。在所の山の面積は無限ではないから、三年なら三倍、四年なら四倍のホトラ山に供する山が必要になってくる。それに山焼き四年目、正確にはホトラ刈り取り後の三年半を経た柴では枝も張り、次の火入れできれいに焼こうとおもえば、あらかじめそれら伸びた柴類を鎌で刈り倒す作業が必要になってくるだろう。

ホトラ刈りは農家にとって一反や二反どころではなかったから、常に毎年一定の大きさのものを得ることは作業上からも大事なことであったはずだ。

ホトラ山の他にたとえば刈干山という山もあった。カリヤス（ススキに似た草）が優先的に株を占めていた山で、牛の飼料として刈り採っていた。カリヤスばかり生えていたというその山がどの程度意識的に管理されていたのだろうか。

牛のためひいては田のため、ホトラ山があり、カリヤスの刈干山があり、ダイラ（山裾の草刈り場）があり、川原のヨシがあり、さらに山すそや土手のいたるところにイタドリがあり、うまい米ができるといって笹を刈った。一年中草刈りに明けくれていたといってもいいすぎでない。今から思えば大変なしごとの中でむらはつづいてきた。

胡桃《くるみ》の倒木に菌打ちして一面に生えた滑子《なめこ》

山はじっとしていない。ホトラ刈りが止んで三十年余、かつてのホトラ山は今、赤松のまじるホソの林に相を変えた。炭焼きやシイタケ原木には手頃な大きさにホソは再生した。ゼンマイのよく出た山も樹が生い繁り、火入れを繰り返していた時代ほどゼンマイやワラビが採れなくなった。

谷の中での口数が減ってしまって、ゼンマイもフキも昔ほど採る必要もなくなった。それはそれでバランスがとれているのだという見方もできなくはない。山と向き合う最前線が少しずつ里の方へ退いてきたのだ。

炭を焼いていた頃、むらは一番の奥山でも山と向きあっていた。炭焼きは土と石と木と水という自然を活かした生業である。薪がもつエネルギーが炭窯という伝来の装置によって、より高いエネルギーに生まれ変わり、扱いよいものになる。

ナラ炭は堅くて上等である。しかし針畑ではナラに限らず雑炭も焼いた。コナラばかり生えている山よりいろんな種類の樹々が雑然と生えている山の方が、むしろ多かったからだ。それも太い木の炭が多かった。

歩き道はあっても今日のような林道はなかった時代のことだから、奥山まで利用するといっても概して奥山は樹齢が高かった。炭焼きが盛大になると、炭材を求めて窯も奥へ奥へと築かれることになる。太い木は割木してから窯に込められた。炭の質は割らずにすむもっと細い材の方がよかったけれど、焼けば売れるという時代であった。

つい三十余年前まで街でもオクドさん（かまど）があり、飯炊きは薪だったし、冬の暖をとるのには炭が主役だった。むらの中の囲炉裏《ゆるり》には一年三六五日、火が絶えることはなかった。

生《なま》の火からどんどん遠ざかってきたこと、山という自然、雑木山とのつきあいが薄くなってきたことと重なっている。山とどうつき合ってくらしをつづけるのかの、一つの答えを昔の人は火をつかって示したと思う。

もう一三年前になる。昭和五十年（一九七五）の秋、田と雨もりのする空き家をともかくも借り受ける話が決まった。田は萱がびっしり生え込んだ休耕田。唐鍬を入れ、一鍬々々萱株を起こすことから針畑谷でのくらしがはじまった。何をやるにしろ、せめて米と野菜は自分でまかなおうとおもった。

それより数年余り前、学校の林学科に籍があった頃、「生態系」というコトバが何か新しい世界を約束するキーワードのように響いてきた。「スギの挿し木試験」より「雑木林」について考えてみることの方が魅力的なことにおもえ、同時に、雑木林とつき合ってきた山のくらしの中身にも関心が振れ動いていくようになった。

雑木山のような人のまじわる生態系のありようを探ることは、人にとってはくらしそのものの組み立て方になる。どうしたらそこに近づけるのか、もやもやと模索する時間がたった。鳶職の親方に出会い、そこで働かせてもらいながら、時々東北の方へ出あるいた。

歩きながら炭焼きのことが気になって仕方なかった。北上山中を山から山へ家内ごと移動しながら炭を焼く「焼子」稼業の人らに出会いたいとおもったが、すでにその時代は終わっていた。それでもはじめて岩泉町で炭焼きの体験をした。

炭焼きを自分で実際にやりながら雑木山のことを考えていこうとおもいはじめた。

針畑で田や畑とつき合うくらしが現実にはじまるなかで、田や畑とのつきあいと山とのつきあいが有機的につながり、めぐり合っていくような山の百姓のやり方くらし方はないものかとおもうようになった。炭焼きや焼き畑を軸にして、雑木群の成長、再生により添った立体的な雑木山の活用の仕方に想像をめぐらした。

昭和五十五年（一九八〇）真冬二月、人の勧めもあって「朽木の自然と暮らし展」をひらくことになった。琵琶湖畔、大津の街なかでの一週間の催しであった。朽木の針畑谷へ入ってまだ五年目であったから、その成果を云々するというより、針畑谷の伝統的な暮らしを紹介するという意味合いが強かった。

この催しに参加した人たちとの出逢いがきっかけになって二年後、〈杣《そま》の会〉なるものが生まれた。当時の呼びかけ文は次のようなものであった。

「杣の会が朽木の雑木山を共同で持とう、という運動をはじめて今年で三年目になります。別にお金がもうかるのでもなく、かといって、単に自然保護、景観保護を考えている訳でもありません。雑木山の多様さ、豊かさを活かし、暮らしと結びつける、あるいは、人間が山に生かされる、そんな試みをやってみたいのです。それは何十年か前には山村では当たり前で、里の暮らしや、まちの暮らしも、それと結びついていました。

しかし、金になるかならないか、という論理が吹きあれ、結びつきは断ちきられ、山村では過疎化が進み、山は、スギ、ヒノキの植林で黒く塗り変えられるか、放置されてきました。

スギやヒノキが悪いのではありませんが、それ一辺倒になった山は、味気ないものです。雪解けとともに咲くコブシやカタクリに出会うこともなければ、萌える新緑も紅葉の多様さもありません。

杣の会では、山で遊んだり、仕事をしたりする中で暮らしとのつながりやむらとまちのつながりを考えてゆきたいと思います。このことは今の世の中の暮らしを問うことや、大阪京都の水源であるびわ湖、そしてその水源である山を守ることにもつながると思います。

これまでに皆で山を歩いたりナメコの菌打ち、道つくりをしてきました。これから更に山小屋作りや炭焼き、実のある木の植林を実現したいと考えています……（後略）」

こうして針畑川の小入谷側の一つオオクラ谷筋の支谷シチグレ谷。この谷を扇形にかこむ雑木山が杣の会の共有山として歩みをはじめた。

この雑木山は昭和二十年代半ばから数年にわたってパルプ材としての伐採経験をもつ。

「シチグレ谷の植生は長期にわたる地質年代下で安定しているチャートの岩盤の上に成立したものであり…（略）…谷の地形は斜面の向きや起伏の緩急などの変化に富んでおり、かつ湿気がこもりやすい特異的な地形をしている…（略）…

このような条件下で伐開後三十年、原生林や自然林を構成する植物種が奇蹟的に残ってきたと考えられる」（シチグレ谷の植物相現況調査報告―光田重幸―より）

トチ、キハダ、シデの仲間、カエデ類、ミズメ、クリ、ホウノキ、ミズキ、ブナといった高木層をあげるだけで、この林のおおよその感じをつかんでもらえるだろう。なかにはところどころにミズナラ、トチ、ブナ、ミズメといった種の大木が何かの目印のように残されている。丹波の国からここ針畑の江若《こうじゃく》国境に分布する天然スギ、いわゆる芦生スギも斜面や尾根近くにところどころ生え込んでいる。沢をのぼりつめたところからさらに尾根に向かうと、標高にして七〇〇メートル近くから尾根筋近くの七五〇メートル付近にかけてブナの林が優占している。

こういう山は従来の林業的価値観からは「低質林」ということになるのかもしれない。地元針畑でもこういう類の山を「空《から》山」と呼ぶ。

しかし、三〇年という短い時間の中で再生したとはすぐには納得しにくいこの自然林の姿にはやはり心動かされる。山の生きものたちから見れば、涸れることのない渓流や、秋にはいろんな実を落としてくれるシチグレの山は、オオクラ谷筋では最後に残された〈すみか〉になっていくかもしれない。

シチグレ谷の周辺は、二〇年ほど前から、こういう雑多な樹種で占められる「低質」な雑木山や、元はホトラ山であったコナラ・松のまじる二次林がスギにおきかえられてきた。琵琶湖の水源を涵養するということで設置された琵琶湖造林公社による拡大造林事業の成果である。在所まわりの近山で場のよいところは在所の個人によってすでにスギが植わっていたから、おのずと世話の行き届きにくい奥山が公社との分収造林契約にあてられた。

パルプ材とこの拡大造林が戦後の針畑谷の奥山源流域の相を変えたわけである。

杣の会が探ろうとしたのはこれとは別の道である。

杣の会はこれまで街にあっては山や山のむらへの関心を刺激していきたいという考えで、主に民族文化映像研究所制作

花の宝庫である雑木山は、毎年やってくる蜂屋には宝の山

の記録フィルム（『椿山―焼畑に生きる』『沙流川アイヌ―子供の遊び』『越後奥三面―山に生かされた日々』『ぜんまい小屋のくらし』『山人の丸木舟』など）を自主上映してきた。

一方現場にあっては活動拠点の山小屋づくり、ナメコの植菌作業、道づくり、トチの樹やクルミの記念植樹、ワサビ苗の植付け、薬草の植付けなどを手がけはじめた。

昨年は日本青年奉仕協会が企画している青年の自立のための〈365計画〉により、国内ボランティアを受け入れ、同じ年の後半、アジアボランティア交流計画で、バングラデシュからのボランティアも受け入れ、これまでにない経験をする機会を得た。

こうして会のねらいを街の人たちへ伝えていく活動から、力点を雑木山の現場活動へ移しはじめていた矢先の今春、会にとっては大きな困難がふりかかってきた。

会の共有林シチグレ谷が若狭との峰越林道計画の予定ルートにまともに入ったのである。

△△△△△△

山のくらしを支えていた若狭の上根来《かみねごり》へ通じる小入谷より二里八丁の峠道＝塩鯖街道がかっての意味を失って久しい。〝峰越林道〟はこの旧道を縫いながら江若国境の尾根に向かってのぼりつめていく計画であった。

ＮＴＴの売却益を活用した内需拡大事業が山村でもすすめられている。広域基幹林道とよばれる他府県にまたがる峰越林道も例外なくこの補助金が元手になっている。今回の場合も、まず若狭側の小浜市がこの補助金による林道（上根来↔江若国境）建設を決め、昨秋着工した。

同時に朽木側に対してこの林道が行き止まりの一般林道ではなく峰越しになるようその実現を働きかけた。これを受けて朽木村は地元針畑川筋に計画を伝え、今年初め事業推進のための小入谷―小浜間峰越林道期成同盟会が結成された。道路にかかる全地権者の承諾が事業の前提になっていたから、地元同盟会より杣の会に対し協力を求める要請がはじまった。若狭とつながる最短の自動車道は針畑の悲願であり、この実現によって将来針畑川筋の地域活性化が図れるんだと。

通り抜けの在所、行き止まりの在所、いずれの在所を選びとるのかという問題は、どのような在所の未来を青写真に描くのかという問題につながる。

交通の便がよくなってそれがむらの発展につながるのだという図式のもとに、列島の山の村々ではこれまでに規模の大小を問わず道路網が整備されてきた。それらを十把ひとからげに論ずることはできないが、いろいろ調べてみると他府県にまたがる峰越の広域基幹林道については、過疎対策という意味では効果が疑問視されるものが多い。

それだけの投資をするまえに手がけていくべき分野がむらの中にあるのではないだろうか。

△△△△△△

ルート原案の発表以来長く重苦しい時間が流れた。雑木のままの山をどうやればくらしに活かしていけるか、同時に現場活動を通じてどう地元針畑谷の人たちつまり山のむらとつながっていけるか、将来地元に対しどのような貢献のし方が可能だろうか、そんな気持ちをこめて歩みはじめた会にとって大きな試練である。

地元同盟会との間に二度の話し合いが現地針畑でもたれた。さらには役場と話し合いをする機会もつくられた。一方で、シチグレ谷の標高六〇〇～六五〇メートルの等高線上に林道が通ることで、一体どういう影響が予想されるのか、自然生態系の将来にわたる変化について、会は地質・植生・渓流といった主だった分野の専門家に依頼し、調査をすすめた。

八月のお盆に入る直前、杣の会はシチグレ谷の自然環境についての緊急調査報告書を添えて最終回答を提出することになった。

針畑谷の将来の青写真が具体的に議論されていない時点で、規模の大きい峰越林道開発がどんな意味をもつのだろうか。その意義づけが不確かなままであることへの疑問。

また、針畑谷全体からすれば猫の額にすぎないシチグレ谷であっても、いまや貴重になりつつあるブナをはじめとする雑木群をかかえた沢が将来にわたって埋まり荒れていくおそれがあるという問題。象徴的な意味もこめて〈雑木山〉をまもり活かしていきたいという想い。

「今回の峰越林道計画には協力できません」と杣の会はいい切った。これから活動をほんとうの意味で問われていく。

パルプ用材として伐採したあと、再生した雑木山は少ない。

針畑谷の明日にどんな風な絵が描けるか。ここに縁があってくらしてきたものの一人としてつい考えてしまう。自家飯米程度の百姓にすぎんけれど、食うものは自分たちでまかなうというくらし方をこれからもつづけていきたいから。

針畑谷の平均年令はジリジリあがってくるばかりである。この一五年間に生杉に限ってみても一三人の人が亡くなっている。ほとんど老齢者であった。現在の戸数は村外から移住した家族二戸を含めて一七戸である。人の数は三〇人にとどかず、六〇代以上の人たちが過半数を占める。

田んぼには針畑の他の在所と同じくスギが植えられたりしている。田を休耕のままにしておくと、三年目ぐらいからカヤやマコモがはびこり、そのうちヤナギやウツギなどの木本類も入りこんでくる。まだしもスギを植えておく方が管理も楽で、毎年二度ほど下草刈りをつづければそのうち杉も大きくなり——田んぼの杉の生長は早い——子孫のために境もはっきりする。田を養うことが一年のしごとの大半であったかっての時代の百姓が見れば、信じがたい光景に変わってきた。

〈明日〉は、在所の外からのエネルギーをとりこむ工夫がないと拓けないのではないかとおもう。外部からのエネルギーをとりこむことによって針畑谷のくらしが次の時代に受け継がれる最低の条件がでてくる。若い世代が息づいていない場では伝える相手もいないし新陳代謝もおこりようがない。

　針畑谷に生まれ育ち、いまは街にすんでいる若い世代。針畑谷とは縁もゆかりもないが山のくらしに街にない魅力を感じている若い人たち。むらへの定着ということでは例が少ないかもしれないが、そういった人たちの中に次の時代へ橋わたしするエネルギーが潜んでいるということだけは確かである。

　潜んでいるといえば、ホトラ山があり、炭焼きがあり、木地屋のわざがあり、麻布《ぬの》があり、しごとの節目にたくさんの祭りがあった。たとえばそういった一昔前のくらしのなかには数々の暗号がひそんでいる。それらをほこりの積もった過去のものとして蔵にしまったままにしておくのはいかにも惜しい。

　在所《むら》社会の中で子どもたちや若者を育てるについて、昔の人はいろんな工夫をこらしてきた。この秋地元の小学校で創立八〇周年記念が盛大にひらかれたけれど、明治以降に国が学校を創りはじめた頃、山のむらではそのことがどう受けとめられたのか。もし当時を知る人が存命なら聞いてみたいものだとおもったりする。当初にはずいぶんとまどいがあったかもしれない。在所がそのくらしをつづけていくためにどうしても必要なものであるとは考えにくかったのではないだろうか。

　いま針畑谷に必要なのは若いエネルギーや異質なものをとりこめる装置《しかけ》を創っていくことだとおもう。〈針畑の未来〉という地の都合に合わせた自前の装置が要るのだとおもう。地に数々の暗号が埋めこまれ、時代をまたいで解き直される日が待たれている。

　むらにすむ人たちとまちにすむ人たちが、各々の生業、得意分野を持ち寄り、それぞれが野の教師となり、若い人たちが山や田や畑や川とかかわるくらしのなかで新しいエネルギーを充電していけるような〈学校〉のようなものがイメージできないだろうか。針畑谷の希望にかさなる学校が。

　それはむら住みとまち住みのものが、具体的に共有できる世界を創っていくこころみのひとつだ。その際、生火《なまび》を通して顕れてくる雑木山の世界はゆたかなフィールドを提供してくれるにちがいない。

　たとえば若い人たちのエネルギーが、雑木山＝自然を身体でわかっていくもっとも有効なしごとのひとつだともいえる〈炭焼き〉を通して、これからの地域を考えるキー・ポイントであるはずのまちの者とむらの者との相互乗り入れに刺激を与えていく光景がみえる。

　焼畑は文字通り火によってくらす。そこから食料を得るという重大な場が他ならぬ山であった。田んぼ以前の時代が針畑谷の歴史にあったかどうか今は知るすべがないけれど、雑木林と深くつき合うくらしというものを考えるとき、焼畑の世界は多くのヒントを与えてくれるだろう。

　自分らで自分らのたべるものをこしらえ、あるいは山から採りあつめ、それらを長い根雪の冬のために貯えるすべを、特別なことではなく、ごくあたりまえのこととして感じとっていけるような学校であれば、この〈炭焼き学校〉はさらにおもしろくなるだろう。

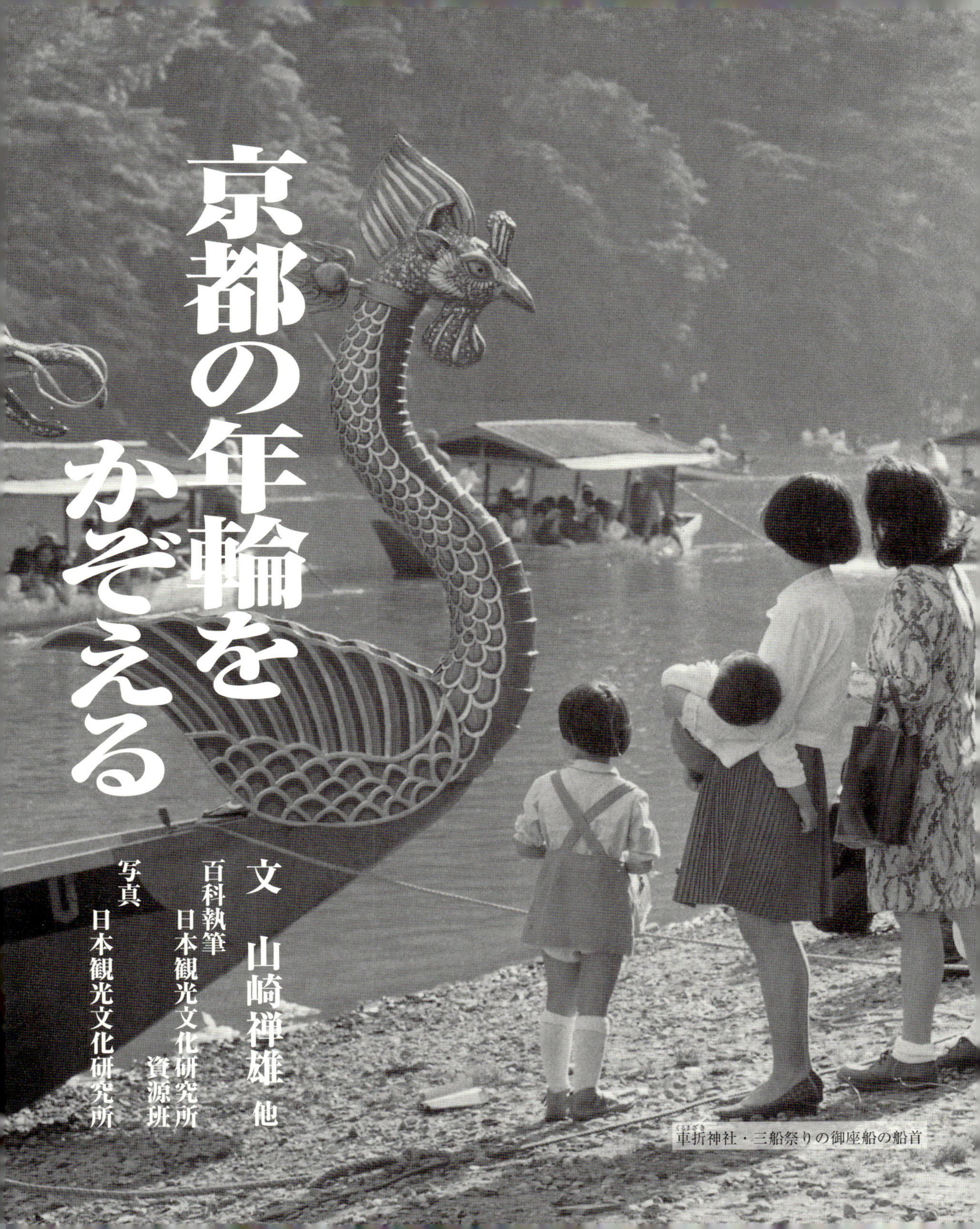

京都の年輪をかぞえる

文　山崎禅雄　他

百科執筆　日本観光文化研究所　資源班

写真　日本観光文化研究所

車折《くるまざき》神社・三船祭りの御座船の船首

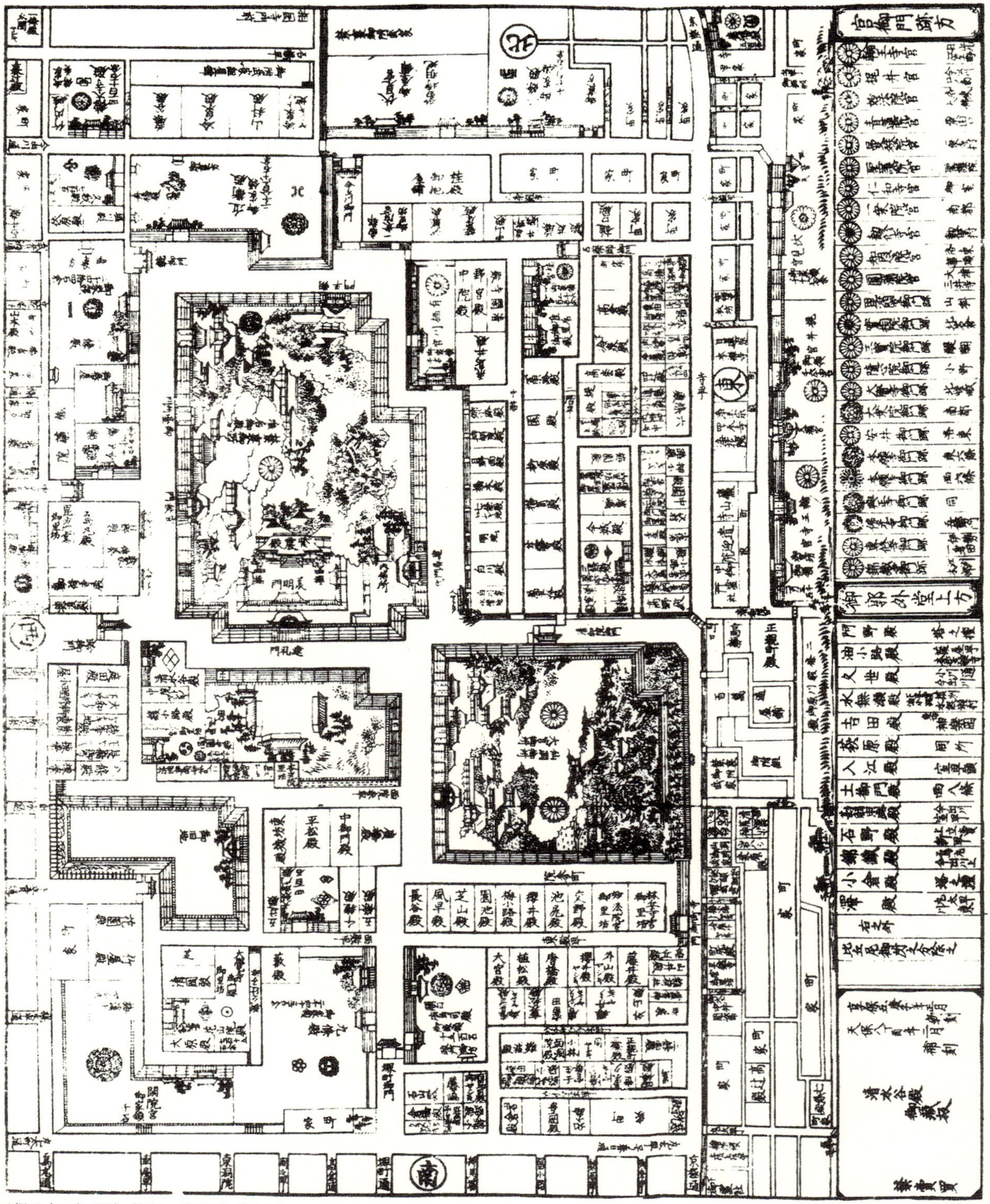

天保八年（1837）補刻　禁闕内外全図

序章──時間・空間・重層がかたりかける京都

古典をひもとく時、私たちは何かを求めている。その何かが古典のうちにかくされていると思って。

私たちの生活からずい分と離れた生活をしていた人たちのものをさぐりたくなるのは、過去の人たちの築いた豊かな文化が、今の私たちの心の隙間をうめてくれるものをもっていると思われるからであろうか。

そんな古典への思いに似て、私たち日本人は、しばしば京都を訪れるのかも知れない。日本人なら、ほとんどの人が、半ば強制的にあの通りいっぺんの修学旅行として、京都へ行ったことがあるにちがいない。まるで教科書に出ている写真と実物を照らし合わせて、確認するにすぎないような最も紹介しつくされたところを、行列してみて回るだけの修学旅行。しかし、この表面にふれるというか、雰囲気を少し感じるというだけであったかも知れない少年時の旅行が、もう一度、京都へ足を運ばせる準備の一つとなるのかも知れない。ちょうど、かつてよく理解しえなかった古典をもう一度ひもといてみる気になる時があるように。

京都は、明らかに他の観光地とは異った性格をもっている。さして広くもない京都盆地になにかぎっしりつまっている印象である。あたかも扇が幾重にもたたまれているように、京都は千数百年の時、しかもたんたんと流れた時ではなく、日本の政治や文化の中心地として変動にみちた時が折り込まれて陰翳を深めているのだ。だから、通りいっぺんにながめてはすまされないような気がしてくる。やはりたんねんに一枚一枚、頁をくって読まねば、ほんとうの内容は理解できないようなどっしりとした古典の雰囲気が京都にはある。

一つの寺院にしても、碁盤状の街路をはさんで整然と並んでいる民家にしても、たくさんの人が、そこで生き、滅びていった跡が刻まれて、今こうした顔となったのだといっているようである。この故であろう、じっとみつめていると無限に想像力が刺戟されて、沈黙したさまざまな顔が、無数に呼びかけてくる。

現在の京都の顔が、ひとりの人間の顔のように長い時の積み重ねの結果として現われているものであるならば、ただ生起したものが順々に重ねられていったのではなく、滅びたもの、そこに生じたものの複雑な織り合わせがあるに相違ない。現在の顔をもって、その永い歴史の時々の顔を想起することは、なかなかむつかしい。折り込まれた襞《ひだ》を一つ一つひろげてゆくこともまた、あまりに膨大となってくる。

そこで、一人の人間のある時期の顔をのぞくように、永い時の流れを思いきって適当に大きく分断して、その時々の、京都の顔をみてゆくならば、京都の現在へ至った顔のできぐあいが、不十分ながらも私たちにわかってくるのではないだろうか。

そこで、一つの試みとして、五つの歴史地図をつくり、それになんらかの意味で結びつく遺跡の解説などをそえてみた。勿論、それらは粗雑であるし、誤謬をおかしているであろう。しかし、それらによって、私たちは、京都の現在へ至った顔をのぞいてみることができるのではないだろうか。

京都というところは、多様な意図で訪れることができる。そして、どっしりとした古典、そしてポピュラーすぎるほどの古典でありながら、その内側へ立ち入って、自分との関わりを深めてゆくことが難しいように、京都もこちらの踏み込み方しだいで、いろいろな顔をみせてくれるであろう。

歴史地図にそえた小文は、折々に感じたこと、考えたことを綴ってみたにすぎず、京都を旅する人のわずかな助けとなれば幸である。

八坂造《やさかのみやつこ》はこの京都を象徴する法観寺を建てた。

葦芽《あしかび》のもえいでたり ヤマシロの国

平安以前の京都

湖底から

街中からかなり離れたところを、のんびりと歩いてゆくと、山すそのうちにひっそりと包みこまれている寺に出会う。そういう寺への道中、春には黒い土と野菜の若緑の対照が新鮮で美しいし、秋には枝からあふれそうなほどいっぱいな柿の実の色が、青い空に浸み込んでゆくかと思うほどしみじみと哀しい。

こんなどこにでもみられる田舎の風景が、京の郊外では、特別に人を魅きつけるのは、少し不思議に思われる。野菜の緑や柿の実の赤が、他の地方とどこかちがった美しさを感じさせるのだ。京都は人間の創った文化遺産を誇っている。しかし、京都の魅力はそれだけではない。寺社や諸々の美術品を見るのを目的としながらも、同時にそれらをとりまく環境としての自然、桜や紅葉にも強くこころをひかれて、私たちは京都をめぐり歩く。

だが、そうした今の京都の郊外にのこる豊かな自然から、まだ人の手のほとんど加わっていない森や、葦《あし》のおい繁った沼地などばかりであった原始の京都盆地の姿を想いおこすことはむつかしい。

大和に国家が形成される二世紀のころ、この地方は、〝やましろ〟（山代）とよばれる国であった。この〝しろ〟というのは、実であって、やましろとは山の実を意味した。考古学の教えでは、北白川や上賀茂の丘陵地には、約七、八千年前の縄文式早期の土器や中期の土器が発見され、この地帯に早くも集落のいとなまれていたことを示している。ところが、京都には、つぎの弥生式時代の遺跡にとぼしい。ということは、やましろという言葉が示すとおり、二世紀ころのこの地は、いまだ大和からみると、まったく山中の森林国にすぎなかったのである。そして原始の人々は、深い山林にわけいり、川にふみこんで漁猟の生活をくりひろげていたのであろう。

このような弥生式文化の停滞は、京都の地理的位置が内陸的であったことにもよるであろうが、より大きな理由は、この地方の地質に左右されたためであったろう。

京都盆地は、その昔、数万年も前には、断層によって陥没した湖底、すなわち、断層盆地であり、ある時には

大和の石舞台に匹敵する石室の露出した蛇塚古墳

大阪湾に続く江湾でもあったという。この太古の湖が、北から東にかけての山々から運ばれる土砂の堆積と軽微な地盤の隆起によって京都盆地になったという。山から土砂を運びながら下ってきた、旧高野川、旧賀茂川は、平安の前までは、盆地のほぼ中央に流れ、氾濫して、盆地はきわめて湿潤な状態におかれていた。こうした京都盆地の成り立ちが、原住民の力をもってしては、手のほどこしようがなく、湿潤な土地を切り開いて耕地としてゆくには、高度な技術を必要としたのである。

開かれてゆく盆地

しかし、六世紀のころになると、この地方が、

千葉の葛野《かずの》を見れば、
百千足《ももちだる》、家庭《やにわ》も見ゆ、
国の秀《ほ》も見ゆ

とうたわれる繁栄ぶりに転じている。やましろは、もう山の実ではなくなって、豊かな農耕社会が展開されていたのである。

この京都盆地の大きな変化は、まず、盆地の東北方、賀茂の地からはじまる。賀茂伝説などから推察すると、大陸文化と深くつながっていた出雲系の氏族が北の丹波の地から、そして大和系の賀茂氏族が木津川をくだって南から、それぞれ移住し、賀茂の地がしだいに農耕の地へと変えられていった。しかし、京都盆地を飛躍的に発展させたのは、彼らよりもはるかにおくれて入ってきた中国や朝鮮の帰化人たちの定住であった。大陸の高度な技術をもっていた彼らは、おそらく大和朝廷の命をうけて、この湿潤な土地の開墾に着手したのであろう。彼らは、桂川に大堰を作って葛野といわれた地域を大いに開墾して農地に転化したほか、養蚕と絹織という当時の日本にとってはまったく新しい産業技術をひろめていった。この人々こそ、太秦《うずまさ》の地を根拠として、広隆寺を建立し、松尾社を

盆地は再び開発されようとしている。山科地方

5月1日の競馬足汐式《くらべうまあしぞろえしき》は葵祭《あおいまつり》に先立つ神事のひとつで、5日の競馬会《くらべうまえ》神事に出場する馬を調整する。試し乗りもする。上賀茂神社

5月1日の競馬足汐式の馬具。上賀茂神社

5月5日の競馬会神事。古くは結果で作物の豊凶などを占った。上賀茂神社

創始した秦氏にほかならない。その秦氏は、盆地の西北の地を開拓したのみならず、やがて西南部に、そして伏見深草にも伸びていった。また、秀れた商才をももっていた秦氏は、大和政権の財政を担当するほどに成長していった。この京都盆地のめざましい発展が、あのような歌謡となったのであろう。

　秦氏を中心とした帰化人たちが、京都盆地で新興のいきにもえているころ、奈良、平城京は、律令制内部に多くの政治的矛盾をかかえ、政争と内乱の舞台と化していた。八世紀末に、この危機打開のため、都は山背《やましろ》の国に遷され、農耕社会は日本の政治や文化そして経済の中心へと大きく変身していった。都城が成立した後、もとの農耕地は、都に対して〝鄙〟といわれ、以後長く都市の近郊農村といった趣きに転じていった。旅人は、この鄙びた所が、近年、急速に新興住宅地となりつつあることを残念に思いながら、そこにのこされている由緒深い寺社や隠世の跡に都らしさ、雅びやかさを求めてゆく。かつての鄙の地域は、今はかえって都らしさを伝えるところとなっているのは面白いことかも知れない。

　だが、平安以前、すでに創始されていたものにも、ただ都らしさだけを求めてゆくのは、それらの本質を見あやまることになるであろう。たとえば、賀茂社の性格を葵祭で代表させ、賀茂のすべてを王朝絵巻にみるような優美さで理解する。しかし、賀茂社に祀られる雷神に農耕の民が一年の稔りが豊かであるようにと祈りをこめて行なった祭りは、むしろ賀茂競馬《かものくらべうま》や烏《からす》相撲である。葵祭は中世戦乱期から元禄時代まで中絶し、また、明治初年に廃されている。それは、この祭りが非常に政治的なものであり、賀茂の農民と深くかかわりのないことを示しているであろう。そして、賀茂の農耕民とともに生きつづけてきた競馬や相撲こそ、土俗的なものを本質とする賀茂社の祭りであろう。また、平安京成立後、しだいにその影をひそめていった秦氏の広隆寺は、中世の太子（聖徳太子）信仰

古代の人びとはここに水の神を祀った。貴船神社

蜂岡の地に帰化人秦氏の氏神広隆寺が建立された。

とむすびついて〝お太子さん〟の寺に変身し、今は、国宝第一号の弥勒菩薩のある寺として生きている。寺社の性格を変えるものは、それを支えているものの変動なのであろうか。

特性をはぐくむ自然

ところで、京都の独特な気候は、平安以前の農耕を豊かにさせた大切な要素であったろうし、また、それ以上に、平安京の成立以後の京都の文化に、そして今に至るまでの京都人に、常に大きな影響を与えたのではないだろうか。

京都の四季を経験した人には誰でもわかるように、その気候は、春夏秋冬をはっきりさせている。冬のきびしい寒さは、あらゆる生命に忍耐をおしえる。そして春、その寒さの受苦からしだいに解放されるよろこび、夏へむかって思うぞんぶんエネルギーを発散させる。秋にはのびきった生長の手綱をひきしめるがごとく、リンとして冷たい。比叡おろしの冷えびえとした大気は京都の空をつきぬけるほどに青くさせ、紅葉を紅の極みにまでそめてゆく。四季それぞれの季節をその極限にまでもってゆく烈しさは、京都にあるあらゆるものを、自らの中心、自らのもつ特性にめざめさせ、それぞれの個性を形成させるのではないだろうか。

平安遷都の八世紀末といえば、仏教が日本に受容されてほぼ二百五十年の歳月がながれ、そろそろ日本独自の文化に作り変えられていこうとする時期にあった。中国大陸という風土に育った輸入文化を、日本人のものに作り変え、さらに大陸とはちがった方向に発展させてゆこうとする時、この季節それぞれの特性とその微妙な変化が、王朝文化を、そして日本の文化を形成する上に大きな影響を与えたであろう。

桂川、賀茂川、宇治川の流れる京都、そしてかつて湖底であった京都は、清い水がゆたかである。

物資の輸送に大きな役割を果たした高瀬川

御蔭山を降りた荒御魂、すなわち神霊を背にいだく神馬が糺の森の切芝の祭場に向かう。

神を讃え切芝祭場で舞われる東游《あずまあそび》。神馬幄《とばり》で神馬が見守る。

葵を授ける祭事。神馬はこうした祭事の一部始終を見ている。

五月十二日に行なわれる御蔭祭《みかげまつり》は、新しく生まれた下鴨神社祭神の神霊、すなわち荒御魂《あらみたま》を比叡山西麓に鎮座する御蔭神社から迎えるもので、葵祭に先立つ重要祭儀のひとつである。権宮司《ごんぐうじ》が捧げ持って山を降りた神霊は、下鴨神社摂社の河合神社で馬の背に移されて糺《ただす》の森にはいり、切芝《きりしば》と呼ぶ祭場で神事が行なわれる。その神事を神霊を背にいただく馬に見せることは、神にご覧いただくことになる。

縄文早期			左京区北白川の小倉町遺跡
弥生期			伏見区深草の旧練兵場遺跡
古墳期			乙訓郡物集女の恵美須山古墳・寺戸大塚
二三九			倭の邪馬台国女王卑弥呼の使者魏に至る
四七一	雄略	一五	秦酒公に太秦の地をおくる。秦氏、葛野（桂川）の大堰をつくる。
五一一	継体	五	山背筒城に都を遷す
五九三	推古	一	聖徳太子、摂政となる
六〇七	〃	一五	小野妹子を隋に遣わす
六四五	大化	一	大化改新
六七一	天智	一〇	今の山科に天智天皇陵を造る
六七二	天武	一	壬申の乱
六九八	文武	二	賀茂祭の日に衆を集めて騎射することを禁ずる
七〇三	大宝	三	黄文大伴を山城国国司に任命する
七一〇	和銅	三	平城京に遷都
七二四	神亀	一	都を壮麗にするため、五位以上及び庶人の富裕な者に瓦葺、丹塗を許す
七四一	天平	一三	天皇、恭仁京で朝政をとる。国ごとに国分寺・国分尼寺の造営を発願
七八四	延暦	三	長岡京に遷都
七九二	〃	一一	左右京の富家などに葬儀の奢侈を禁ずる
七九三	〃	一二	新京の宅地を班給する

ノート

♥等高線の状態から盆地の性格を読みとるとよい（断層盆地、複合扇状地など）。盆地の南端は標高約20メートルでこの盆地の低さを示している。

♥秦氏の開拓した土地が他の豪族のものと比較してより低い土地─標高30メートル以下にも及んでいる点に注意。帰化人の水利工事の巧みさを如実に語っている。宇治から山科は大和政権の侵入が早い。

♥この時代の神社は、ほとんど農耕神を祀る。今も祭りなどにかつての農耕儀礼のあとをとどめている。

♥広隆寺、六角堂、法観寺は聖徳太子の御願の寺という。中世の太子信仰と結びついて生きのびる。この時代の京の寺はほとんど奈良仏教の影響下にあるが、新仏教の天台法華の法燈が比叡の山上に点ぜられてもいる。

京都の歴史地図 I

平安以前

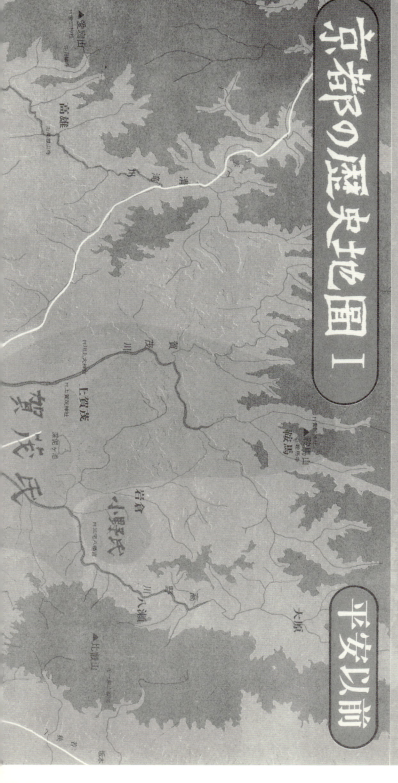

〔凡例〕
区分した時代の特徴や変化のあったものは円形で表現した。
卍⛩●はその時代になって表われるもの。
秦氏
大枝氏
石作氏
久我氏
羽師氏
八坂氏
鳥部氏
秦氏
小野氏
大宅氏
岡屋氏
和邇氏
廣野氏
嵯峨
嵐山
▲嵐山
長岡
長岡京
▲天王山
▲釈迦岳
伏見
北白川
▲大文字山
大津
琵琶湖
▲逢阪山
東海へ
山科
醍醐
▲醍醐山
宇治
宇治川
巨椋池
木津川
淀川
桂川
保津川
丹波へ
摂津へ
大和
標高三十米
双ヶ丘
北野天満宮
上御霊神社
河合神社
北白川廃寺
岡崎神社
八坂神社
八坂の塔（法観寺）
天智天皇陵
伏見稲荷
藤森神社
山階寺
岩屋神社
大宅寺
法琳寺
二子塚古墳
宇治神社
宇治橋
三室戸寺
丸山古墳
松尾大社
梅宮神社
法輪寺
広隆寺
蚕の社（木島神社）
天塚古墳
物集女車塚
大枝神社
大歳神社
乙訓寺
向神社
久我神社
羽束師神社

社頭の儀を見守る斎王代

社頭の儀が行なわれる、下鴨神社の神門前におかれた花傘

古く単に祭りというと「葵祭」をさした。王朝絵巻などといわれて、人びとの葵祭への関心は今も薄れていない。古い祭礼のはずなのに、なお新鮮な思いを抱かせる。それは先立つ祭事にも、下鴨神社の社頭の儀にも見ることができる。

御幣物を奉献。下鴨神社の祭神は二柱のため御幣物は二つ

勅使代に授ける神禄《しんろく》の葵柱

勅使代は紅色の料紙に記された御祭文を奏上する。

牽馬の儀。二頭の馬が舞殿を三周する。

社頭の儀は、勅使（代）による御祭文奏上を主体に、関連する儀式が行なわれる。牽馬《ひきうま》の儀では舞殿をまわり終えた馬が、神前に向かって「ヒヒーン」といなないたりすることもある。

マメ百科――1

〈略号〉
左――左京区
北――北区
右――右京区
上――上京区
中――中京区
東――東山区
南――南区
伏――伏見区
（　）――別称または宗派

＊愛宕山《あたごさん》　右
京都盆地北西部をふちどる山峰のひとつで、海抜九二四米の古成層からなる山。山頂付近は杉林となり、山頂には愛宕神社（鎮火の神）がある。山腹には月輪寺《つきのわでら》、空也《くうや》滝などがあり、ハイキングコースとなっている。

＊愛宕神社《あたごじんじゃ》　右・嵯峨愛宕町
愛宕山朝日峰上に鎮座する。古来より鎮火の神として崇敬があつかったことは、全国に八百余カ所分祀されたことからもうかがえる。八月一日の通夜祭は一日で千日の参詣に匹敵するといわれ、参詣者が多い。

＊嵐山《あらしやま》　右・嵯峨
海抜三七五米の古成層の山。山麓には保津川の清流が流れ、桜・新緑・紅葉・雪景色と四季の美を呈す。また、嵐山はこの谷一帯の名称で、渡月橋を中心とした川畔は行楽地となっている。府立公園に指定。

＊岩屋山《いわやさん》　北・雲ヶ畑
雲ヶ畑の北西にある六四九米の山。賀茂川の水源であるので川上神が祀られていた。中世以後、密教の修験場となったため、神社崇拝は忘れられた。中腹には金光峯寺（岩屋不動）があり、山道には行場が八八ケ所ある。

＊宇治田原《うじたわら》の里《さと》　綴喜郡宇治田原町
宇治川の支流犬打川上流の小盆地で、古くから近江―大和間の交通の要衝。天武天皇の伝説の地、猿丸太夫の古跡、また藤原兼家創建の禅定寺などがある。玉露、煎茶の名産地で田原茶は宇治茶より古い歴史をもつ。

＊大沢池《おおさわいけ》と広沢池《ひろさわいけ》　右・嵯峨
嵯峨野の北にあり、大沢池はわが国最古の庭園のひとつとされ、池の北畔の護摩堂の傍には、厚肉彫の石仏群（鎌倉時代）がある。広沢池は洛西第一の池で、周囲約一キロあり、遍照寺山と調和をなしている。

＊巨椋池《おぐらのいけ》　宇治市小倉町
京都盆地は昔、第二瀬戸内海とよばれる入江であったが、その後徐々に埋め立てられて伏見の南方に巨椋池を残すのみになっていたが、これも一九四一年に干拓が完成し、新しい型の農村と広々とした水田に変った。

＊大歳神社《おおとしじんじゃ》　右・大原野灰方町
創祀は定かでないが、平安遷都前より、灰方周辺の住民に信仰される農耕神が祀られていたと考えられる。古く、灰方一帯には石棺の製造を職とする石作《いしづくり》氏が居住しており、当社も石作氏と関係があったものと考えられる。

＊大原野《おおはらの》　右・大原野
老ノ坂山脈の断層崖下にひらける段丘面で、水田、畑地となっている。竹林はタケノコの産地として知られる。北端には古墳群、西北部には大原神社、西方には長岡天神、西南には古墳群などがそれぞれ存在する。

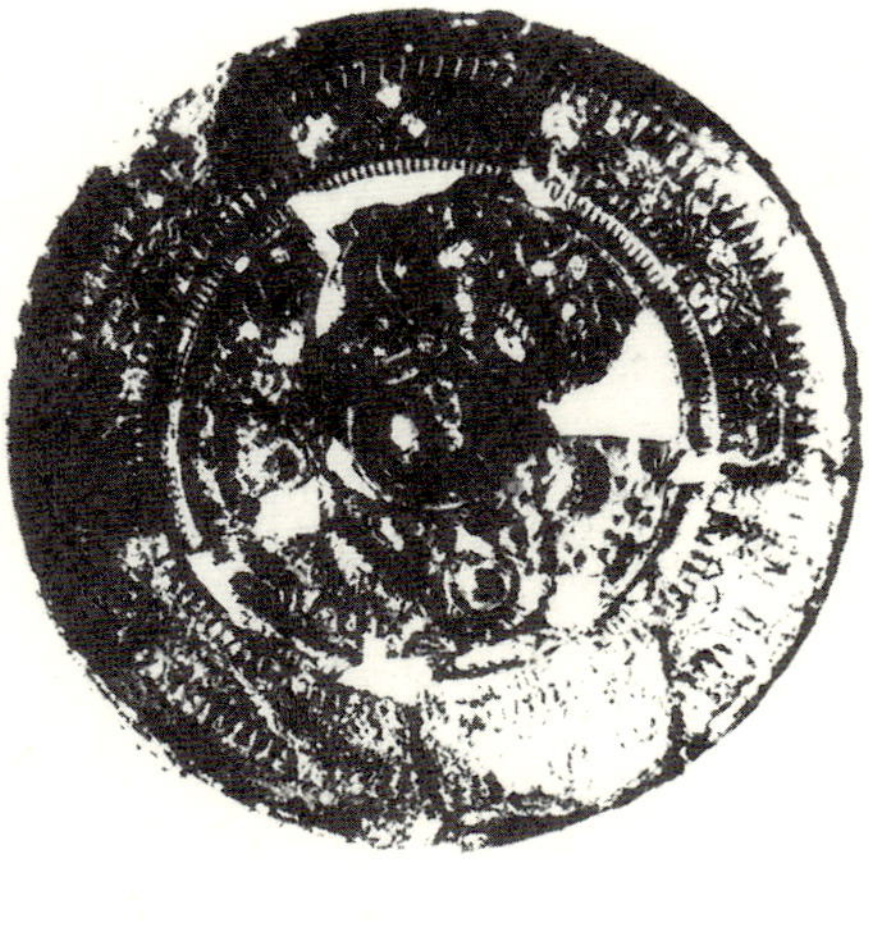
◀三角縁神獣鏡

＊岡崎神社《おかざきじんじゃ》　左・岡崎東天王町
平安遷都以前から、周辺集落の産土神であった。遷都に際し、王城鎮護四社の一に挙げられた。このため方除厄除の神とされる。十月十六日の氏子祭には、旧二条城の櫓太鼓を先頭に十一基の振鋒を連ね、神輿渡御がある。

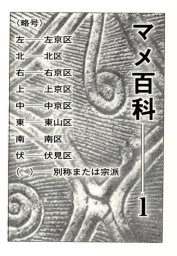

＊蚕《かいこ》の社《しゃ》　右・森ケ前町

広隆寺創建の祭、その守護神として祀られた。広隆寺と同様、秦氏との関係が深い。当社の名称は、秦氏が呉より輸入した絹織物技術にちなんでいる。境内には三鳥居と呼ばれる特異な形態の鳥居がある。

＊桂川《かつらがわ》　右

京都市北端、大悲山に源を発し、保津峡から京都盆地西部を南流し、淀川に至る延長三一キロの河川。上流には自然堤防に集落が散在し、下流部は後背湿地帯となっている。また友禅染や灌漑用水にも利用されている。

＊上賀茂《かみかも》　北・上賀茂

賀茂川東畔一帯の地で、北では神山、南では下鴨に接する。賀茂一族の居住の地で、御手洗川の畔には、土塀、門構えの社家の家が立ちならんでいる。上賀茂神社は別雷命《わけいかずちのみこと》を祀る、市内でも古い氏神社である。

＊上賀茂神社《かみかもじんじゃ》（賀茂別雷神社《かもわけいかずちじんじゃ》）

北・上賀茂本山町

境内裏山などから縄文土器が出土している。当地は京都盆地で最初に人々の住みついた所であった。のち賀茂氏の氏神別雷神が祀られ気象農耕の神として信仰された。平安遷都後は宮廷と強く結びついたが、五月の競馬《くらべうま》は一年の豊凶の年占を行なうもので、当社の本来の性格を今に伝えているのである。

＊上御霊神社《かみごりょうじんじゃ》　上・鞍馬国南寺町

当社地の辺は上出雲といわれ、京都で最も早く開かれた所である。当社は、平安遷都のころ大和から勧請され崇道天皇等の御霊を祀ると伝えられるが、本来は農耕と結びついた出雲系の御霊を祀る社であったと考えられる。

＊川上大神宮社《かわかみだいじんぐうしゃ》　北・西賀茂川上町

平安初期の創祀と伝えられる。もとは上賀茂社読経所の鎮守といわれ、現在は川上部落の産土神である。当社は俗に安良居《やすらい》神社というが、悪疫退散を祈る四月十日の「やすらい祭」は有名である。

◀大刀柄頭

＊河合神社《かわいじんじゃ》　左・下鴨宮河町

糺《ただす》の森にあり、下鴨神社の摂社。祭神玉依姫命《たまよりひめのみこと》は賀茂社の祭神とは同名異神で、神武帝の母神とされる。その内助の功のため、縁結び、安産、育児が祈禱される。賀茂、高野両川合するところから神社名となった。

＊北野天満宮《きたのてんまんぐう》　上・馬喰町

一〇世紀中葉当地に管原道真が祀られたと伝えるが、それ以前から北野天神とも呼ばれた地主社や雷神を祀る火之御子社などがあった。それらは当地の農耕を司る神であった。絵馬が奉納されているお牛様とよばれる小祠は、いぬゐの神であって、京都盆地の西北を守る重要な神であった。十月のずいき祭からみても、当社の本質が農耕の神にあることは明らかである。毎月二十五日は縁日で、多数の露店が出てにぎわう。

＊貴船神社《きふねじんじゃ》　左・鞍馬貴船町

水雨を司る高龗《たかお》神を祭り、古来より朝野の崇敬があつかった。神社は貴船山の中腹にあり、貴船川の溪流に沿ってさかのぼる道筋には、いたる所に清冷な滝があり、古来より水神として信仰された理由がうかがえる。

＊清水寺《きよみずでら》（法相）　東・清水一丁目

七七八年に庵を結び、八〇七年坂上田村麻呂が伽藍を造営す。中世の兵火にあい、現在の建物は徳川家光による再建のものである。本堂は東山の中腹にあって「清水の舞台」と称される舞台の間をはりだしている。

＊鞍馬寺《くらまでら》（天台）　左・鞍馬本町

唐僧鑑真《がんじん》の高弟鑑禎が創建したといわれる。平

京都の祇園祭は七月十七日が当日だか、その日のための神事は七月にはいるとすぐ始まる。十一日からは鉾の組立てをする。この組立て作業もなかなか見ごたえがある。

上は長刀鉾の台柱に巻いた藁縄。下は7月13日に鉾曳きを体験する氏子の子どもや小学生たち

その日は同一ではないが、鉾の組立てが終わると氏子の子どもや希望する小学校の児童に鉾を曳かせる。このとき、観光客も曳綱を握ることができないわけではない。祇園祭の当日とは違った体験ができる。

上右は7月11・12日に行なわれる長刀鉾の組立て。上左は長刀鉾の天井の四方を飾る星座。下は鉾を曳く子どもたちで、この体験は祇園祭への意識を高めるだろう。

安京造営の時は、北方の鬼門にあたるところから毘沙門天《びしゃもんてん》が祀られた。堂塔は山上山下につらなり、全山にわたって桜楓が茂り、常緑樹とあいまって色彩あざやかである。

＊高山寺《こうさんじ》（天台→真言）　右・梅ケ畑栂尾町

七七四年神願寺都賀尾坊《とがのおぼう》として開基。比叡山法性坊尊意《そんい》が住持し天台宗であったが、鎌倉期に明恵上人《みょうえ》が中興し、真言宗となる。石水院の簡素な木造建築や仏足石などがあり、法鼓台《ほうこだい》文庫に当寺の史料が保存されている。

＊広隆寺《こうりゅうじ》（真言）　右・太秦《うずまさ》蜂岡町

帰化人の秦氏《はたし》が聖徳太子より下賜された仏像を本尊として開山す。当初の建造物はないが、飛鳥時代の弥勒像をはじめとして、京都で最古の仏像が安置されている。十月十二日寺域の大酒神社の牛祭は、異形の祭として著名。

＊下鴨神社《しもかもじんじゃ》（賀茂御祖神社《かもおそじんじゃ》）　左・下賀茂宮前町

上賀茂の祭神別雷神の母玉依姫《たまよりひめ》を東殿に祖父賀茂建角身命を西殿に祀っている。当社は、京都を最初に開いた出雲系文化と融合して京都盆地での最初の支配者となった大和系の賀茂氏の氏神で農耕神であった。平安遷都に際し皇都鎮護の社となり、それ以来宮廷と強く結びついていった。東西両本殿は一八六二年の再建。その他の多くは一六二八年の建造。当社境内を糺《ただす》の森という。

＊白川《しらかわ》

この川が上流の花崗岩の風化した白砂を運んでくるのでこの名が出た。この川の扇状地には縄文時代の遺跡があり、古くから居住に適した地であったと考えられる。頭上の籠に花を乗せ、売り歩いた白川女《しらかわめ》の里でもある。

＊高野川《たかのがわ》　左

京都盆地東縁の断層の延長に沿う川で、上流には大原、八瀬などの山里がある。平安時代には、松ケ崎あたりでみそぎ祓《はらい》をされたことがあり、またこの川の鮎を天皇に奉ったことから禁河にされたこともある。

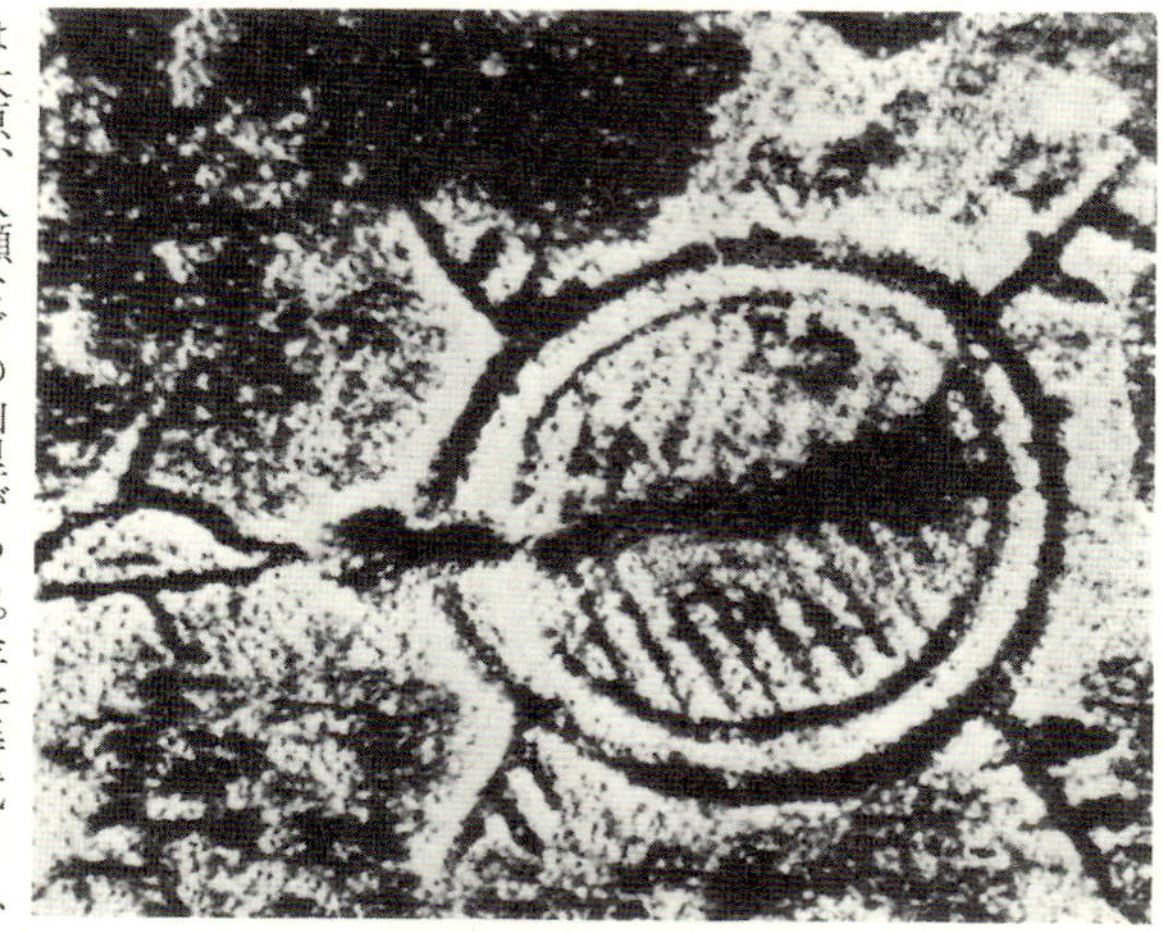
◀銅鐸の絵

＊長岡京跡《ながおかきょうあと》　乙訓郡向日町鶏冠井

平安遷都前、一〇年間京城のあった遺址。桓武天皇が唐制にならって、向日町を中心とする広大な地域に京城を営まれたが、不祥事続出のため、平安の新都にうつられた。現在は大極殿址に碑が立てられている。

＊比叡山《ひえいざん》

京都で「山」といえばこの山をさす。市内のどこからもその威容が望まれる。山上には延暦寺があるため古くから登山された。今では八瀬からケーブルが通じ、またハイウエーも走っている。野鳥、野猿が多い。

＊東山山麓《ひがしやまさんろく》と八坂郷《やさかごう》　東

平安京以前、市の中心部は湿原であったため、高台の東山山麓には、八坂の塔を作った八坂造《みやつこ》や高麗からの帰化人が多く住んでいた。平安京以後も地質条件の良いここに人々は移住したため、都は東方に広がっていった。

＊藤森神社《ふじのもりじんじゃ》　伏・深草鳥居崎町

創祀は明らかではないが、古くは深草の地が紀氏の一族蘇我氏と配下の帰化人秦氏が開発し、地盤とした所であったから、紀氏の祖神を祭った氏神ではないかといわれる。深草一帯には、平安遷都以前の遺跡が多い。

＊伏見稲荷大社《ふしみいなりたいしゃ》　伏・深草藪ノ内町

祭神は倉稲魂神《うがのみたま》、猿田彦神、大宮女神《おおみやのめがみ》、田中大神四大神《しのおおかみ》。創祀は七一一年、古代豪族秦氏によるといわれる古い歴史をもつ神社で、平安遷都以来、稲荷神社の中で最も重要なものとなった。現在も全国稲荷神社の総本社として広く人々の信仰を集めている。本殿は室町時代の建造で稲荷造といわれる大建築、御茶屋とともに重要文化財である。例祭は五月三日、ほかに一月五日の大山祭（注連縄張《しめなわばり》神事）二月初午の初午祭、ふいご祭など。

＊蛇塚古墳《へびつかこふん》　右・太秦面影町

大和の石舞台に匹敵する露出石室。このため遺品は無いが、ほぼ七世紀の建造と推定される。近くの天塚《あまつか》古墳とともに太秦に勢力を振った秦氏の遺跡とされ、桂川から運んだと思われる巨石は、秦氏の権力をしのばせる。

＊松尾大社《まつおたいしゃ》　右・嵐山宮ノ前町

七〇一年葛野郷の秦氏によって祀られた古社。雷神を祀る農耕の神であったが、中世以来酒の神として信仰されている。現存本殿は一五五〇年の建造。社宝の平安期の男女神像は我が国の神像彫刻中の最古のもの。神輿が桂川を渡る四月の松尾祭、七月の田植祭、十一月の上卯祭などが知られている。上卯祭には全国の酒造りが参詣する。

＊御蔭神社《みかげじんじゃ》　左・上高野釜土町

御蔭山にある賀茂御祖神社の摂社。左京区一帯には、賀茂氏の伝説に関連する神社が多いが、この社もその一つで、玉依姫が別雷神を生んだ聖地として崇められてきた。五月十二日の御蔭祭は古式ゆたかな祭典である。

＊深泥《みぞろ》ケ池《いけ》　北・上賀茂

三方を山に囲まれ、南に開けた所にある池で、西日本には珍しく泥炭が池の中にあり、多数の浮島が散在する。冬には沼いっぱいに水生植物の群落が広がり、夏には蓴菜《じゅんさい》がとれる。水生植物は天然記念物に指定されている。

＊三宅八幡宮《みやけはちまんぐう》　左・上高野三宅町

小野妹子が遣唐使の途次、病気となり、宇佐八幡の加護により回復したことから、帰朝後宇佐より当地に勧請したという。当社の東に小野毛《おののけ》人《ひと》の墓が発見され、小野氏との関係を裏づけている。

◀山背国印

＊八坂神社《やさかじんじゃ》　東・祇園町

古く東山の八坂郷に居住した高麗の帰化人八坂《やさかの》造《みやつこ》たちの氏神で農耕の神であった。九世紀末ごろ牛頭《ごず》天王を祀り、次第に民間の御霊会を当社の祇園御霊会に吸収していった。そして、当社は全京都の氏神的存在となっていったのである。祇園信仰の広さは、京都の町家の門々にみられる祇園のちまきによってもわかる。かつては主として祇園感神院とよばれていた。現在本殿は一六五四年再建の祇園造という当社独自の社殿である。

＊八坂《やさか》の塔《とう》（法観寺《ほうかんじ》）　東・八坂上町

京都のシンボルとして古くより皆に親しまれている五重塔である。聖徳太子の発願で高麗よりの帰化人八坂造によって創建されたと伝えられている。現在のものは一四四〇年、足利義政の再建で、純和様の雄大な木割である。

＊六角堂《ろっかくどう》（頂法寺《ちょうほうじ》）　中・常之前町

聖徳太子が五八七年に六角の堂を建立したという伝説をもつ。太子の浴水池があるので池の坊と呼んだ。現在花道池の坊流の中心となっている。本堂前の「へそ石」は古くから京都の中心といわれている。西国一八番の札所。

＊わら天神宮《てんじんぐう》（敷地神社《しきちじんじゃ》）　北・衣笠天神森町

太古、天神丘に天日鷲命《あめのひわしのみこと》と木華開耶姫命《このはなさくやひめのみこと》を祭っている。室町時代にいたって当地に遷宮された。現在も安産守護神として、市民の参詣がたえない。境内にある六神神社は入学祈願の神とされている。

珍皇寺前の店で売っている幽霊飴。埋葬後に子を生んだ女が、子のために幽霊となって毎夜、買いにきたという。

六道参りのとき、祖霊にとどくという鐘を打って盆迎えをする。

境内に展示される地獄極楽図を見る親子

京都市東山区にある珍皇寺《ちんのうじ》は六道の辻にあたり、死者の霊はかならずここを通るという。六道は、仏教の地獄、餓鬼、畜生、修羅、人間、天上の冥界をいい、死者の霊はこのうちのどれかに行くことになる。六道の辻はそのわかれ道、すなわち冥土への入口になる。「六道参り」は八月七〜十日に行なわれる。

古京すでに荒れ新都いまだならず

平安時代の京都

平安朝の不安

八世紀末の桓武朝に、都は平城京から長岡京へ、そして京都へ遷され、これまでのどの都よりも大きな都城が経営された。大和の後背地であった京都盆地は、都が遷される時になって、賀茂川の流れの向きを変えて、高野川と合流させ、早急にその相貌を変えた。しかし、まったく政治的意図によって平安以前の人々が住みえなかった土地を人工的に都城としたことが、人間の住むに不適当な土地を多く城内にふくむことになってしまった。

当時、帝都の地を決定する場合、まず陰陽道による地相の厳密な点検と評価がおこなわれた。今日でも、京都盆地を一望できる小高い丘に登って観察すると、碁盤状の規格に強く印象づけられる平安京の位置が、いわゆる四神相応した地相の中央にあって、陰陽道の理念にまったくよくかなっている。と同時に、京の東部や西北部にくらべると、その西南部は、どこか千年の歴史の重みを感じさせないのである。

それは、京都盆地の成り立ちに起因するだろう。京の西南部は低湿地であり、常時、人々が居住する地としては不向きであったからである。平安京が成立してまだ五十年にも満ないころ、すでに右京―西京の衰亡の兆が朝廷に報告され、十世紀末には、都の西半分の多くは、まったく幽墟に近いありさまになる。居住の地は、貴賤をとわず、高燥な左京―東京、そして北部に集中し、さらに鴨川をこえて東へ、また南方の鳥羽へと発展していった。こうした居住の推移は、地相というものが、いかに理念的で、そこに生活する人々のことを無視していたかをよく示しているであろう。

さらに、平安京には、もう一つの悩みと不安があった。それは、この都人のほとんどが住み、人口の密集する地が、大雨のたびに氾濫する鴨川の濁流にのまれることであった。朝廷のさまざまな対策にもかかわらず、鴨川の洪水は容易におさまらないのみか、疫病の流行をも

平安都城に使用した瓦窯の址

たらし、人々に大きな恐怖を与えた。人々は、このわざわいの源を、藤原氏との政争にやぶれた人、陰謀におとしめられて非業な最後をとげた人たちの怨魂のたたりと考えたのである。そして、そこからこの怨霊を鎮め、なぐさめる祭り、御《ご》霊《りょう》会《え》が行なわれてゆく。今日にも伝えられている京都の祭りのかなりの数が、この御霊会の流れをくんでいるという。遊興気分でながめがちなこうした祭りは、京都の不安がどんなものであったかを私たちに知らせているのかも知れない。

宮中女房が方違《かたたが》えと称し詣でた清水寺

平安京という名は、おだやかで優美な感じを与えるが、そこに生きた人々は、疫病の不安、都ゆえの政争の不安などに、悩まされることが多かったであろう。

末法の世へ

都が奈良から京都に遷って新しくなったように、仏教も、ゆきづまった奈良仏教にかわって天台宗と真言宗が起って、王朝文化に大きな波紋をなげかけた。この二宗は、その創始のころ、ともに高い仏教理念をかかげて登場してきたが、支配階級の貴族たちの間に浸透してゆくにつれて、その宗教がもっている実際的な効果の方に重点を変えていった。物質的に豊かな貴族たちは、華やかな享楽と耽美の生活にふけっているように思われがちだが、一方では、疫病に悩まされ、政争にまかれ、世のはかなさを感じることが多かった。はかなしという言葉は、よく知るように王朝文学にしきりに出てくる言葉である。そして、もののけにとりつかれるという考え方も生れていた。

こういう貴族社会の不安が二宗の密教思想の加持祈祷を盛んにさせてゆく。加持とは、本来は仏の加護の意であるが、密教では、手に仏の印を結び、口に仏の真言を唱え、心も仏の心境になればそのまま仏になれると説かれる。その具体的な作法が、祈祷と結びついて呪術的になってゆく。この呪術方法によってもののけを、病魔を追い祓い、官位の昇進など現世的欲望を願うということが、貴族たちの間で盛んに行なわれていった。

平安王朝の世、華やかな生活の背後に、現世のはかなさを痛感している貴族たちの上に、末法の世の到来を説く天台の思想が折りかさなって彼らの不安を強めてゆく。一説によると、釈迦が死んで五百年間を正法といい、その間は、釈迦の教えとその行ないの証果があった。しかし、それから千年間、像法の時代には、教えとその行ないだけがあるが、その証果はなく、さらにそれ以後の末法になると、教えだけがあり、それを行なう人もその証果もなくなってしまう。

平安貴族の隠棲の地、嵯峨野

この末法の世には、仏教はすっかり堕落し、僧侶も全く形だけの僧侶となってしまうという。十世紀初頭から権門として栄華をほこってきた藤原氏の最盛期、道長の時代を過ぎてまもなくが、ちょうどこの末法の到来の時に当る。貴族たちの生活も永久に続くものではなく、華やかな藤原氏の安泰の時代がすぎて次第に没落の不安が増してゆき、加持祈祷だけで満足できなくなる。そこに天台宗の教理にもともと含まれていた浄土の思想をより明確にした恵心僧都《えしんそうず》、源信の教えが、貴族の心を深くとらえて、浄土信仰が風靡してゆくのである。天台でいう十界から成る世界のうち、はじめの六界を六道と呼び、これを迷いの世界とし、あとの四界をさとりの世界とする。そしてこの六道、地獄、餓鬼、畜生、修羅、人間、天の六つの世界を凝視し、この苦の、不浄の世界をぬけて苦悩のない西方の阿弥陀浄土、すなわち極楽浄土を願い求めよという。それには、ひたすら、念仏をとなえ、阿弥陀仏を心に念じ続けることによって、死後極楽世界へ往生できると説くのである。

　こうして、阿弥陀如来像が造られ、阿弥陀堂を中心とした寺院が建立される。そしてまた仏画としては、聖衆を従えた弥陀如来が雲に乗り、西方浄土から進み来って念仏の行者を迎える来迎図がえがかれてゆくようになる。私たちがよく知る宇治平等院のこの世に創られた浄土世界、定朝の作、阿弥陀如来像などである。この阿弥陀如来は、伏目がちにやや斜め下方に目をおとしている。自己の救済を願うためにつくられた仏像は特定の個人をみつめているとでもいうのだろうか。

北野神社で祓いを受ける人。御霊会の伝統が生きている。

菩薩と庶民

密教は、はじめ護国の仏教であったのだが、しだいに氏族や個人の仏教へと進展していったのである。それとともに、信仰も、仏教全体の仏を統一する大日如来の曼《まん》荼羅《だら》信仰というような、高い理想を背景にひめているようなものではなく、具体的な救済を与えるという別尊に対する信仰となっていったのである。貴族たちの間に阿弥陀如来への信仰が盛んになってゆく一方では、浄土の教えは民衆の間にも広まって、巷間でも市《いち》でも、説法聖《ひじり》をかこむ民衆の口々から弥陀の名号、南無阿弥陀仏が溢れた。この説法聖の空也上人や円行上人の姿を、鎌倉期のリアルな肖像彫刻によって知ることができる。もと京都の民衆の葬送の地の一つであった六原―六波羅に草庵を結んだ空也上人は、円行とともに弥陀の名号をとなえながら、民衆の中で布教活動を行なっていた。しかし、彼らの唱導の媒介となっていたのは、阿弥陀如来よりもむしろ、如来の聖衆であり、より具体的な救済の力をもった観音菩薩であった。そこに、貴族の浄土信仰と民衆の浄土信仰のちがいがあったのである。

地方で着々と実力をたくわえて京に入った平氏、源氏、そして比叡の山法師の武力が、互いにぶつかりあって都が戦火にまきこまれ、末法の世の到来をまざまざとみせつけ、まさに、地獄、餓飢、畜生、阿修羅の世界が展開される。このような時、地獄においてさえも救いの手をさしのべる仏、地蔵菩薩の信仰が民衆の中にひろまっていった。そして、今では、日本国中いたる所に、地蔵がみられる。目の病の地蔵、安産の地蔵など、沢山の働きをもった地蔵は、この平安末から鎌倉期に、波紋のようにひろがり、やがて子供たちの遊び相手としてさえ愛され親しまれることになる。京都を歩けば、特に地蔵や観音、そして不動明王が街角に非常に多くみられ、粗末な小さな石地蔵にも、いつも新鮮な花が供えられている。京都に生きている信仰が、決して国宝や重要文化財の仏たちではないことを知らされる。

京都の路地に見る地蔵。さまざまな姿がある。

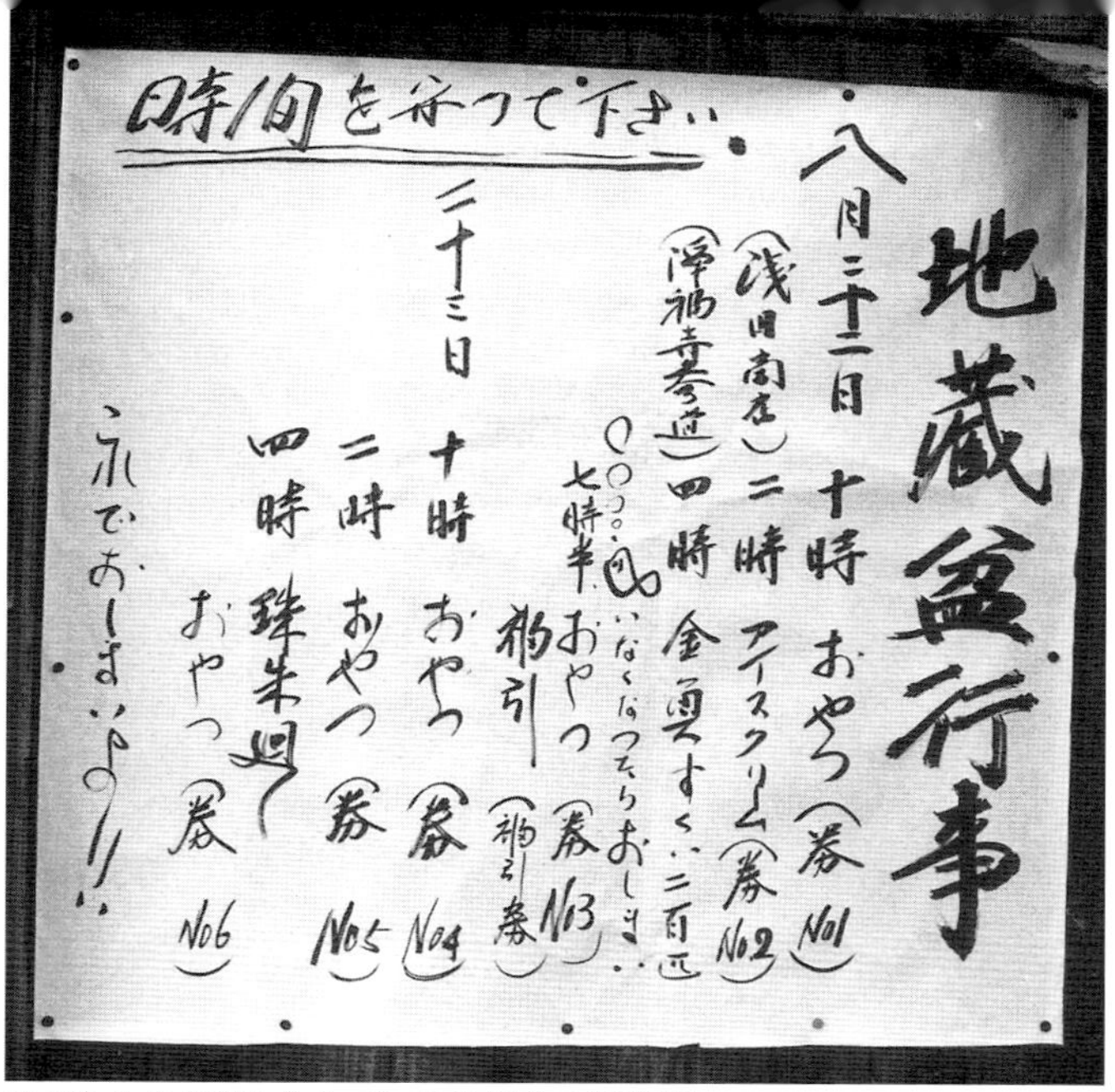

子どもたちが楽しみしている地蔵盆の時間割

京都の路地にはいると、辻などでよく地蔵尊を見る。たいてい花が供えられている。八月二十三・二十四日を「地蔵盆」といい、子どもたちが地蔵尊をきれいに洗ったり、化粧を施したり衣裳を新しくしたりする。また屋台を組んで供物を供え、そのまわりで遊ぶ。両日、子どもたちは地蔵尊とともに楽しく過ごす。

地蔵をねんごろに祀る地蔵盆

京都の歴史地図 II

平安時代

七九四	延暦	一三	平安京に遷都
九八	〃	一七	両京、畿内の夜祭・歌舞を禁ずる
八〇六	大同	一	米価の騰貴を防ぐため、左右京・難波津の酒屋の甕を封ずる
〇七	〃	二	両京の巫覡を禁ずる
一三	弘仁	四	京畿の百姓が病人を棄てることを禁ずる
二八	天長	五	防鴨河使を設置する
三三	〃	一〇	両京の戸に榆柱を課して東西杭料にあてる
三七	承和	四	京中で水田を営むことを禁ずる
四四	〃	一一	賀茂川上流を濁すことを禁ずる
九一	寛平	三	京戸の子弟が諸国に居住すること及び諸国の百姓が京戸に入ることを禁ず
九四	〃	六	菅原道真の意見により遣唐使を廃する
九三一	承平	一	群盗が横行するために近衛・衛門・検非違使に夜警が命じられる
七〇	天禄	一	この頃より、祇園御霊会が行われる
八三	永観	一	京畿で武器を帯する者を捕えさせる
八八	永延	二	大盗藤原保輔(袴垂)逮捕する
九九	長保	一	祇園御霊会があり、検非違使に御霊会の雑芸法師を追捕させる
一〇一七	寛仁	一	藤原道長、太政大臣となる
二八	長元	一	京都大風雨。京中の舎屋多く倒れ、富小路以東は海の如くなる
八六	応徳	三	白河上皇、院政を始める
一一〇六	嘉承	一	京都に田楽流行する
一四	永久	二	京都に博戯の禁止が出される
六七	仁安	二	平清盛、太政大臣となる
八一	養和	一	日照りと兵乱により京中大飢饉、路に死す者四万二千余。人肉を食う惨状
八三	寿永	二	源義仲、入京する
八五	文治	一	平氏、壇の浦に滅亡する

ノート

♥平安京の成立は京都盆地を一新する。その壮大な規矩のうち右京（西ノ京）は低湿地のため早く荒廃する。（地図IとIV参照）

♥以前からある神社は、王城守護、御霊社の性格を加える。一方、新たに地方から勧請された神社も多くあり、京都の性格をよく示す。

♥天台勢力が京の東北方をおさえ、南は湿潤な土地のため、貴族の生活のあとは、西北と東南に対照的にのびている。そして真言の大寺がそこに建立され、都城内の東寺と共に、その朝廷との関係の密なることを物語っている。

♥院政のころ、政情は大変に複雑となる。白河鳥羽などの院庁で政治をとる法皇と旧勢力の藤原氏、新興の武士団、それに天台の山法師、南都の奈良法師の武力が錯綜する。

♥天台の中から鎌倉新仏教が芽生えようとしている。東山山麓はその揺籃の地といってよい。

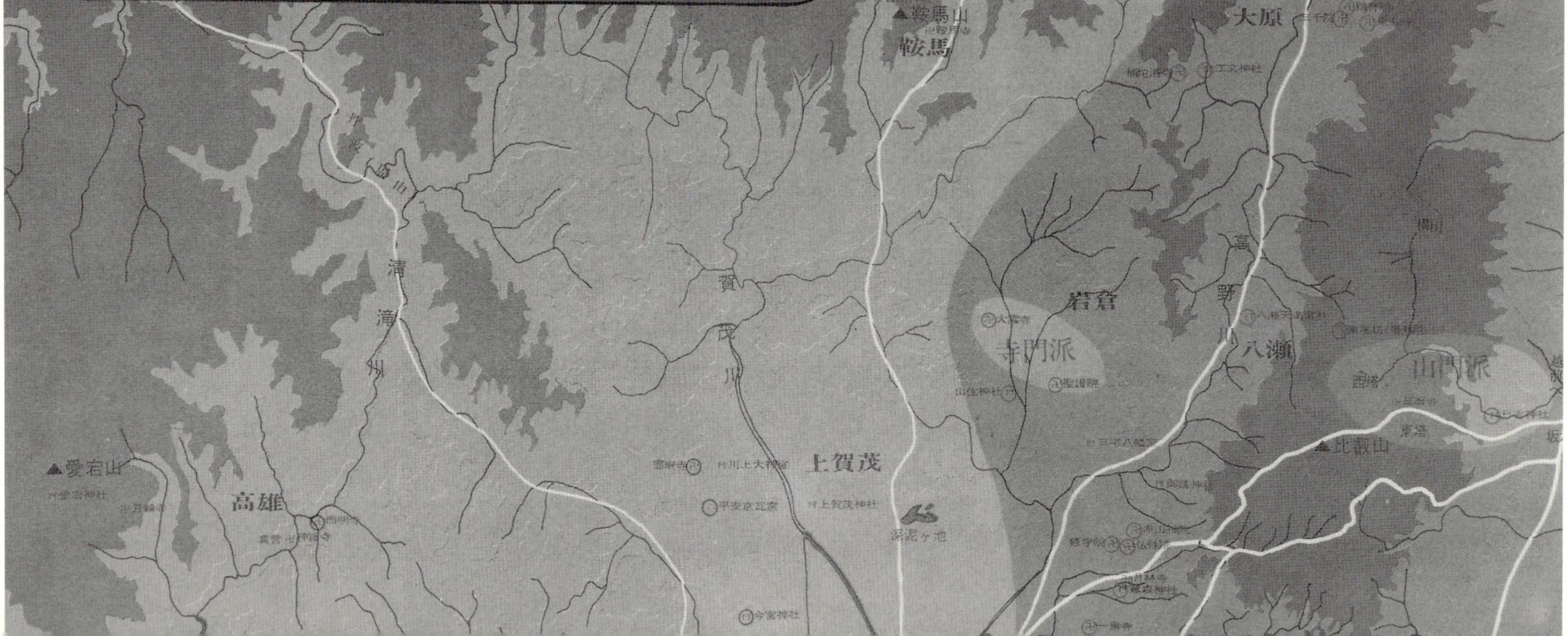

皇室領
藤原氏別墅地帯
藤原氏別墅地帯
寺門派
嵯峨
嵐山
長岡
伏見
山科
醍醐
宇治
大津
北白川
巨椋池
▲嵐山
▲天王山
▲釈迦岳
▲大文字山
▲逢阪山
▲醍醐山
広沢池
大沢池
琵琶湖
桂川
宇治川
木津川
淀
納所
丹波(亀岡)へ
東海へ
右京
左京
内裏
西市
東市
一条大路
土御門大路
近衛大路
中御門大路
大炊御門大路
二条大路
三条大路
四条大路
五条大路
六条大路
七条大路
八条大路
九条大路
木辻大路
佐比大路
西堀川大路
西大宮大路
皇嘉門大路
朱雀大路
壬生大路
東大宮大路
東堀川大路
西洞院大路
東洞院大路
京極大路
吉祥院天満宮
羽束師神社
長岡天満宮
石清水八幡宮
伏見稲荷
藤森神社
宇治神社
平等院

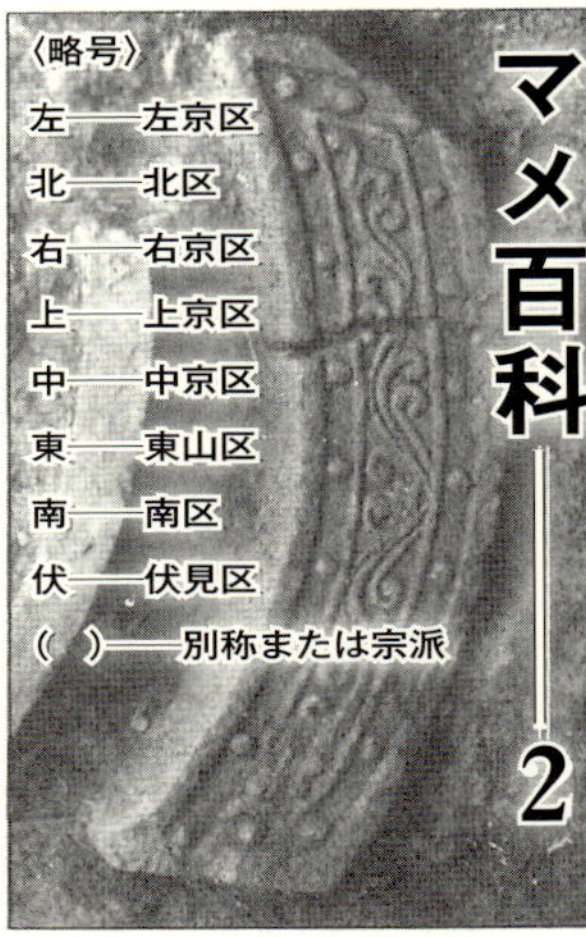

マメ百科——2

〈略号〉

左——左京区
北——北区
右——右京区
上——上京区
中——中京区
東——東山区
南——南区
伏——伏見区
（　）——別称または宗派

＊葵祭《あおいまつり》

上賀茂・下鴨両社の五月十五日の祭礼。古くは祭りといえばこの祭礼を指したほど京都の代表的祭礼であった。参加者が挿頭花として葵をさすので葵祭という。祭礼の中心は、勅使以下の平安風俗行列である。

＊化野《あだしの》念仏寺《ねんぶつじ》(浄土)　右・嵯峨鳥居本化野町

化野は小倉山の山麓一帯の地で、むかし死者を風葬したところである。念仏寺境内には無縁の仏を祀る多数の地蔵や石塔がある。盆や彼岸にはそれぞれに灯を献じて、千灯供養が行なわれる。本堂は一七一二年再建のもの。

＊安祥寺《あんしょうじ》(真言)　東・山科御陵平林町

入唐僧恵運《えうん》の開山。一時安祥山まで堂塔がならび、上寺《かみでら》（現在は寺址のみ)、下寺《しもでら》と通称され、寺運は栄えていた。応仁の乱後荒廃し、寺宝の五智如来像は京都国立博物館、五大虚空蔵像は東寺に移されている。

＊安楽寿院《あんらくじゅいん》(真言)　伏・竹田内畑町

白河天皇の離宮内に、一一三七年鳥羽上皇によって造営された寺院で、鳥羽東殿ともよばれる。本尊阿弥陀如来像は、鳥羽上皇の念持仏といわれている。胸に卍字がえがかれているので、俗に卍字阿弥陀とよばれている。

＊新熊野神社《いまくまのじんじゃ》・東・今熊野椥《なぎ》ノ森町

後白河上皇が法住寺殿の内に勧請され、平清盛に社殿を造営させた。当時の社域、社殿は宏壮であったが、現在は規模が小さくなっている。境内にある大樟《くすのき》は白河上皇御手植のものとされ、天然記念物に指定されている。

＊新日吉神社《いまひえじんじゃ》　東・妙法院前側町

後白河帝が日吉神社より勧請、行幸百八度に及ぶほど崇拝された。元和年間、豊国廟取壊しの際、現在地に移建された。境内の樹下社は秘かに豊臣秀吉を祀ったものといわれ、本社のコマ犬が猿であるのも、それをしのばせる。

＊今宮神社《いまみやじんじゃ》　北・紫野今宮町

古代、京都の民衆が疫病を鎮めるために疫神を祀ったのが起源と思われる。現在にいたるまで上下の崇敬があつく、四月十日に行なわれる悪疫退散のためのやすらい祭は京都三大奇祭の一つにあげられている。

＊石清水八幡宮《いわしみずはちまんぐう》　綴喜郡八幡町

八五九年僧行敬が宇佐八幡宮を勧請して創建。のち源氏一門が祖神として崇敬し、武運の神として全国に広まった。現在は厄除けの神として参詣する人が多い。現存社殿は一六四一年の再建。九月の放生会は古来より有名。

＊梅宮神社《うめみやじんじゃ》　右・梅津フケノ川町

酒解神《さけときのかみ》（大山祇）を祀る。平安初に檀林皇后によって建てられ、酒の神として酒造業者の尊崇あつく、境内に菰被《こもかぶ》りが並ぶ。また祭神酒解子神（木花咲耶《このはなさくや》姫）の伝説があるため、安産が祈願され、子授けのまたげ石がある。

＊永観堂《えいかんどう》(禅林寺《ぜんりんじ》　浄土)　左・永観堂町

藤原時代の文人藤原関雄の旧居を改修し、浄土念仏を弘通した永観寺律師の名にちなみ通名となる。本堂の阿弥陀如来像は、首を左へめぐらし、俗に見返りの弥陀といわれる。方丈に長谷川等伯筆といわれる虎図あり。

＊延暦寺《えんりゃくじ》(天台)　滋賀県大津市坂本本町

平安初の最澄の一乗止観院にはじまる。比叡山中に堂宇がならび、東塔、西塔、横川《よかわ》の三つにわかれる。一五七一年信長の焼き打ちにあうが、徳川時代に再建され、堅固な建物が建ちならぶ。天台宗の総本山。

＊大原野神社《おおはらのじんじゃ》　右・大原野南春日町

平安遷都後、春日大社より勧請。藤原氏の氏神として大きな勢力をもち、伊勢の斎宮にならって斎女をおいた。しかし藤原氏の衰微に伴って社運は衰え、現在は大原野に静かなたたずまいを見せている。

＊勧修寺《かじゅうじ》（真言）　東・勧修寺仁王堂町

真言宗山階派大本山。九〇〇年醍醐天皇が生母の菩提を弔うため、貴族の居室を改修し寺とす。門跡寺院としても名高く、本堂には千手観音像があり、また池中に大小の中島をおいた池泉舟遊式の庭がある。

＊鴨川《かもがわ》

出町柳《でまちやなぎ》で賀茂川と高野川が合流して鴨川となる。もとは今の堀川付近を流れていたが、平安京造営の際、流路を変えたためよく氾濫を起し、時の支配者を悩ました。友禅流しで有名であったが、現在はほとんど見られない。

＊吉祥院天満宮《きっしょういんてんまんぐう》　南・吉祥院政所町

菅原道真の祖父清公が別業の地に吉祥天女を祀ったのが起源とされ、後に道真の霊が合祀された。旧吉祥院村の人々による吉祥院六斎は、京都の六斎踊念仏中最も盛んで、八月二十五日の大祭には六斎大会が開かれる。

＊雲母坂《きららざか》　左

林丘寺の東から音羽川に沿って四明岳に登る急坂。比叡山に登る最短路で、朝廷から延暦寺への勅使は必ずこの道を通った。また逆に山法師が強訴に山を下る時にもここを通った。「雲が生まれる坂」が名のおこりらしい。

＊金戒光明寺《こんかいこうみょうじ》（黒谷　浄土）　左・岡崎黒谷町

平安末、法然上人が念仏弘通の霊地をさがして、ここで一草庵を結んだのがおこり。中世にいたって大寺となり、栗原の岡の中腹に伽藍が建ち並ぶ。観音堂の千手観音は、洛陽観音巡りの第六番札所として厚く信仰される。

＊空也堂《くうやどう》（極楽院《ごくらくいん》　天台）　中・亀屋町

九三九年三条大宮に創建された。住僧たちは、ひさごを叩き和讃を唱えながら歩きまわり、空也堂の鉢叩きといわれた。十六世紀末現在地に移る。十一月の空也忌に踊躍念仏が行なわれる。

◀仁和寺の大仏項曼荼羅（部分）

＊熊野神社《くまのじんじゃ》　左・聖護院山王町

平安初期に熊野より勧請される。新熊野《いまくまの》、若王《にゃくおう》子《じ》両社と共に熊野三社とよばれる。後白河帝の時、大規模に社殿を造営、賀茂川の東の広大な森の中に、荘厳な社があったというが、現在は道路拡張などのため、小規模である。

＊鞍馬火祭《くらまひまつり》

鞍馬の由岐神社の祭礼で十月二十二日夜行なわれる。全村の若者や子供たちが大松明をかついでねり歩き、全村火でつつまれる。午前一時ごろの神輿おとしがみどころである。九四〇年に始ると伝えるが確かではない。

＊革堂《こうどう》（行願寺《ぎょうがんじ》　天台）　中・寺町通竹屋町

常に鹿皮の衣を着ていたので革上人とよばれた行円が、一〇〇四年に一条油小路に創建した寺。応仁の乱で焼失後十六世紀末現在地に移転。本堂は十八世紀末の建造。境内に巨大な五輪石塔がある。西国十九番の札所。

＊五条天神社《ごじょうてんじんしゃ》　下・天神前町

弘法大師の創祀と伝えられる。『源平盛衰記』『宇治拾遺』等にみられ、かなり古くより知られていた。医薬・禁厭の神として昔から信仰篤く、現在もこの神社を訪う人が多い。この社の宝船図は日本最古のものとされる。

＊嵯峨野《さがの》　右・嵯峨

太秦《うずまさ》の西から小倉山までの東西、大堰川から上嵯峨の山麓の南北に囲まれた地域。弘仁帝（嵯峨天皇）の別荘がおかれたため、長らく高貴の人々の居住地となった。大覚寺、釈迦堂、二尊院、広沢池、天竜寺などがある。

＊三千院《さんぜんいん》（天台）　左・大原来迎院町

天台三門跡のひとつ。叡山別院として承雲によって創建されたものが、この地に移った。本堂の往生極楽院は舟底形の天井が有名。また、本尊阿弥陀如来に伴われた観音が和式に正坐しているのも珍らしい。

＊地蔵院《じぞういん》の阿弥陀如来像《あみだにょらいぞう》（浄土）　宇治市白川

往昔当地には藤原頼通の女《むすめ》寛子の仏堂があった。七間四面で金箔をはりめぐらしているところから金色院とよばれ、来迎相の弥陀に跪坐《きざ》の観音脇侍が安置された。室町時代に寺は荒廃し、本尊は地蔵院にうつされ現存する。

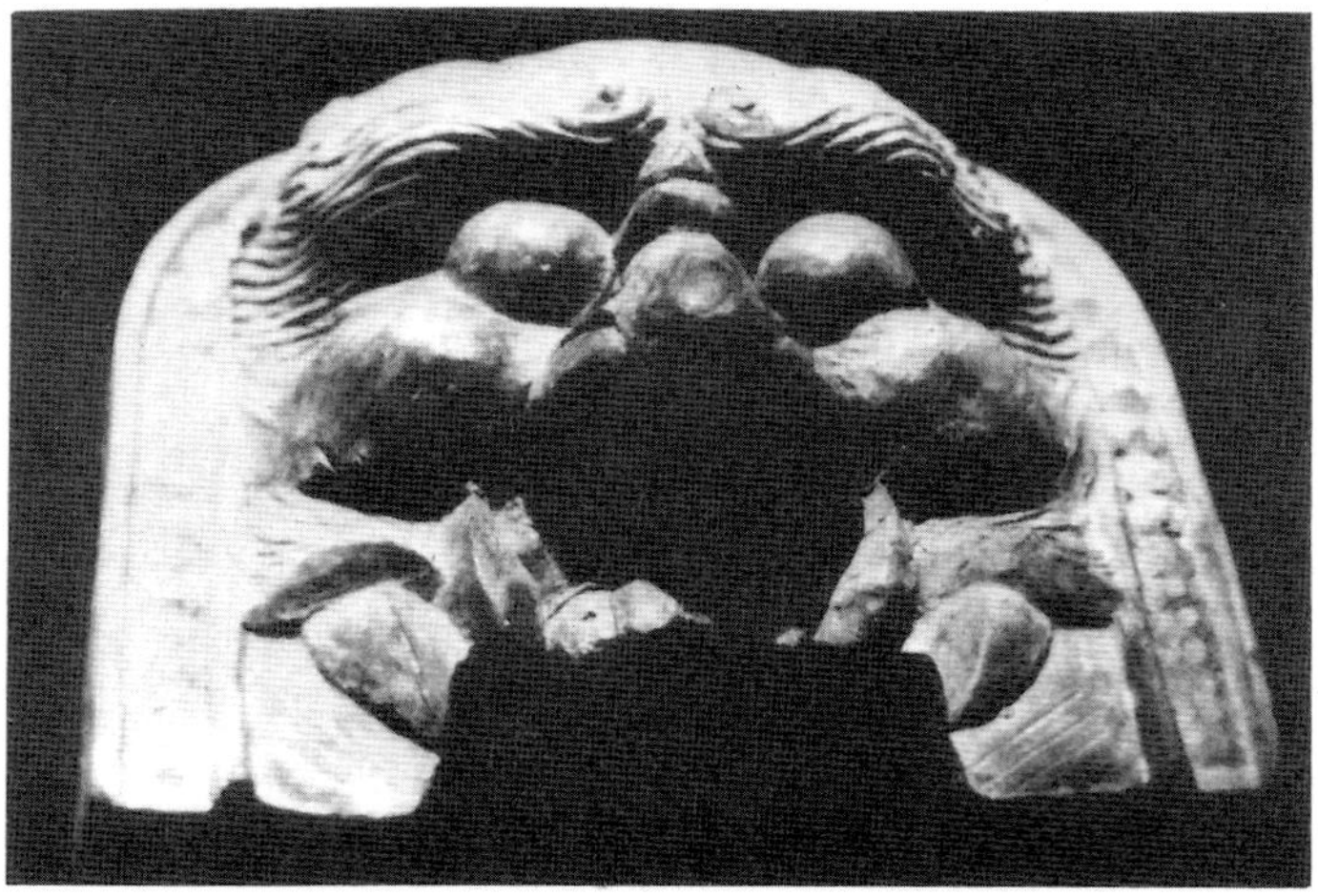

◀鬼瓦

＊蔵王堂《ざおうどう》（光福寺　浄土）　南・上久世町

浄蔵上人が十世紀中葉に開創したと伝えられる。八月三十一日、中世の念仏踊やそれ以後の雑多な芸能を伝える六斎念仏踊が行なわれている。

＊下御霊神社《しもごりょうじんじゃ》　中・下御霊前町

八三九年上御霊社を分祠して伊予親王を祀って創始すると伝えられている。現在地へは十七世紀初頭に移った。一七八八年炎上後、内侍所の余材によって再興した。

＊寂光院《じゃっこういん》（天台）　左・大原草生町

聖徳太子の創建した尼寺。建礼門院が阿波内侍らと共に閑居し、高倉・安徳天皇の冥福を祈ったことは有名。慶長年間淀君の命で片桐且元《かつもと》が再興。本堂には六万体の地蔵と建礼門院像がある。汀《みぎわ》の池も昔をしのばせる。

＊聖護院《しょうごいん》（天台）　左・聖護院中町

智証大師の開山。当寺の僧が白河法皇の熊野御幸の先達をつとめたところから、修験道本山派の山伏を統轄するようになった。一八五四年御所炎上の時、孝明天皇、皇子祐宮（明治天皇）が仮皇居とした。藤原の不動像あり。

＊浄瑠璃寺《じょうるりじ》（九体寺《くたいじ》　真言律）　相楽郡賀茂町

平安時代にはやった九体の阿弥陀が阿弥陀堂に安置されている。像は定朝《じょうちょう》の流れをくむ京仏師の作で、金箔がよく残っている。堂の前には池があり、その反対に朱色あざやかな三重塔がある。藤原時代の雰囲気をよく残す。

＊青蓮院《しょうれんいん》（天台）　東・三条坊町

平安末、叡山の青蓮坊を移して開く。鎌倉初期、『愚管抄』をあらわした慈円が僧正となる。以後法親王が入寺し、格式の高い門跡寺院となる。寺宝に三井寺、高野山明王院とならんで有名な青不動図がある。

＊神護寺《じんごじ》（真言）　右・高雄町

八七一年愛宕山五坊の一として創建され、空海が初代の住職。鎌倉期に頼朝の援助のもとに文覚上人が再興する。大師堂は室町の改修になるが平安時代のもの。金堂の薬師如来像は貞観彫刻として屈指のもの。

◀密教の仏具　三鈷杵

＊神泉苑《しんせんえん》（御池《おいけ》）　中・門前町

平安京以前は沼沢地であったこの地に、池泉を中心にした豪壮な庭園を造り、禁苑とした。弘法大師の雨乞祈禱、天皇の御遊のエピソードなど数多くの伝説の残る平安京造営当時の唯一の遺跡。御池通りはこの名に由来する。

＊真如堂《しんにょどう》（真正極楽寺《しんしょうごくらくじ》　天台）　左・浄土寺真如町

九九二年、一条天皇の母君の御願で建立されて以来、広い階層の信仰をうけてきた。江戸時代に庶民に広まったお十夜は、室町時代にこの寺ではじめた念仏からおこったという。江戸末に建てられた三重塔は質実剛健。

＊随心院《ずいしんいん》（真言）　東・山科小野御霊町

平安時代に祈雨で有名な仁海僧正が開山。真言小野派の一大道場として栄える。小野小町の伝説とも関係があり、小町井、小町地蔵、小町塔などがある。昔境内には榧《かや》の木が茂っていたといわれ、今でも九本残っている。

＊双林寺《そうりんじ》（天台）　東・鷲尾町

平安初期に建立される。中国の沙羅双林寺に似ているところから寺名となる。往時は塔頭も多かったが、現在は薬師如来の貞観仏を安置する本堂一宇あるのみ。室町期の和歌の四天王頓阿《とんな》は、ここで『草庵集』を著わした。

＊染殿地蔵《そめどのじぞう》（十住心院《じゅうじゅしんいん》　真言→時）　中・新京極中之町

染殿皇后がこの地蔵尊に祈って清和天皇の誕生をみたところから、安産守護の地蔵として庶民の信仰を集めている。もと金蓮寺の塔頭の一つで十住心院と号し、弘法大師が『十住心編』をあらわしたところといわれている。

＊大覚寺《だいかくじ》（真言）　右・嵯峨大沢町

八七六年嵯峨天皇の離宮を改め寺とす。歴代法親王が住持し嵯峨御所といわれた。客殿は桃山時代の典型的書院造りで、内に狩野山楽らの描いた襖絵がある。大沢池畔の五大堂の五大明王像も藤原彫刻の円熟した彫技を示す。

＊醍醐寺《だいごじ》（真言）　伏・醍醐伽藍町

平安の中頃、醍醐天皇の勅願により理源大師が開山す。古義真言宗の総本山で、山上山下を合わせての大伽藍である。上醍醐准胝堂《じゅんていどう》は西国第十一番目の札所として、広範囲の信仰を集めている。京都で最古の建築（九五二年建立）といわれる五重塔をはじめとし、平安、鎌倉、桃山各時代の代表的建築と、仏画、経文などをもつ文化財の宝庫。三宝院は豊臣秀吉の「醍醐の花見」で有名。秀吉自ら設計した庭園も壮大無比な桃源境をみせる。

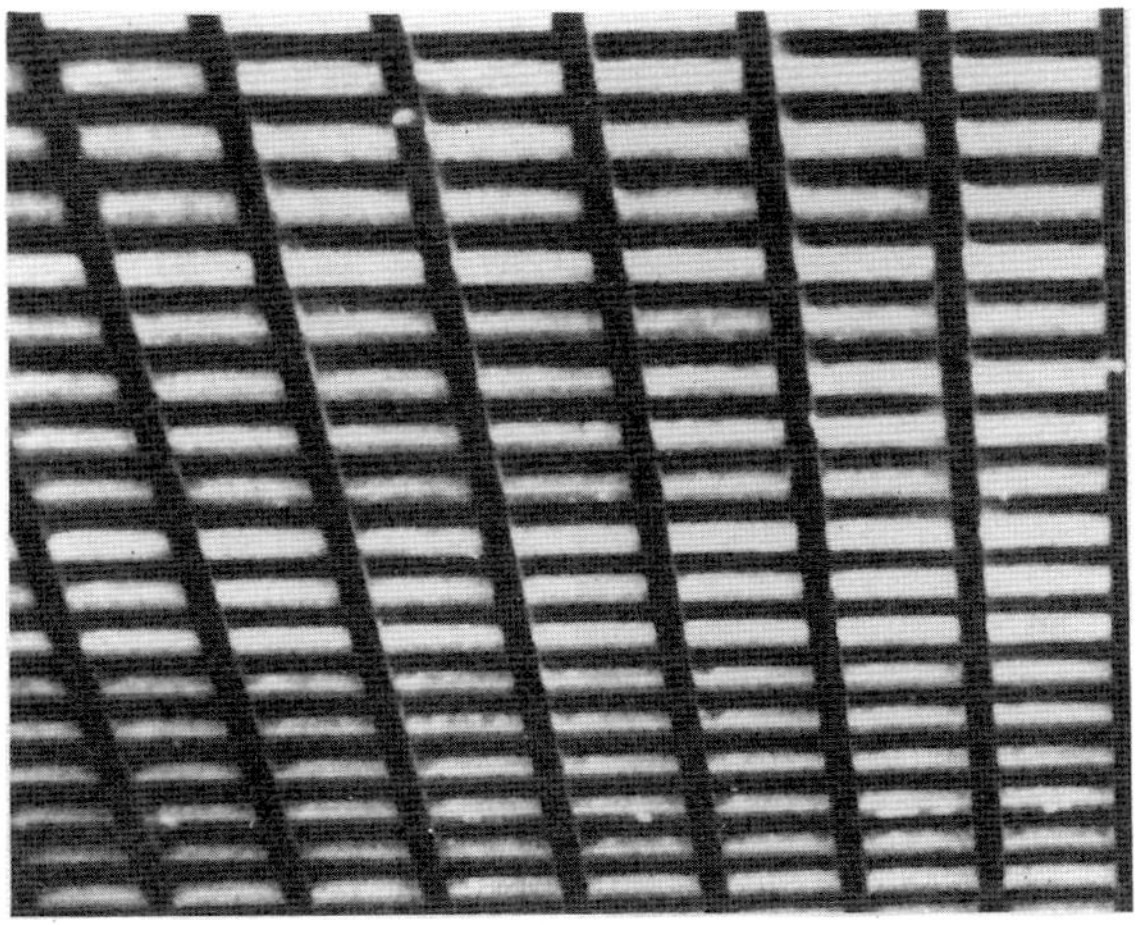

◀蔀戸《しとみど》のパターン

＊大将軍八神社《だいしょうぐんはちじんじゃ》　上・西町

平安遷都の際、王城鎮護のため造営されたという。大将軍とは陰陽道で西方を司る神とされ、神道と習合して素盞嗚命《すさのおのみこと》となったと考えられている。当社には丹塗の神像数十体があり、彫刻史上特異なものとされている。

＊月輪寺《つきのわでら》（天台）　右・嵯峨清滝月輪町

愛宕山神社の途中にあり、七八一年慶俊僧都が地中より「人天満月輪」の銘の鏡をとりだして寺号とした。空也、法然上人の修行場としても名高く、『玉葉』を著わした藤原兼実もこの地を愛し、閑居したといわれる。

＊東寺《とうじ》（教王護国寺《きょうおうごこくじ》　真言）　南・九条町

七九六年平安京羅城門の東に都を守護する寺として建立され、唐より帰朝した弘法大師に与えられた。以来真言密教の根本道場となる。現在の堂塔は、戦国から江戸初期にかけて建てられたものが大半で、特に家康の勅令で建てた五重塔は、高さ五七メートルでわが国随一を誇る荘重な造り。また講堂に立ちならぶ大日如来、五大明王、四天王をはじめとした平安の諸仏は、ほとんどが国宝、重文に指定された優作ばかりである。

＊鳥辺野《とりべの》　東

西大谷から清水寺へ行く道にある墓地一帯をいう。平安時代以来、北の蓮台野、西のあだし野とともに庶民の火葬地であったり、死体の捨て場でもあった。近世のころまでは、墓といってもただ土饅頭の塚にすぎなかったという。

＊二尊院《にそんいん》(天台)　右・嵯峨二尊院門前長神町

慈覚大師の創建した華台寺を法然の高弟堪空が再建。発遣如来、来迎弥陀の二尊にちなみ、院の名称がつけられた。百人一首で有名な小倉山を背にし、それを山号としている。角倉了以、伊藤仁斎の墓もある。

＊若王子神社《にゃくおうじじんじゃ》　左・鹿ケ谷若王子町

平安末に後白河法皇により熊野から勧請された。足利尊氏、義政らに深く尊崇されたが、応仁の乱によって焼亡、秀吉によって再建された。川のせせらぎの音を聞き、春の花、秋の紅葉をめでる人が多い。

＊仁和寺《にんなじ》(真言)　右・御室大内

八八八年に宇多天皇が先帝光孝天皇の遺志を継がれ、御室御所をいとなまれたのをはじめとする。以来、明治維新まで親王が相承し門跡寺院中首位を誇った。荘厳美を極めた大伽藍は応仁の乱で焼失したが、徳川家光の寄進で再興された。孔雀明王の像をはじめとして仏画、仏具の国宝が多い。庭園は江戸中期の作と伝えられる池泉廻遊式庭園である。境内の「おむろ里桜」は背たけの低いおそ咲の珍種で、古来京洛の名所として知られている。

＊野宮神社《ののみやじんじゃ》　右・嵯峨野々宮町

昔、伊勢神宮に赴く前に斎宮《いつきのみや》の籠った野宮のひとつ。野宮の中でも古いといわれ、当社だけが残っている。付近一帯は野宮竹の林が多く、散策に適し、竹は細工物、垣根などに多く用いられている。

＊花の寺《はなのてら》(勝持寺《しょうじじ》　天台宗)
右・大原野南春日町

伝教大師の創建と伝えられる。花の寺と呼びならわされているように、境内には桜が多くこの寺で出家剃髪した西行の手植と伝えられる西行桜がある。古来より、洛西における花の名所として有名である。

▶今宮神社の絵馬

＊平等院《びょうどういん》(天台)　宇治市宇治蓮華

藤原道長の山荘を、その子頼通《よりみち》が寺に改めた。定朝作の本尊阿弥陀如来像を安置するためにつくられたのが鳳凰堂である。前面に浄土式庭園を設け、鳳凰を形どった左右対称の美しい姿を水面にうつしている。堂内は建築、彫刻、絵画、工芸、書道の精華をあつめて飾りたてられ、藤原貴族の考えた極楽浄土を見事に再現している。

＊平野神社《ひらのじんじゃ》　北・平野宮本町

桓武天皇の母后の祖先、百済王を祀っている。平安遷都の際、当地に勧請され歴代皇室の崇敬を受けた。特異な平野造りの本殿は重要文化財に指定されており、春には桜が美しい。また海《かい》北友雪《ほうゆうせつ》筆の三六歌仙の額がある。

＊峰定寺《ぶじょうじ》(天台)　左・花背原地町

鞍馬の北二〇キロメートルの人里離れた寺谷川に臨み、いかにも修験の山にふさわしい。本堂は大悲山を背に懸崖《けがい》造で、四方に縁をめぐらし、縁下は舞台造になっている。大悲山は石楠花《しゃくなげ》の群生地としても名高い。

＊法界寺《ほうかいじ》(日野《ひの》の薬師《やくし》　真言)
伏・醍醐日野西道町

一〇五一年日野資業《すけなり》の山荘に薬師堂を建てたことに始まる。その後一門が仏寺として形を整え、阿弥陀堂と丈六阿弥陀像は、藤原時代の華麗な様を伝える。一月十四日この堂の前で行なわれる裸祭は、京の素朴な行事である。

＊法金剛院《ほうこんごういん》の阿弥陀像《あみだぞう》（律）　右・花園扇野町
平安初は近くの双《ならび》ケ丘にちなんで双丘寺とよばれた。本尊の丈六阿弥陀像は、平等院、法界寺、往生極楽院のものとならんで、定朝系の藤原仏の貴重な遺作である。他に十一面観音、地蔵、僧形文殊僧などがある。

◀厳島神社の鳥居

＊堀川《ほりかわ》　上、中、下
市の中央部を南北に流れる堀割。平安京造営の際流路が東にかえられた賀茂川の本流跡である。川畔には堀川院などの大邸宅が多い。近世には京染の業者が集まり、この水を使っていたが、今では水もなくなってしまった。

＊三室戸寺《みむろとじ》の阿弥陀像《あみだぞう》（天台→修験）　宇治市莵道《うじ》
光仁天皇の時、奇瑞があって開山する。西国三十三ケ所の札所。三室戸山に堂塔が並んだこともあったが、信長の焼うちで金蔵院のみ残る。阿弥陀堂の定印阿弥陀は、跪坐《きざ》の脇侍をそなえる藤原仏。

＊宗像神社《むなかたじんじゃ》　上・京都御苑内
平安初期に藤原冬嗣が自分の邸地に、筑紫より宗像三神を勧請した。清和天皇誕生の地として、歴代皇室に尊崇された。京都御苑内には当社のほか厳島神社、白雲神社がある。

＊八坂庚申堂《やさかこうしんどう》（金剛寺《こんごうじ》　天台）　東・金園町
大阪四天王寺、浅草庚申と並んで日本三庚申の一つ。初庚申には祈禱を受けたコンニャクを病人の頭の上につり下げておくと病気が治るといわれ、庶民の参詣が多い。本堂には青面金剛、不動明王等と共に三猿の像がある。

＊八瀬《やせ》　左・八瀬町
高野川に沿う山間の地域。ここの里人は八瀬童子と呼ばれ、天皇の行幸、還幸などの時、駕輿丁を勤めるなど、古来より皇室に縁が深い。この地は比叡山への登り口のひとつで、四明岳へケーブルが通じている。

＊八瀬天満宮社《やせてんまんぐうしゃ》　左・八瀬町
本来は八瀬の産土《うぶすな》神であったが、菅原道真が叡山への途中、しばしば立寄ったことから、天満宮となった。無形文化財の赦免地踊は、八瀬村民のために尽した老中秋元喬知をたたえて始められた踊りである。

＊吉田神社《よしだじんじゃ》　左・吉田神岡町
八九五年藤原氏の氏神奈良の春日社を勧請したもの。社殿は十七世紀中葉の再建。一四八四年社家吉田兼倶は吉田斎場所を造営し、伊勢をはじめとする全国の神々を祀って全国の惣社であると唱え、吉田唯一神道をおこした。現存の八角円形の斎場所太元宮は一六〇一年の建造。当社の節分は、クチナシ色神符授与で名高い。

＊六波羅蜜寺《ろくはらみつじ》（天台→真言）　東・轆轤《ろくろ》町
空也上人が創建した西光寺が前身といわれる。平安以来、物語や諸記録によく記され、西国巡礼の札所となっている。本尊は藤原の十一面観音で、厨子に安置された地蔵は、彩色に截金《きりがね》文様をほどこした藤原の華麗な作。

＊若宮八幡宮《わかみやはちまんぐう》　東・五条通東大路西入ル
後冷泉帝御代に創建され、源氏の氏神として尊崇された。本願寺建造の際現在地に移転した。合祀される椎根津彦命は陶祖として陶工に崇拝され、八月七日より四日間陶器祭が行なわれ、清水を始めとする陶器商が市を立てる。

「ガンデンデン」と呼ばれ、京の人びとに親しまれている壬生狂言。その「土蜘蛛」

禅師のこたうるに 柳は緑 花は紅

鎌倉・室町時代の京都

庭の京

京都が、同じ古都の奈良と比べて、大そう異なる点は、秀れた庭が多いことである。訪れる寺々、ことに禅寺には必ずといってもよいほど庭がある。奈良のおもな寺々では、仏のいる伽藍を心ゆくまでながめ、そうして仏像と対面することになる。それは、古代につくられた寺院に庭の要素がなかったからである。日本の秀れた庭は、殆んど京都にあって、しかも、京都文化の特色の一つでもある。日本の庭園の歴史は、平安以前をはるかにさかのぼるが、鎌倉末期から室町期にかけて、庭園史上、一つのエポックとなる枯山水庭園が現われてきた。そこで、日本の庭園の生い立ちと、枯山水庭をみることによって、京都の当時の模様を想像してみることにする。

庭を創る心

自然の様々の現象が、科学的に解明されていない時には、自然は納得できない不思議な力が満ち満ちていた。生活のすべてを、自然が生み出すものに直接的に頼っている頃には、人間は、生産する自然として、自然をとらえていたであろう。つまり、自分たちより偉大なものへ、底の知れない力をもったものへの謙虚な願いをもって、自然を相手としたであろう。

庭園の初期には、庭は、自己の心をよろこばせたり、楽しませたりするものとしてではなく、真剣な自然への願いの場として、自然の一部を、手許に引きよせたものと思われる。だから、庭をそんなふうな祈りの場として造った。ただ、丸ごとの自然によって慰められることを欲するのなら、造る必要はなかったが、自然に対する願いを表現するものとしては、自然をある程度、造る必要

塔頭の多い禅寺が京の特色。妙心寺は臨済の名刹

枯山水は禅のエスプリの表現でもある。竜安寺

平安末より六道思想がはやる。千本釈迦堂の六観音のひとつ

があった。それは万物を育くむために不可欠な水と、陸地と、祈願をこめた社をつくるという池泉庭園であった。そのころの人々の意志が、単純なゆえに力強い造形へとかりたてていった。

そうした園池のいくつかは、今でもいくつか残されている。例えば、滋賀県の阿自岐《あじき》神社庭園などがそれである。庭園の生い立ちのもともとが、生命の生長のために必要な豊饒への願いという切羽つまった真剣さでつくられたことは、今の私たちが庭に求める気持とは大分ちがっていたのではなかろうか。今日、私たちは不可思議な自然に向って祈りを捧げなくとも、当面の食物におびやかされることは少ない。が、古代の人々が、おびやかされていたように、私たちも何かにおびやかされてはいないであろうか。彼等と全く同じ意味でではなくとも、古代のものから、現代に至るまで、優れた芸術作品とよべるものが、一つの筋で貫かれ、永遠の新しさをもつというのは、それが、生命と深い関わり合いをもつからであろう。生命の多様な現われは、時代の生活状況に応じて変化する。その変化に応じて、生命体が渇望するものが異ってゆく。庭園もまた、こうした生命体としての人間の要求が表現されているのである。

武士の求めるもの

今日、多くの庭は芸術作品として鑑賞される。人々は、過去の人々のつくった庭をみて、自然から受ける感動とは別の感動を受けとめる。すべての芸術の分野において、その成り立ちの初期のころほど、自然に近いものであったように、庭園も、池に水をたたえ、島々がつくられ、樹々が植えられて、殆んど自然的園池であった。だが、ある頃から、自然と一線を画し、はっきりと人間

権謀の世を勝ちぬいた尊氏の像。等持院

が造り出したものへとかわっていった。それが鎌倉期から室町期にかけてであった。初めに祈りから出発した庭園も、平安貴族たちの生活に合わせて、優雅な遊びの意味をもったものに変わり、そして、鎌倉から室町にかけて、再び、何か真剣な生命の要求として、力強く変えられていったのである。

鎌倉時代から室町時代には、武士が支配し、戦いの殆んど絶えることのない世の中であった。民衆の心は、戦乱の不安におびえて、安穏に生活をおくることはなかったであろう。もちろん、支配する武士階級にとっても、目前に迫っている生命の滅びの不安をどうかして、解決せねばならなかったであろう。そうして、禅宗が栄えた。京都の各地に禅宗寺院が沢山現われた。枯山水庭はその禅宗寺院に現われたのである。もともと禅宗には、庭と名づけられるものはなく、自然——おのれの脚下にあるもの——は、すべて庭という考え方であった。修行に重きをおく禅宗では、寺院は修行の場であり、庭も修行の所であった。

非情と石

枯山水庭は、直接的には、禅宗の渡来とともに、禅文化として入って来たものである。禅宗の山水画の趣をもつものが多い。だが、考えられることは、この本来の日本式庭園とはひどく異質な枯山水庭を、文化としてもつ禅宗を受け入れた心である。支配者としての武士階級と結びついた禅宗は、彼等の生命の要求に応えるのに都合のよい宗教であったようである。禅宗のもった力を、枯山水庭を見ることによって、推量することはできないだろうか。

石、砂、苔、木のみで、水は全くなく、時には、砂と石だけの庭が枯山水庭である。名高い竜安寺の庭のように、こういう庭をみて水気のなさを感ずるだろうか。おそらく、そういう気持はおこらず、数少ない石の位置の峻厳とした様に、森閑とした冷たい水々しさを感じるのではなかろうか。草木と池水と石でつくられた庭園は、私たちの想像力を、ただそのみたものの延長線上に導いてゆくにすぎない。だが、実際には、水をたたえないで、石と砂で水を表現する時、想像力は一度逆転して、無限に拡がってゆくことができる。自然にさらされた空間の中で造形するものとしての庭が、自然のうちの重要な要素である水を排して、なお水をとり入れた以上の効果を出す。

この形式をとったことには、いろいろな理由があろう。平安の貴族たちのころまでのように、広い庭をもつことができなかったこととか、修行の場としての白露地《はくろじ》が庭となったためとか。だが、この形式は、戦乱の武士たちの求めるものでもあったように思われる。枯山水の庭こそは、厳しい世を生き抜くための究極にある心の姿でもあったであろう。庭にじっと、確固たる居を構えて座っている石をみていると、あちらこちらに不安定に動き易い私たちの感情のもろさを、この世を突き抜けた果てのところからみつめられているように思われてくる。人情を抜けて、戦わねばならぬ武士の心は、こうした非人情の、芯まで透明な世界へ到達する必要があったのではなかろうか。その石の周囲には、無限に拡がる水がたたえられ、石の硬質性と水の軟質性が、互いに相手の性質を引き立たせながら、調和の音を奏でる。こうした音は、実際に耳で聞くのではなく、心の中で。石だけで表現される庭は、逆説的表現の故にこそ、無限に想像力の中で大きくなるのかもしれない。

枯山水庭という、本来の庭と異質な庭が、室町期にあ

羅城門には鬼神がいたという。「羅生門」とも呼ばれた。

2月の節分に青鬼が斧で祓いをする。盧山寺

らわれたということは、その当時の京都の町が、戦乱のうちにあったということと無関係ではなかったようだ。今でも、寺院のこわれかけた壁々に、不安のもつ力の跡とでもいえる、深く喰い込んで離れないような色をみることがある。不思議に、忘れ難く胸に焼きつく色である。そんな感情のいろいろな色が混り合って、京都は情感の深い町となっているのだろうか。

「苦を抜いてくれる」として参詣の多い釘抜地蔵尊

京都の歴史地図III 鎌倉・室町時代

一一九二	建久	三	源頼朝、征夷大将軍となる〈鎌倉幕府成立〉
一二二一	承久	三	承久の乱、六波羅探題を置く
一二二四	元久	一	大和奈良坂の非人、京都清水坂の非人と争う
一二三一	寛喜	三	京都の飢民等、富家を襲い銭穀を強要する
一二三六	嘉禎	二	在京の武士等、宍市と称して六角西洞院に集まり肉を食い、禁圧される
一二三八	暦仁	一	幕府、京都の街に篝屋を置き群盗を防がせる
一二七一	文永	八	宇治猿楽座成立する
一二七四	〃	一一	蒙古襲来す(文永の役)、一二八一年(弘安三年)に再度襲来(弘安の役)
一三三三	元弘	三	鎌倉幕府滅亡
一三三四	建武	一	建武中興、二条河原に落書
一三三八	延元	三	足利尊氏、征夷大将軍となる〈室町幕府成立〉
一三六七	〃	二二	医師道仙、療病院を建てる費用として元に貿易船を出すことを請う
一三九二	元中	九	南北朝合一
一四〇四	応永	一一	勘合貿易始まる
一四一八	〃	二五	大津の馬借等、祇園神輿を奉じて入京し強訴する
一四二四	〃	三一	醍醐寺の衆徒、石山寺衆徒と境界を論じて石山寺を襲う
一四二八	正長	一	猿楽および歌舞を禁裏で行うことを禁ずる 京畿諸国の土民等、幕府に徳政を要求する〈正長の土一揆〉
一四三六	永享	八	桂河原に女猿楽の勧進があり、幕府は僧徒がこれを観ることを禁ずる
一四六〇	寛正	一	山城西岡上郷の領主、諸本所の雑掌等、下郷の民が溝渠を掘って灌漑の利を奪うことの停止を請う
一四六七	応仁	一	応仁の乱始まる(〜七七)
一四八五	文明	一七	山城国一揆(〜九二)
一五〇四	永正	一	京都の機業起る
一五〇五	〃	二	京都に盆踊流行し、幕府これを禁ずる
一五〇九	〃	六	京都の酒商人等、近江坂本酒・奈良酒の洛中売買を禁ずる
一五一五	〃	一二	勧進聖および商売人が禁中に出入することを禁ずる
一五三六	天文	五	延暦寺僧徒、京の法華宗寺院を焼く
一五五一	〃	二〇	ザビエル入京する
一五七一	元亀	二	信長、延暦寺山門を焼打ちする
一五七三	天正	一	信長、足利義昭を追う〈室町幕府滅亡〉

ノート

♥中世、武家による支配は六波羅探題、室町幕府であるが、その武家と関係の深い禅寺がそれらに隣接している。洛外の禅院は、町の京とどこか疎遠である。

♥町の宗教は室町期になると時宗に代って法華宗となり、やがて畿内に入った一向一揆の勢力(山科本願寺が根拠)と対立する。法華一揆は町衆の力を結集して本願寺を焼く。しかし、数年後、山門の迫害にあって法華宗の勢力は壊滅する。こうした戦いの中から、上京、下京の自治体制が強まり、後の京の町の性格を決める。

♥賀茂川に沿った河原の地は、非人の居住地であったが、同時にそこは民衆芸能の温床として庶民に娯楽を提供した。

法華一揆
土一揆
一向一揆
一向一揆
南都佛教勢力
嵯峨
嵐山
北白川
大津
山科
醍醐
伏見
長岡
宇治
巨椋池
桂川
鴨川
木津川
宇治川
淀河
大沢池
広沢池
▲嵐山
▲大文字山
▲逢阪山
▲醍醐山
▲天王山
▲釈迦岳
納所

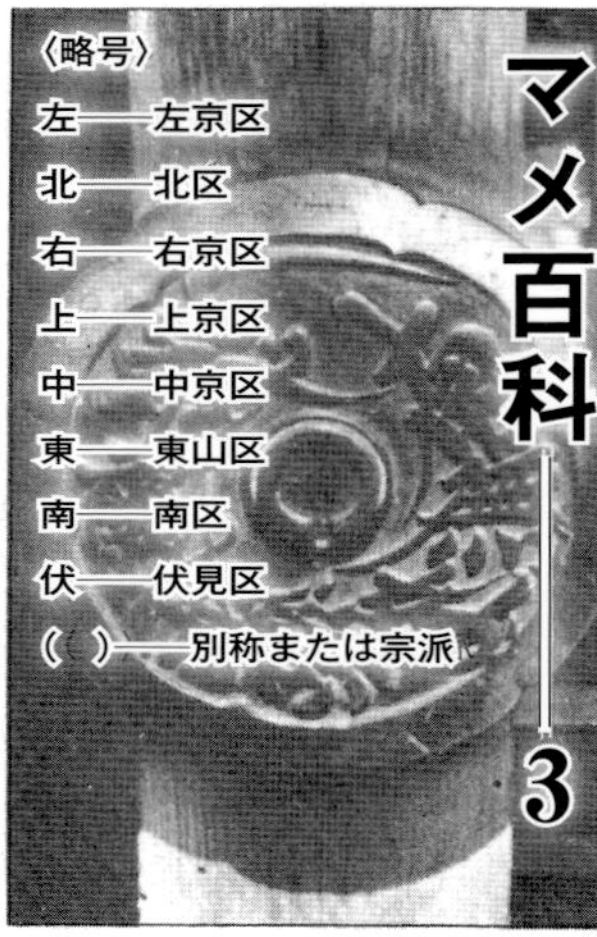

*雨宝院《うほういん》(西陣聖天《にしじんしょうてん》　真言)　上・聖天町

もと千本五辻にあった大聖歓喜寺内の一宇といわれ、応仁の乱で焼失後、当地に再興される。境内に大師堂、不動堂、稲荷堂、庚申堂などが雑居している。本尊の歓喜天の他に藤原初期の千手観音が安置されている。

*大原《おおはら》　左・大原

高野川の上流の盆地。昔から失意の都人が安住の地として隠棲した所で、今でも隠れ里の感じが強い。京の街に薪柴を売り歩く大原女《おはらめ》の服装は建礼門院に仕えていた阿波内侍が柴刈りに行く時の装束を里人がまねたもの。

*河原町《かわらまち》　上、中、下

東の京極の外を流れる賀茂川の河原は、処刑場であった。三条河原では秀次の妻妾たちが殺されている。南北朝以来、四条河原には多くの芝居小屋が立ち並び市民の娯楽の場となった。それが今日のにぎわいの基である。

*祇王寺《ぎおうじ》(真言)　右・嵯峨鳥居本小坂町

平家物語遺跡の一つ。清盛に愛された白拍子祇王ら四人が住んだ庵と伝えられるが、本来は関係なかったらしい。なお、寺を一〇メートル程登ると高山樗牛の小説で名高い滝口寺があり、洛中の家並みが見渡せる。

*祇園祭《ぎおんまつり》

八坂神社の祭礼で、まさに京都の町のすべての人々の祭である。八六九年悪疫を追い払う目的で始められたと伝えている。この祇園御霊会は中世以降華麗な都会的祭礼となり、全国の祭礼へ多くの影響を与えた。かつては旧六月の祭であったが、現在では、七月十六日の宵山、十七日の山鉾巡行と神幸祭を中心に約一ヶ月続けられている。

*京都御所《きょうとごしょ》　上・京都御所御苑

この地が御所になったのは南北朝時代から。もと摂関や公卿の家のたち並んでいたところは、外苑となっている。室町時代、しばしば大火にみまわれ荒廃したが、桃山・江戸初期に新造された。今の建物は江戸末に再建されたもの。

*銀閣寺《ぎんかくじ》(慈照寺《じしょうじ》　臨済)　左・銀閣寺町

足利義政の東山山荘を移築し、夢窓国師が開山す。義政はここで茶・香・花を楽しみ、東山文化の気運をつくる。銀閣、東求堂は簡明な書院造を示し、庭園は相阿弥の作と伝えられ、建物とよくマッチしている。

*釘抜地蔵《くぎぬきじぞう》(石像寺《しゃくぞうじ》　浄土)　上・花車町

創建は不明。もとは街の地蔵堂にすぎなかった。室町末、道林という人の苦しみを除いてあげた伝承より、苦抜きが釘抜きになまり、それが釘と釘抜を小絵馬にして奉納するならわしをつくった。鎌倉期の三尊石仏あり。

*車折神社《くるまざきじんじゃ》　右・嵯峨朝日町

平安末の明経博士清原頼業の墳墓の地と伝えられる。当社の石を持帰り、祈願成就の際は倍にして返すという習慣から、境内に名前を書いた小石が積まれている。また、前宮司富岡鉄斎使用の筆を納めた筆塚がある。

◀数寄屋の材になる竹

*建仁寺《けんにんじ》(臨済)　東・小松町

臨済宗建仁寺の大本山。鎌倉初に栄西が開いたわが国最初の禅寺でもある。鎌倉武士の信仰をうけ、室町には五山の第三位となる。両足院と禅居庵には、長谷川等伯や海北友松などの障屏画がある。そばは祇園の花街。

*興聖寺《こうしょうじ》(曹洞)　宇治市宇治山田

道元禅師を開山とする。一時荒廃したが、一六四九年淀城主永井尚政が再建する。本堂は伏見城の遺構を移したといわれ、境内に静寂の気がただよう。関西の曹洞宗の中心地。近くに宇治十二景のひとつ、琴坂がある。

＊西行庵《さいぎょうあん》　東・鷲尾町双林寺内

寺の南にある草堂で、西行と弟子頓阿《とんな》の像が安置され、庭には西行が愛したという桜がある。「願はくば花の下にて春死なむ…」と詠んだ西行をしのぶ花供養が毎年四月十五日に行なわれる。

＊西芳寺《さいほうじ》(苔寺《こけでら》　臨済)　右・松尾神ケ谷町

庭一面をおおう百余種の苔が美しい。室町初期、夢窓国師によって復興された禅寺である。庭は上下二段に分れ、下段は廻遊式池庭で、温和な静寂さを保ち、苔のやわらかさと調和する。上段は枯山水式石組のものである。

＊三十三間堂《さんじゅうさんげんどう》(蓮華王院《れんげおういん》　天台)　東・妙法院前側町

平安末、後白河法皇が創建す。当初は千体の聖観音を安置したが、鎌倉期の火災で千体の千手観音に改める。この時運慶《うんけい》、湛慶《たんけい》をはじめとした慶派仏師が活躍し新風を送る。他に風神、雷神、二十八部衆像がある。

＊浄住寺《じょうじゅじ》(天台→黄檗)　右・山田開キ町

一二六一年、葉室中納言定嗣が山荘を一族の菩提寺とする。中世の兵火で衰退したが、一六八九年鉄牛禅師に帰依した葉室大納言頼孝によって再興され改宗する。仏殿には本尊如意輪観音坐像が安置されている。

▲祈願塚

＊千本釈迦堂《せんぼんしゃかどう》(大報恩寺《だいほうおんじ》　真言)　上・溝前町

本堂は鎌倉初期に造られ、旧市内で最古。嵯峨の釈迦堂とならび、当時の釈迦信仰の盛んであったころ開山。十大弟子像、六観音像とすぐれた仏像が霊宝殿に安置されている。毎月一、八、十五、二十日に朝市がある。

＊泉涌寺《せんにゅうじ》(真言)　東・山内町

鎌倉初に宋から帰朝した俊芿《しゅんじょう》が法輪寺を再興したことにはじまる。湛海の代になって宋風に伽藍を整備し、禅寺を思わせる。塔頭の戒光院には、丈六の釈迦如来立像がある。二月十五日には、日本一大きな涅槃図《ねはんず》が公開される。

＊大徳寺《だいとくじ》(臨済)　北・紫野大徳寺町

鎌倉末期、大燈国師が創建し、後醍醐天皇により五山の第一となったが、応仁の乱で焼失した。後に一休禅師が復興し臨済宗大徳寺派の本山となる。再興にあたって堺の富商の協力をえ、その影響で大徳寺の茶会はいまも洛中第一といわれる。現在の伽藍は、禅宗寺院の形態をよくととのえており、多くの建物が文化財に指定されている。また山内には二三の塔頭があり、秀吉が信長の葬儀をこの寺で行ない総見院を建てたのをはじめ、三好氏は聚光院、細川氏は高桐院、小早川氏は黄梅院、黒田氏は竜光院というように当時の名将が競って建立した。これらに大仙院を加えた寺院は、それぞれ名園をもっている。

＊智恩院《ちおんいん》（浄土）　東・林下町
浄土宗の総本山。平安末の混乱期に庶民に念仏の功徳を説いた法然《ほうねん》の遺骸を安置した地に弟子の源智が開山する。今日の智恩院の姿は、江戸幕府が朝廷の動静を監視するため大々的に新増したものである。桃山時代の建築様式をもつ御影堂から集会堂、大方丈につながるウグイス張りの廊下や雄大な石組、土塀は、砦をもかねている。所蔵の二五菩薩来迎図、法然上人絵伝四八巻は、ともにすぐれた作で、後者は絵巻物として現存最大のもの。

◀仏具屋

＊長講堂《ちょうこうどう》（浄土）　下・本塩竈町
後白河法皇が六条殿内に造った持仏堂を起源とする。法皇が多大な所領を寺に寄進したところから、世に有名な長講堂領として持明院統（北朝）の財源となった。江戸初期に制作された後白河法皇像が安置してある。

＊天竜寺《てんりゅうじ》（臨済）　右・嵯峨天竜寺芒ノ馬場町
室町初期、足利尊氏が夢窓国師を開山として創建する。書院前の庭だけは往時のままを伝えている。曹源池に様々な石組を配するほど、その変化に富んだ美しさは、借景の嵐山と微妙に和して雄大である。

＊等持院《とうじいん》（臨済）　北・等持院北町
夢窓国師によって開かれた足利家の菩提寺。足利将軍十五代の木像が安置されている。庭園は夢窓国師の作と伝えられ、それを見下す茶室青蓮亭は、この庭を愛した将軍義政が造ったものである。

＊東福寺《とうふくじ》（臨済）　東・本町十五町目
鎌倉中期、九条道家が創建した。東大・興福の両寺の一字ずつをとって号とする京都五山の一つ。室町時代に足利義持が再建し、壮大な禅宗伽藍を誇っていたが、一八八一年火災にあい、三門、選仏場、東司、浴室を残した。三門は三門として現存最古の遺構であり、唐様に主として和様、天竺様を加味した雄健なものである。仏殿は昭和に再建された堂々たるもの。現在二五院の塔頭《たっちゅう》を有している。竜吟庵には表門、方丈、庫裡の一連の室町初期の建物がある。簡素な方丈は、方丈として現存最古のものである。本坊や芬陀院《ふんだいん》などの塔頭に名園がある。

◀高山寺の仏足石

＊南禅寺《なんぜんじ》（臨済）　左・南禅寺福地町
鎌倉後期、亀山上皇から離宮の南禅院（今は塔頭）を譲りうけた大明国師が基を開き、以来五山の上位におかれて隆盛をきわめたものである。現在、山内に金地院、天授院など多くの塔頭があり、臨済宗南禅寺派の本山となっている。寺は創建以来しばしば兵火などにあい、その建築物はほとんど再建のものであるが、桃山期の方丈、勅使門、江戸初期の三門は秀れた建築であ

る。方丈の各室の襖絵は狩野元信、永徳、探幽の筆による。また、方丈前の庭や金地院の庭は、俗に虎ノ子渡の庭、鶴亀の庭と呼ばれ、共に江戸初期の茶人として名高い小堀遠州《こぼりえんしゅう》の作庭した枯山水の名園である。南禅院の庭は、鎌倉期の池庭で、奥深い静けさがある。

＊宝鏡寺《ほうきょうじ》（人形寺《にんぎょうでら》　臨済）　上・百々《どど》町

尼寺五山の第一位と称された景愛寺の子院。歴代の皇女が住持し、皇女が門跡を継がれるごとに、宮中から様々な人形が下賜され、数多く保存されている。そのため人形寺の名で親しまれている。春秋に人形展が開かれる。

＊本圀寺《ほんごくじ》（日蓮）　下・柿本町

四世の日静が日蓮開基の鎌倉法華堂を移して開き、足利氏の保護で栄える。加藤清正にちなむ清正門、水戸光圀の勅額などある。経蔵は一六〇七年の再建で重文。日蓮宗の大本山である。現在清正廟を残して山科に移転中。

＊本能寺《ほんのうじ》（本門法華）　中・本能寺前町

一四一五年五条坊門に創建され本応寺といった。のち四条坊門大宮通へ移り本能寺と改め、更に六角油小路へ転じた。一五八二年の本能寺の変で明智光秀によって焼かれたのち現在地へ移る。本堂は一九二八年の再建。

＊丸太町《まるたちょう》　上・丸太町

御所の南側を東西に走る通りを丸太通りとよぶ。中世には、丹波や北山などからの材木を堀川を使って市中まで運んだ。これを扱う材木商人の座衆がこの付近に集まっていた。現在丸太町には材木商は少ない。

＊万寿寺《まんじゅじ》（臨済）　東・本町

もと烏丸五条のところにあって、白河天皇の里内裏であった。鎌倉時代に万寿寺と改め、禅宗五山の一として偉容を誇った。天正年間東福寺に合併され塔頭となる。本尊の丈六阿弥陀像は、藤原の作で京都国立博物館出陳。

＊妙覚寺《みょうかくじ》（日蓮）　上・下清蔵口町

日蓮三具足山のひとつで、日像上人の創建。現在の建物は天明大火後のもの。信長の子信忠が明智光秀に襲われて自害した所であり、宗教史上有名な不受不施派《ふじゅふせは》の中心となった寺。

＊妙心寺《みょうしんじ》（臨済）　右・花園妙心寺町

室町初期、花園上皇が離宮を寺に改めたのが創建。一時幕府の保護をえられず荒廃したが、細川勝元ら戦国武将の帰依をえて寺運は興隆し、現在も臨済宗妙心寺派の大本山としてその威容を誇っている。広大な寺域には七堂伽藍が完備し、四〇余の塔頭《たっちゅう》が並んでいて壮観であり、桃山、江戸期に建てられたすぐれた建築物が多くあり、また寺内には多数の文化財を所蔵する。塔頭の退蔵院、桂春院などには、格調の高い枯山水庭がある。

◀五輪塔

＊めやみ地蔵《じぞう》（仲源寺《ちゅうげんじ》　浄土）　東・祇園町

本尊の地蔵尊の玉眼が眼病のように曇っているところから、眼病にきくとされた。元来はあめやみ地蔵とよばれていた。一二二八年防鴨河使勢多為兼が地蔵尊のおつげで鴨川の洪水を防ぐことができ、返礼に安置したという。

＊竜安寺《りょうあんじ》（臨済）　右・竜安寺御陵下町

平安以来、徳大寺家の別業の地であったところに、一四五〇年細川勝元が造寺する。方丈庭園は平庭《ひらにわ》に白砂を敷き一五個の石を配した石庭である。これは禅宗寺院庭園の先駆的存在である。

＊涌泉寺《ゆうせんじ》（日蓮）　左・松ヶ崎堀町

十六世紀末創建され、法華一門の学林であった本涌寺が一九一八年に妙泉寺と合併して涌泉寺となった。本堂は十七世紀中葉の再建。八月境内で行なわれる題目踊は、全村日蓮宗であった松ヶ崎村の盆踊である。

京の女性は子どものころから茶道を習う。

ワビびとよ 氷ばかり 艶なるはなし

桃山・江戸初期の京都

町衆の力

　桃山文化という語感は、桃畠のにぎわいを想像させる。秀吉の伏見城は、死後とりこわされ、いつの間にか桃畠となったという。秀吉の権力が築いた文化は、あの桃の花のようにかげりなく思いきりにぎやかに咲き誇った、けんらん豪華という言葉で表現されている。

　平安期、律令制が崩壊し、新興の武士による支配体制がかためられてゆく過程で、京都は、町人の活動が活発になってゆく。応仁の乱によって焦土と化した京都の街をまたたくまに復興した町人の力は、また町の祭りと意識していた祇園会《ぎおんえ》をも再興する力でもあった。京都は、政治の都としてではなく、新たに、町人の商業の都、あるいは町人文化都市として繁栄していたのである。

各地からくる本願寺参りの人。東本願寺

　こうした京都に、戦国の世を統一した織田信長、ついで豊臣秀吉というそれまで京都を支配した中世の武将たちとは、かなり性格の異なった人物をむかえた。院政をはじめた白河法皇以来、中世の京都にとって不如意であった山法師を尽滅させた信長は、同時に上京の焼打ちもしたのである。この強圧的に京都を支配しようとした信長のあとをついだ秀吉は、一方では中世以来の町衆の経済力に注目し、豪商と提携して政権の支柱にくみいれた。また、他方では、京都を封建都市として改造していった。その第一は、中世以来、町の宗教となっていた法華宗の寺々を主なる対象として、市内に散在する寺院を寺町と寺ノ内に集めたことである。そして街々の区画整理を行ない、平安京の町組みの中に一本縦の通りをつけ、今みるような短冊型の町割りにし、また、御土居《おどい》をつくって洛中と洛外を区分していった。しかし、こうした京都に対する城下町化の政策も、結局は南の伏見に城を築くことで妥協せざるをえなかった。そのことは、秀吉をしても京都のもつ長い伝統を崩しえなかったことを示しているのである。

秀吉と利休

　京の伝統の一つに茶道がある。秀吉の時代、茶道は、武家や上層の町衆のみか民衆の間でも相当にひろまって

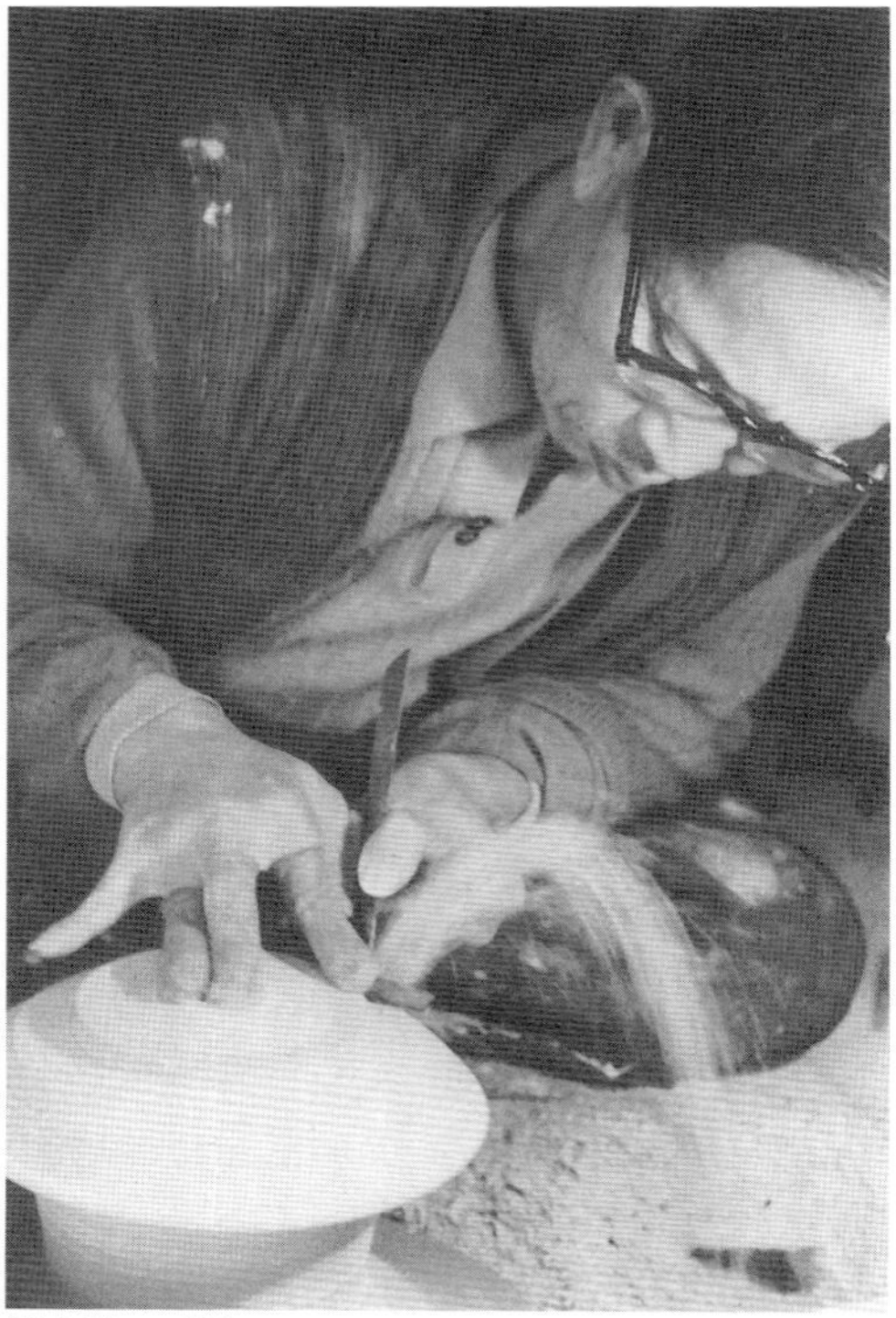
清水焼の工房

いた。そしてこの茶道は千利休によって大成されるが、この天下の茶人利休と秀吉の結びつきによって、桃山文化の〝豪華絢爛〟と〝わび〟がともに極まった姿であらわれてくる。

　秀吉と利休の関係は、秀吉が天下の茶人利休を側近において、茶の師としたことから、二人は、君と臣、師と弟子という二重の関係となった。この関係が、一層、茶人利休の芸術を強めさせ、利休の運命をも導いてゆく。利休のいう〝わび〟の趣きは、今日、日本の美意識の一つの規準ともなっている。普通いう〝わび〟の感じ、それは、自然のたゆみない試錬によってかもし出された草屋根の朽ちゆくような色であり、焼き物の色である。一見、全く非人工的なものにみられる風情をさしているように思われる。

　だが、利休は、〝わび〟を己が芸術観として育み、強く意識していった。利休のつくる茶室は、四帖半から二帖半へ、ついには二帖という狭さで、頭を低くして躙口《にじりぐち》をくぐらせ、ほの暗い部屋へと誘う。明りとりの演ずる巧みな光と影、床の間に一輪の花、そして茶器の一服の薄緑の茶、なにもかも小量で、何一つ飾り立てない。そんな草庵に、飛石を伝って清められた露地の中をまねかれてゆく。そこへ入ってゆく豪奢と権力を誇る秀吉を想像してみよう。

一輪の花に

　秀吉は、現在西本願寺にある大書院や、三宝院の庭にみるような、けんらんたる豪華さを好んだ。御用画家となった狩野派の障屏画にもみるような趣味である。その秀吉の茶の師、利休は、こうした秀吉の趣味をはっきり意識していたのである。名高い朝顔の話がある。

利翁庭に朝顔盛りの節、秀吉公御望にてなられ候事有。かこいの床にただ一輪、朝顔の葉まじへ生置《いけおく》。庭前の朝顔、前夜に翌朝咲迄に、莟を一輪も残らずつみ取、庭前にはすべて朝顔なかりけるよし。秀吉公は感賞斜めならざりしとかや。

　当時、渡来早々で珍しい花であった朝顔を利休は早速、庭に植えていた。それを聞いて見に来た秀吉の前には、朝顔は一つもなく、不審に思いつつ茶屋に入れば、たった一輪、床の間に挿してあった。この話は、利休の茶の厳しさと鋭さ、利休の芸術観をよく表現しているかも知れない。

沢山の朝顔の美を、一つに集中させ、圧縮させることによって、より一層、美の極致化を志す。秀吉の好む美であるけんらんたる豪華さは、量で迫る美の散漫さ、粗雑さの方向でまた極まっている。ここに利休は明確に秀吉へ批判をくわえているのである。

しかし、わびは華美の対極ではあるが、華美を否定しているのでない。美を華々しく拡げ、極大の量で表わすよりも、極小の拡がりと量こそは、かえって美の力を強めることになるのだといっているのである。茶器の色と茶の緑との対比、灰色、茶色、黒色を主体としたほのぐらい茶室と一輪の生きた花の対比のなかにも、美の力はかえって強められている。

美の極は、現実生活の果てにある。権力を掌中にして以来の秀吉の好む美は、彼の現世そのものをよく表現しており、美の極致ではないかもしれない。彼は美をも、己に集中する富と権勢にまかせて、それを顕示し、政治にも利用する。秀吉は己の富をそのまま美にあらわそうとしている。一方、利休のいう〝わび〟も決して金のかからないものではない。中途半端なわびではなく、わびつくすところには、かえって金がかかるかも知れない。草庵にしても、藁屋にしても金がかかるであろう。利休は、秀吉ほどではないにしても、豊かな富をもっている。しかし、現実生活の豊かさは、直接、豊かさとして表現されず、高められ、生活からはばたいて、美として生きるのである。こうした利休の美への態度は、彼以前の茶人、村田珠光《じゅこう》や武野《たけの》紹鷗《じょうおう》らの富をもった茶人にもうかがえることであった。利休は、その伝統をふまえながら、より凝縮させ、抽象させて、わび茶の美を創りだしていったのである。

利休が黙して示す秀吉への批判のなかには、いや秀吉と利休のそうした関係のうちに、当時の京都の二つの顔がみられるのではないだろうか。秀吉は富と権勢をあらわに顕示し、利休は、それらを殺して美の世界を顕示する。京都の富と中世的な精神文化との二つの顔である。富は町衆の栄える町人町としての京都であり、一方は、過去からひき続いた文化都市としての京都であるかもしれない。

伏見の町並みを特色づけている酒倉

茶道のさかんな京都には、銘茶の老舗が多い。

祇園祭のとき八坂神社に奉納される鷺舞

町衆の富と芸術

京都の豪商の代表的人物としては、角倉了以《すみのくらりょうい》がいる。角倉家は室町の義満時代に医者として将軍につかえて以来の家である。了以は土倉と呼ばれる高利貸の経営をして、資本をため、豊臣時代には海外貿易にも進出し、さらに江戸時代には、土木事業にまで手をのばし、高瀬川を開鑿《かいさく》した。京の中心と伏見を結んで、京と伏見の経済性に役立つことになったのである。

こうした上層の町衆たちの経済力を基盤にして、本阿《ほんあ》弥光悦《みこうえつ》、俵屋宗達《たわらやそうたつ》は、鷹峰《たかがみね》に芸術村をつくった。今でいうスポンサーの役を町衆たちが、果したのである。その他、有名な尾形光琳《おがたこうりん》、尾形乾山《けんざん》なども町人のつくった富を基盤にして、花咲かせた芸術家たちであった。そして、彼らのつくり出す芸術が、京都の経済をささえる友禅などの模様に生かされてゆく。町衆から出た芸術家と町衆の生活とは同居できるのに、堺の町人から出発した利休と権力者秀吉とが対立しているのは、当時の京都の一つの性格を示しているのではないだろうか。

ともかく、現実における富は、こうした芸術や文化と深い関わりをもって、その文化を決定してゆく。富の豊かなことが、優れた芸術を生むともいえず、また、乏しさがよいともいえない。そこには現実社会の多様な要素が、互いに微妙に関わりあって時代の文化を生み出してゆくようでもある。

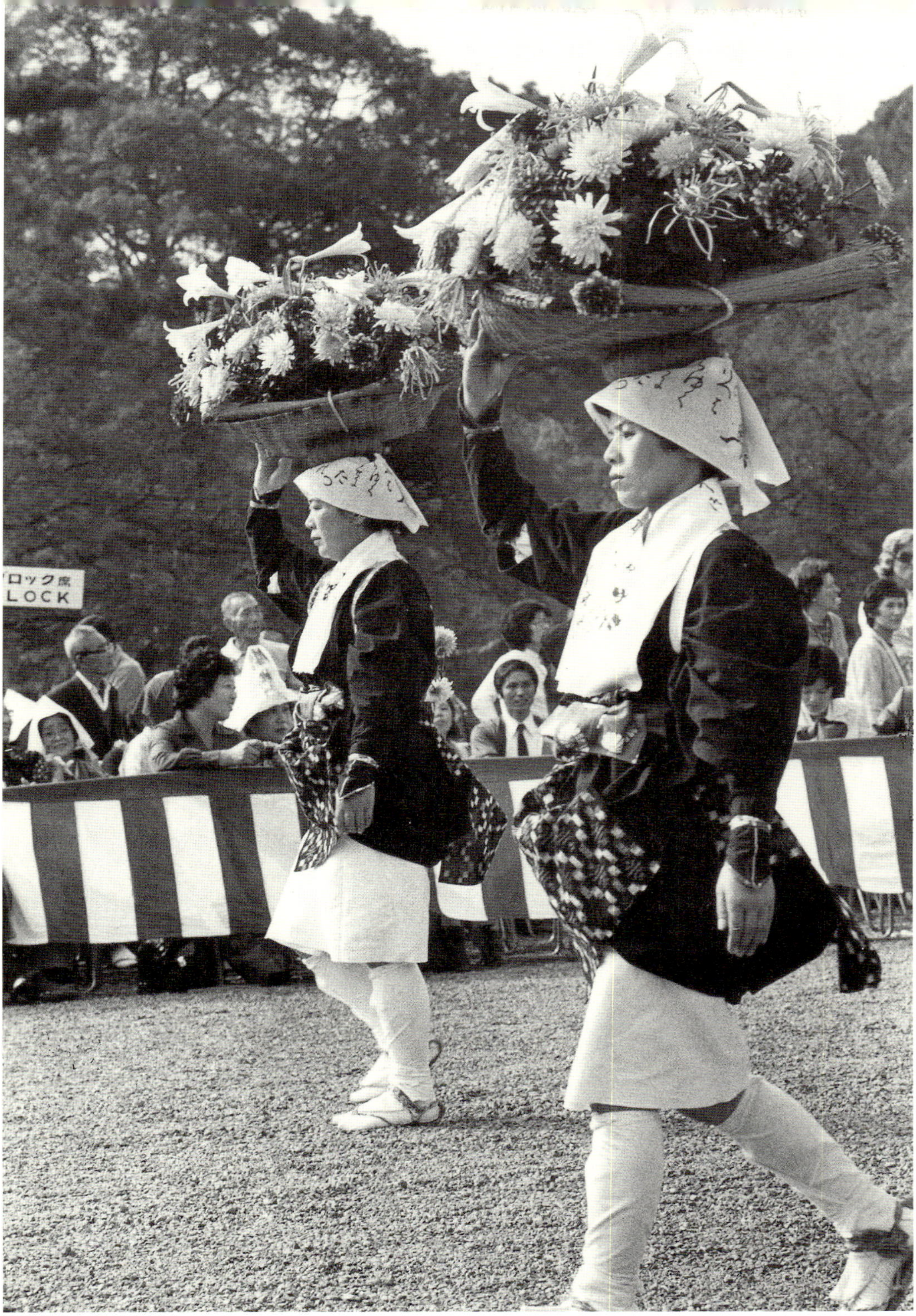

時代祭りに見る大原女

一五七六	天正	四	姥柳町の新聖堂でミサが行われる
八二	〃	一〇	本能寺の変
八五	〃	一三	秀吉、山城国に検地を行う
八七	〃	一五	北野で大茶会が開かれる
八八	〃	一六	秀吉、諸国刀狩令を出す。南蛮寺を閉じる
九一	〃	一九	秀吉、庶民がみだりに禁中に出入することを禁ずる
九二	文禄	一	秀吉、京都・堺・長崎の商人に異国渡海の朱印状を与える
一六〇〇	慶長	五	関ヶ原の役
〇一	〃	六	家康、京都所司代を置く
〇三	〃	八	徳川家康、征夷大将軍に(徳川幕府成立) 出雲お国、京都にて歌舞伎踊りを演ずる
〇五	〃	一〇	所司代、京都の辻斬を捕えようとして、堂上諸家抱えの相撲取を検索する
一一	〃	一六	角倉了以、高瀬川を開さくする
一五	元和	一	大阪夏の陣(豊臣氏滅亡) 本阿弥光悦、鷹ガ峰に芸術村を作る
一七	〃	三	京都六条柳町遊廓の総代、廓外の遊女を禁ずることを請う
一八	〃	四	邪蘇教宣教師および教徒を処刑する
二〇	〃	六	京都に放火が多いので駕輿丁に禁中の宿衛を命ず
二三	〃	九	所司代、在京の牢人を追放する
二九	寛永	六	幕府、庶人の佩刀、遊里の変化、典輔の授受、負傷者の逃亡、賃居の貸借等の禁令を京都に出す
三五	〃	一二	京都大風雨、賀茂川・木津川氾濫し三条橋の杜を倒し淀大橋を流す
四一	〃	一八	島原遊廓ひらく(前年、三筋町より移転)
五一	慶安	四	西陣でビロードを織りだす
六二	寛文	二	伊藤仁斎、堀川に古義堂を開く 京都大地震、二条城の各所など破損する
六六	〃	六	在郷における勧進能、相撲、操の見物を禁ずる
八一	天和	一	この頃の人口、約五七万七千余
八四	貞享	一	山城、大和などに水害防止のため草木の根を掘り取ることを禁ずる
九六	元禄	九	この頃、西陣大機業地となる

ノート

♥信長によって山門衆徒は一掃され、北白川などの地にも京の文化が延びてゆく。一方、天下一統に成功した秀吉は、京の封建都市化(御土居、町の区画整理、寺町・寺ノ内に市内の寺院の集中化)を試みるが、結局、南の伏見に城下町を築きにわかに京の南が開かれる。江戸初期、伏見の交通と商業を京の町に結びつけたのが高瀬川の開鑿《かいさく》であった。

♥桃山、寛永の時代は、中世のたびかさなる戦乱に滅び去った寺社の復興がなされる。今の京のめぼしい建築物は桃山の遺産である。

♥政治や経済の中心を江戸、大阪に奪われたのち、京都は、その伝統文化を生かし、西陣、清水焼などの産業に支えられる。

京都の歴史地図Ⅳ

桃山・江戸初期

北白川
大文字山
琵琶湖
大津
逢阪山
東海へ
山科
醍醐
醍醐山
宇治
宇治川
宇治橋
伏見
伏見港
巨椋池
淀城
納所
木津川
淀
大和
河内
摂
天王山
長岡
釈迦岳
桂川
鴨川
高瀬川
嵐山
嵯峨
広沢池
大沢池
北山杉
丹波（亀岡）へ
津川
上京
下京
聚楽第
二条城
神泉苑
三条大橋
東寺
桂離宮
西本願寺
東本願寺
本圀寺
長講堂
妙満寺
本能寺
六角堂
南座
八坂神社
双林寺
清水寺
三十三間堂
智積院
新熊野神社
泉涌寺
東福寺
今熊野観音寺
伏見稲荷
直違橋
藤森神社
墨染寺（桜寺）
伏見桃山城
御香宮神社
伏見別院
長建寺
大黒寺
岩屋寺
岩屋神社
随心院
三宝院
醍醐寺
善願寺
法界寺
願行寺
宇治陵
万福寺
興聖寺
宇治神社
平等院
吉田神社
法然院
若王子神社
永観堂
南禅寺
青蓮院
知恩院
安養寺
長楽寺
毘沙門堂
安祥寺
徳林庵
三井寺
相国寺
仁和寺
妙心寺
広隆寺
天竜寺
野宮神社
常寂光寺
二尊院
清凉寺
大覚寺
梅宮神社
松尾大社
西芳寺
浄住寺
大枝神社
西山別院
吉祥院天満宮
蔵王堂
浄禅寺
安楽寿院
北向不動
城南宮
恋塚寺
久我神社
法伝寺
一念寺
羽束師神社
宝菩提院
向神社
南真経寺
北真経寺
石塔寺
乙訓寺
光明寺
勝持寺（花の寺）
大原野神社
金蔵寺
大歳神社
三鈷寺
長岡天満宮
酒解神社
観音寺
宝積寺（宝寺）
妙喜庵
離宮八幡宮
神応寺
石清水八幡宮
この時期に建てられたり復興された建築（文化財）。
物産

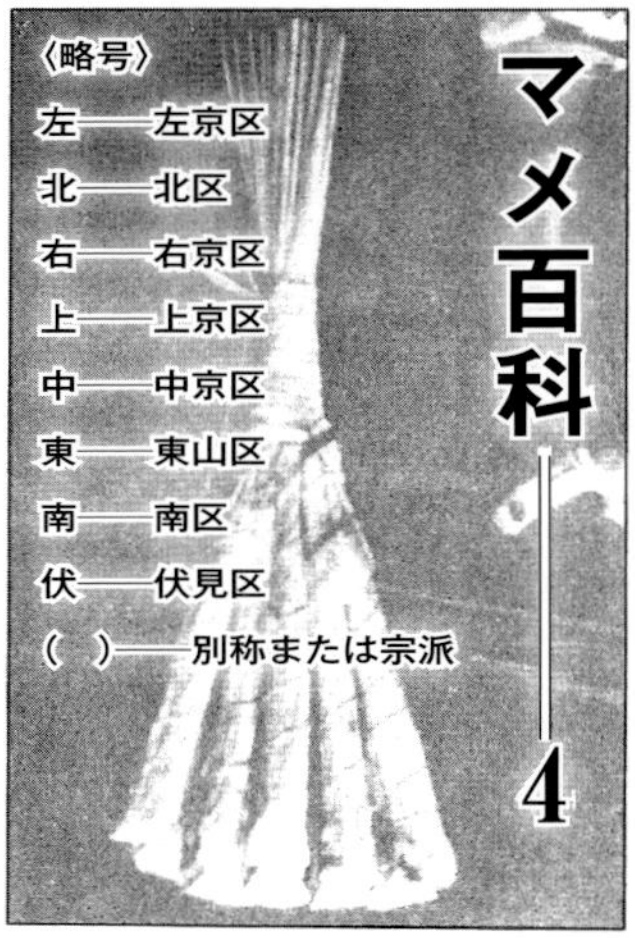

＊粟田口《あわたぐち》　東

京都七口のひとつで、東海道への出口。平安京以前には、帰化人、粟田一族が住んでいた。また、後鳥羽上皇の刀工、粟田口氏も住んだ。江戸時代、粟田焼という茶器も有名で、清水焼と競っていた。

＊円通寺《えんつうじ》(臨済)　左・岩倉幡枝町西幡枝

この地ははじめ後水尾天皇の離宮幡枝御殿のあったところである。一六七八年禿翁和尚の開基。方丈の東前面にある庭園は、比叡山を借景とした枯山水の平庭で、背の低い丸刈込のツツジがあるのびやかな庭である。

＊御土井《おどい》址《あと》　上・北野天満宮境内

豊臣秀吉が京都の内外を区分し、治安の維持、水害防止のために築造した土塁。北は上賀茂から南は東寺にいたり、東は鴨川から西は紙屋川にいたる、京都のほぼ全域を囲んでいた。現在は北野天満宮等、数ヶ所に遺址がある。

＊桂離宮《かつらりきゅう》　右・桂清水町

正親町《おおぎまち》天皇の孫、八条宮の別邸で江戸初期につくられた。桂川西岸にそって約四万平方メートルの地に、数奇屋造の書院や茶亭が配されている。庭は三つの中島が設けられ、四季折々、建物と見事な自然の融合がみられる。

＊祇園新地《ぎおんしんち》　東山・祇園町

中世以来、八坂神社の門前歓楽街としてにぎわう。特に江戸初期、八坂社の本殿が補建されてから、島原をしのぐ色街として発展した。毎年四月十日～五月十八日まで歌舞練場で舞妓や芸妓によって都踊りが行なわれる。

＊木屋町《きやまち》　中・下

高瀬川の舟運によってひらかれた町で、二条通りから五条通りにいたる高瀬川の東畔にある。初めは木材、薪炭商が集る問屋街であったが、舟運の衰微、木屋町線（電車）の開通などによって旅館、料亭街へと変っていった。

＊清水焼《きよみずやき》

清水焼、粟田焼を含めての京焼の歴史は古い。江戸期に野々村仁清《にんせい》らが出てから、清水焼の声価はあがり、京都の代表的伝統産業の一つとなった。五条坂の北側から清水一帯、今熊野方面に多くの窯があり陶工が住んでいる。

＊京漆器《きょうしっき》

仏教伝来以来の古い伝統をもつ京漆器は、桃山から江戸初期に豪華な漆芸、精巧な蒔絵《まきえ》が作られだしてから、高級美術工芸品として開花した。現在の京漆器工芸は、他地のもまじえ全国の漆器集散地的性格を持つ。

＊光悦寺《こうえつじ》(日蓮)　北・鷹峰光悦町

本阿弥光悦が家康よりこの地をもらって大虚庵を結んだのにはじまる。光悦はこの鷹ケ峰、鷲ケ峰のみえる風光の地で芸術活動を行ない、茶道にも新境を示した。現在、各種の茶室があり、光悦垣（臥牛垣）が美しい。

▲扇の骨干し

＊高台寺《こうだいじ》(臨済)　東・下河原町

豊臣秀吉の菩提を弔うため、その夫人の北政所《きたのまんどころ》が建てた。前身は寺町の康徳寺。徳川氏の援助を受け、堂塔を整備する。表門は伏見城より移築したもので、蟇股《かえるまた》に桃山時代のすぐれた彫刻がある。境内に巨大な白衣観音像がある。

＊古義堂《こぎどう》(伊藤仁斎宅《いとうじんさいたく》)

上・東堀川通下立売上ル四丁目

江戸初期の儒学者伊藤仁斎は、幕府の朱子学に異議を感じ、私塾を開いた。通常彼の学問を古義学派といい、古義堂には、仁斎親子の書き込み本が多く所蔵されている。今の建物は一八九〇年に再建。

＊金福寺《こんぷくじ》(芭蕉庵《ばしょうあん》　天台→臨済)

左・一乗寺才形町

慈覚大師の創建と伝えるが、中世には荒廃する。江戸時代鉄舟和尚により再興される。和尚は芭蕉と親交があり、これをしのんで与謝蕪村が庵をつくった。蕪村の墓もあり、遺品も多い。一二月二十五日に蕉村忌が行なわれる。

＊三条大橋《さんじょうおおはし》　中・河原町三条

古来より交通の要衝として栄えた所で、室町時代にはすでに架橋されていたらしい。一五九〇年秀吉により大改造され、現在も擬宝珠《ぎぼし》に旧態をとどめている。東海道五十三次の西の起点であり、橋に関する史話はつきない。

＊島原《しまばら》　下・島原西新屋敷

わが国最初の公許遊廓で、一五八九年に公認されたという。はじめ二条にあったのが六条に、ついで一六四〇年に現在のところに移った。今は芸妓街になっているが、四月二十一日には島太夫道中が行なわれる。遊廓内にあった揚屋の原つである角屋《すみや》は、町家、書院、武家造りの折中一形式で江戸時代の貴重な民家として重文に指定されている。

＊常寂光寺《じょうじゃくこうじ》(日蓮)　右・嵯峨小倉山町

二尊院の南にあって、この地はもと後亀山天皇の小倉殿址であったと伝えられている。寛永年間(一六二四～四三)に本圀寺の日禎上人の退隠所を法華道場とした。多宝塔は桃山風のおもかげを残す美しい塔である。

◀門口の神　鍾馗《しょうき》さん

＊常照寺《じょうしょうじ》(日蓮)　北・鷹峰光悦町

京都の豪商佐野(灰屋)紹益に愛され、この地で病死した島原の名妓吉野太夫の墓がある。吉野門は太夫が寄進したものといわれる。毎年四月第一土曜に花供養が行なわれ太夫道中がある。茶亭よりの風景がよい。

＊修学院《しゅがくいん》　左・修学院室町

江戸初期に徳川家綱《いえつな》が後水尾《ごみずのお》法皇のために造営する。比叡山雲母坂《きららざか》の西南麓にあって二五平方キロの広大な田園庭園にある。上、中、下の御茶《おんちゃ》屋《や》にわかれている。上茶屋は最も高い所にあって、借景の庭としてよい。

＊端泉寺《ずいせんじ》(浄土)　中・石屋町

慶長年間、角倉了以が高瀬川開鑿のおり、たまたま三条河原で処刑された豊臣秀次とその妻妾らの墓を発掘。その菩提をとむらうために当寺を創建した。寺域の一角に秀次を始めとする四九人の小五輪塔が立てられている。

＊誓願寺《せいがんじ》(三論→浄土)　中・桜之町

天智天皇の勅願道場として奈良に創建され、平安遷都の際京都へ移建。のち秀吉の命により現在地へ転じ大伽藍を建立したが、それも一七八八年に焼失。新京極は誓願寺の寺域を没収して明治時代に作られた商店街である。

＊千家茶亭《せんけちゃてい》　上・小川通寺之内上ル東側

桃山時代の茶人千利休の孫宗旦《そうたん》は今日庵《こんにちあん》をひらき、宗旦の三男宗左が不審庵をつくった。そして、今日庵を裏千家、不審庵を表千家といい、代々茶道の本家として栄えた。これらの茶亭は利休のわび茶の境地をつたえた名茶席である。

＊大悲閣《だいひかく》(千光寺《せんこうじ》　黄檗)　右・嵐山中尾下町

保津川、高瀬川等の開鑿によって水路を開いた角倉了以《すみのくらりょうい》が、河川工事従事者の菩提をとむらうために建てたものである。了以自身、この寺で没しており、現在は訪れる人も少なく、嵐山の奥深くに、静寂を保っている。

＊高瀬川《たかせがわ》

角倉了以《すみのくらりょうい》が方広寺再建の資材運搬用に五条―宇治川間に開いた運河。方広寺再建後は京都―伏見間の物資輸送に利用され、明治まで京都の産業に大きな役割を果した。現在は二条から十条まで、十条で鴨川に注ぐ。

＊蛸薬師《たこやくし》(妙心寺　浄土)　中・東側町

新京極のほぼ中央にあり、現在も庶民の信仰があつい。昔、親孝行な僧が病母の欲しがる蛸を買って見とがめられ、進退窮して、この薬師如来を念ずると蛸が薬師経にかわり、母の病も治ったという霊験談がある。

＊智積院《ちしゃくいん》(真言)　東・東瓦町

秀吉が子の鶴松の菩提をとむらうため建てた祥雲寺を、家康が再建して智積院とする。創建当初の絢爛豪華な桃山障壁画がよく残っており、狩野永徳、長谷川等伯の一派の雄筆がみられる。廬山《ろざん》を模した滝のある庭園もよい。

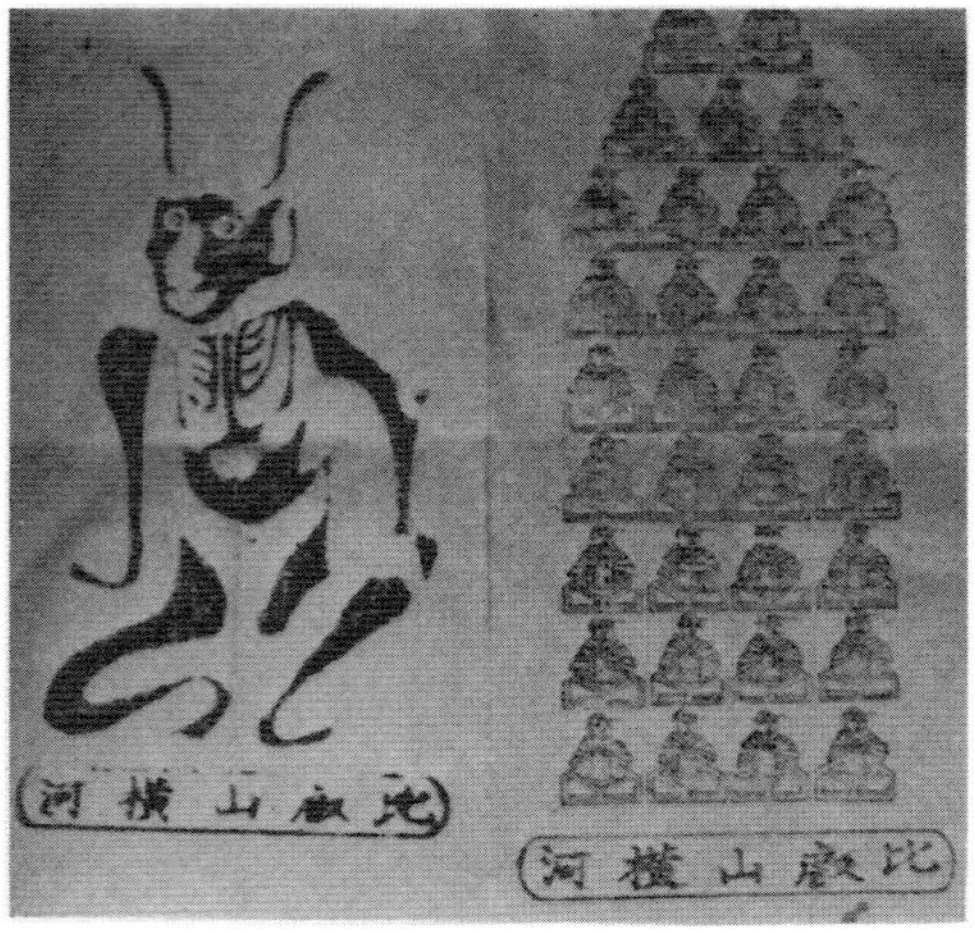

▶延暦寺のお札

＊寺町《てらまち》

天正年間、秀吉の市区整理にあたって、市中に散在する寺院をここに集めて壮大な寺院街をつくった。江戸時代までは大小さまざまな寺院が軒を並べており、誓願寺など大寺の境内には参詣人めあての見世物小屋があった。

＊錦小路通り《にしきこうじどおり》　中

四条通りより一条北の二キロほどの道筋をいう。平安京錦小路にあたり、地名のいわれが『宇治拾遺物語』にみえる。秀吉時代から魚市場として栄え、現在も食料品店がぎっしりならび、狭い通りは買物客でごったがえす。

＊西本願寺《にしほんがんじ》(浄土真)　下・本願寺門前町

もと東山にあって、亡父の遺骨を安置し、親鸞の女覚信尼《むすめかくしんに》が開く。一五九一年秀吉の懐柔政策によって六条堀川に移る。書院は江戸初期に伏見城の遺構を移したもので桃山文化の粋を集める。他に飛雲閣、虎渓《こけい》の庭がある。

＊二条城《にじょうじょう》　中・二条町

一六〇三年徳川家康の上洛時の宿舎として造る。家光の代に大規模な改修工事があり伏見城の遺構を移して行幸御殿や本丸を整備した。その後火災で大半を失い、二ノ丸御殿が残る。一八六七年ここで大政奉還が行なわれる。

＊二条陣屋《にじょうじんや》　中・三坊大宮

江戸時代の豪商で、禁裏、二条城の御用商人「よろず屋」の住居。京都に本陣を持たない諸大名の宿舎にした。二階建で総桟瓦葺土蔵造の町屋建築で、数寄屋と書院の折衷様式や、防火設備、巧妙な防敵のしかけがみられる。

＊百万遍《ひゃくまんべん》(知恩寺《ちおんじ》　浄土)　左・田中門前町

浄土宗四ケ本山の一。慈覚大師の草創といわれ、賀茂社の神宮寺として相国寺の地にあったが、一六六一年今の地に移った。一三三一年疫病流行の際、禁中で百万遍念仏を七日間唱えたところから百万遍の号を賜わった。

＊伏見《ふしみ》

昔は宇治川の低湿地。秀吉が伏見城造営のため流路をつけかえてから城下町として発展。京都の外港、醸造許可地としても栄えた。付近の地層から淡水・海水産の貝化石を産し、京都盆地が入江や湖であった時代を物語る。

*伏見城址《ふしみじょうし》　伏・桃山町
秀吉が四年の歳月をかけて、一五九六年に完成した大規模な城。豊臣氏滅亡後は、徳川家によって徹底的にとりこわされ、建造物の主なものが社寺に寄進されて現在に残っている。旧本丸は今の桃山御陵にあたる。

▲町の地蔵

*方広寺《ほうこうじ》(大仏殿《だいぶつでん》　天台)　東・茶屋町
一五八六年秀吉により創建。慶長の大地震で壊れ、秀頼が再建。その際の大鐘の銘文「国家安康、君臣豊楽」は、徳川家康に大阪夏・冬の陣の口実をつくり、豊臣家の滅亡をもたらした。本堂の半身の大仏は一八四三年の作。

*法然院《ほうねんいん》(浄土)　左・鹿ケ谷御所ノ段町
一六八〇年智恩院僧、万無心阿上人が法然上人をしのんで建立する。善気山の山麓にあり、念仏の道場として栄えている。方丈に狩野光信筆といわれる襖絵、屏風がある。東洋史学者内藤湖南、哲学者九鬼周造の墓がある。

*曼殊院《まんじゅいん》(天台)　左・一乗寺竹ノ内町
はじめ比叡山にあったが、数回市内を移転して、一六五六年現地に移された。造営には良尚親王がかかわったので桂離宮と構成が似ている。書院の庭は枯山水の形式で、深山幽谷と大海原の様を表現したものである。

*万福寺《まんぷくじ》(黄檗)　宇治市五ケ庄
江戸初期に来日した明僧隠元《いんげん》が開いた黄檗宗大本山。禅寺は通常南面、左右対称の伽藍配置になるのであるが、当山は地形の関係で西面で一直線にならぶ。天王、大雄殿はチーク材を使用したかわったもので、円窓や高欄の万字くずし、それに諸堂の額は、明の禅寺の建築様式をとり入れ、異国情緒ゆたかである。宝蔵院に鉄眼《てつげん》版の一切経版木が多数残っている。また精進料理の普茶《ふちゃ》料理は、独特のあじわいがある。

*淀城址《よどじょうし》　伏・淀
秀吉が愛妾淀君を住まわせたことで有名であるが、淀は古来交通上の要衝で、足利時代から多くの武将がここを拠点として戦ってきた。明治維新後、城は壊され、現在は最後の城主稲葉氏をまつる神社がある。

*落柿舎《らくししゃ》　右・嵯峨小倉山緋明神町
蕉門の俳人去来の住んだ家。芭蕉も数度この地を訪れたという。現在の落柿舎は場所、建築とも去来当時のものとは異なるといわれるが、嵐山を仰ぐ場所といい、庵風の建築といい、当時の落柿舎を彷彿させるものがある。

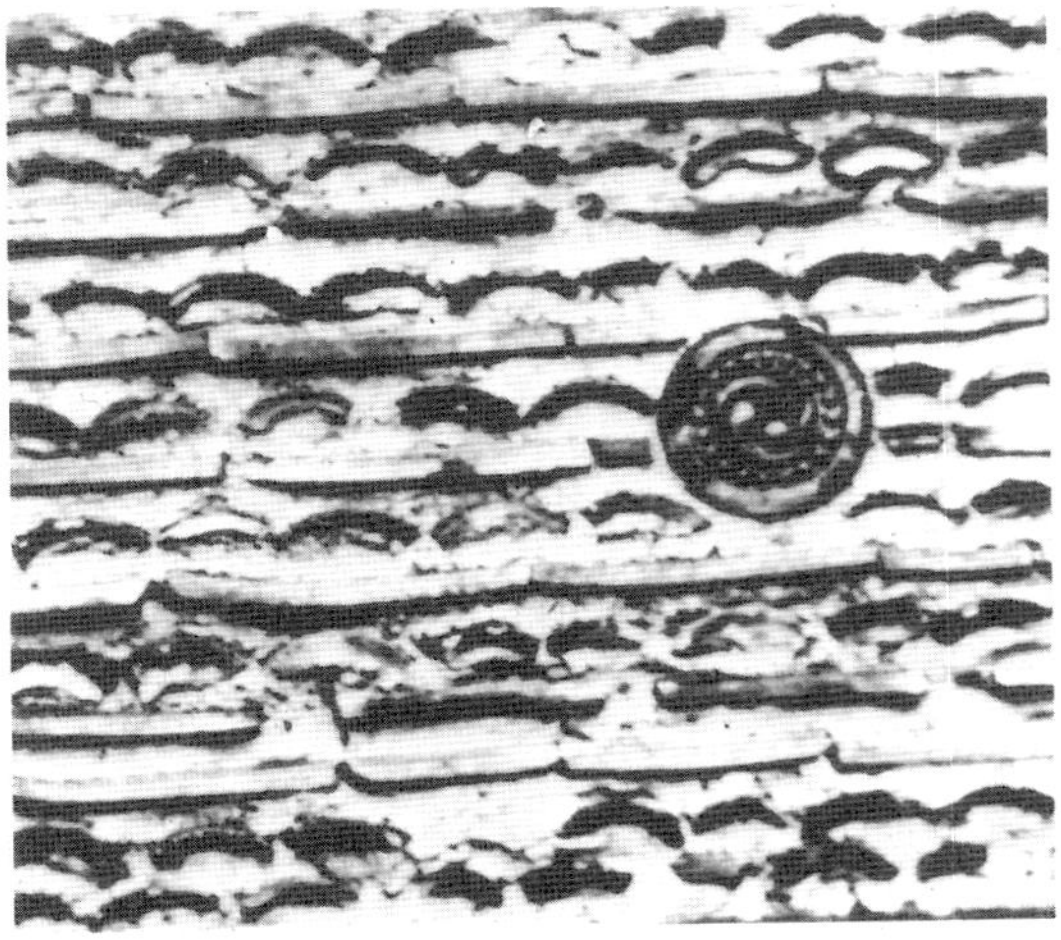
▲大徳寺の塀

*楽焼《らくやき》
桃山時代に朝鮮からの帰化人阿米夜《あめや》が始めた陶器。千利休の指導で手づくり茶碗として完成され、秀吉の命をうけて聚楽第で製造したので聚楽焼ともいう。楽焼には黒焼と赤焼があり、茶碗の裏に「楽」の印が押してある。

明けても暮れても夢を織る

江戸中期以後の京都

衰退のなかから

江戸前期の元禄文化が、京都や大阪を中心とした上方の文化であったように、十七世紀の京都は、政治の中心を東の江戸に、経済の中心を大阪に完全にうばわれながら、まだ活気の満ちた都市であった。寛文や元禄といった時期の京都をささえていたのは、一つには伝統ある西陣織物であり、また、新しく興った友禅染であった。日本中の高級織物を一手に引き受けていた西陣機業は上向きの生産をつづけ、さらに宮崎友禅斎によって始められたという染物、友禅染が、元禄の優美な模様染の全盛を招いていった。この織元と呉服商を中心にして京都の経済は活況をていしていた。そして呉服商が軒をならべていた衣棚《ころもだな》、室町筋の東側にある両替商の町には、いわゆる大名貸しで巨利を積んだ大金融資本家も登場していたのである。

しかし、十八世紀の京都は、どうであろう。『今はむかし物語』という本に、「百年前は花の都にて、今は花の田舎なり」と評されるような衰退ぶりである。八代将軍吉宗の享保の改革が、京都の衰退の発端になったようである。元禄前後から全国的な貨幣経済の発展によって生じた幕府の財政難、町人の抬頭と農民の貧窮化の危機に対応してうちだされた様々な政策のうち、質素倹約の令が、京都の産業に大きな打撃を与えたのだ。高級織物、優美な模様染に生命をかけている西陣や友禅染が、この倹約令によって生産が下向するのは必然的であった。そして享保十五年（一七三〇）と天保八年（一七八八）の大火で京都、なかでも西陣は痛激を受け、さらに、地方の織物機業の発展が、西陣の独占的な力を弱めてもいたのである。

寺の境内は子どもたちのよい遊び場。北真経寺

旅人の集まる京

このようにして政治、経済、そして文化の面でも、その指導性を江戸にうばわれて、京都は、ひっそりと低迷してゆく。しかし、この低迷の時は、京都が、今にひきつがれている独自の文化都市という性格を整えていった時代でもあった。それは、新興の都市、江戸、大阪などにはなく、京都のみがもっている文化の伝統を生かそうとする方向であったといえるかも知れない。

その一つは、当時の世相を反映して、京都が次第に観光都市化してゆく現象である。江戸中期のころ、全国的に旅行の機運がもりあがり、あちこちの街道に旅人の姿が多くみられるようになる。そして庶民の生活水準が一段と向上した十九世紀の初頭、つまり文化・文政の時代に入ると、この傾向は一層はっきりとしてきた。

2月15日、あちこちの寺で涅槃会が行なわれる。泉涌寺

このころの旅が今日のものと大いに異なるのは、ただの物見遊山だけではなく、その多くが〝信仰の旅〟という色相が非常に強かったことであろう。この信仰の旅の主なものをあげてみると、伊勢まいり、熊野まいり、そしてその延長にあたる西国三十三所めぐり、つまり、那智を第一番の札所として、主に畿内の観音霊場を巡拝してゆく巡礼の旅であり、また、京都の寺社だけを対象としたものでは、本願寺まいり、伏見稲荷まいり、そして御所まいりなどがある。このように全国に信者をもっていた寺社に人々は参拝に訪れたのである。

京都はこのような信仰の旅のたかまりにともなって、全国の庶民の観光の対象にもなっていった。各地の文人、墨客も京都をさかんにおとずれるようにもなっていた。また逆に京都の文人、とくに歌人などが、地方に旅することも多く、京都と地方の各地は、広範な人間の交

春は西国巡礼の人びとが京都を行き交う。醍醐寺

流によって強く結びついていったのである。

このような旅を通じて、京都の伝統的なさまざまな文化が、地方の人々の生活の小さな部分にしだいしだいに根づいていったのである。

一方、この全国的な旅の高揚を裏書きするように、京都を紹介したさまざまな本が出版され、同時に、京都は、旅人の眼によって批判の対象となっていった。滝沢馬琴が「京によきもの三つ、女子、賀茂川の水、寺社。あしきもの三つ、人気の吝嗇《りんしょく》、料理、舟便。たしなきもの五つ、魚類、物もらひ、よきせんじ茶、よきたばこ、実ある妓女」と、今日の京都でも通じるような鋭い観察をしているのである。国学を大成した本居宣長は、「天の下にすまほしき里は、さはいへど京をおきて外になかりけり」といって、京都を讃美しているのに対して、江戸末期の狂歌や洒落本の作家、大田蜀山人《しょくさんじん》は、「いろは短歌」で、京にろくなものはないとして、「すめば都と申せども京にあきはて候かしこ」と宣長とまったく逆のことをいっている。人それぞれに京都に対する感じ方のことなるのは、今日でも同じかも知れない。

近郊の農家の主婦が自家製の野菜や漬物を売りにくる。

こうした京都への旅の集中は、西陣織、友禅染、清水焼、そして扇子、仏具などの京の伝統産業が観光と結びついて息をふきかえしていった。かってのはなやかな桃山、江戸初期の美の伝統が現在の京都に根づよく受けつがれているのも、こうした旅人と結びついていった広い意味での観光産業の時代をもっていたからかも知れない。

京学と批判精神

京都は平安以来、学問の都市でもある。江戸時代の官学となった儒学、ことに朱子学は、京都の藤原惺窩《せいか》の学問の中から出たものだが、幕藩体制の思想的支柱となって、極めて観念的な形而上学になっていった。この官学に対して学問的な批判をくわえていったのは、京都の町家に生れ、一生涯民間にあって勉学をつづけた伊藤仁斎《じんさい》の京学であった。一般に、町人の世界からおこるものの考え方は、実践と経験を重んずる。仁斎、その子の東涯《とうがい》とうけつがれてゆく京学の特色も、この実践と経験を尊重する精神であって、そこに必然的に江戸の官学とはちがったものを育て、のちの京都の学風にふかい影響を与えている。今日でも、京都人のものの考え方が、中央の権力に対して批判的であるといわれるのは、こうした江戸時代からの伝統なのかも知れない。

一方、享保から文化、文政にかけて、別の意味で注目されるのは、「町人の哲学」といわれる心学の普及であった。石田梅巌《ばいがん》の創唱した心学は、身近な例を通して、ありふれた生活上での道徳の実践を説いたものである。京の町に心学道話の講座をひらき、町人たちとその子女を主な対象として、倹約と正直を中心に経済と道徳の一致をわかりやすく説いていった。聴講料は無料で、だれでも遠慮なく参加できたため、この心学の講座は町々に広まったほか、やがて農村にも及んでいった。江戸時代の庶民の学びの場であった寺子屋が、単に読み、書き、そろばんといった技術のようなものを教えるにとどまったのにくらべて、この京都の町から興った心学は、そうではなかった。封建社会や官学を正面から批判しなかったけれども、町人の力と行為に大いに自信を与えた。

　こうした京都の学問の伝統が、明治のはじめ、京都がもうみやこではなくなったときに、大きく花開いてゆく。都市として連綿とつづいてきた京都は、古い伝統につつまれ、文化遺産にうずもれながら、西陣や染色、そして陶磁器などの伝統産業に、西洋の科学技術をとりいれ、日本でもっともはやく近代化を試みることに成功している。

毎月、21日に行なわれる東寺の弘法市には、煙管《きせる》を直すラオ屋の姿もあった。

　教育の面でも中世以来の町組の組織の上に学区制がつくられ、明治三年（一八七〇）の末までに六十四の小学校が設立され、ついで中学校、女紅場《にょこうば》（女学校のこと）とつぎつぎに上級の学問の場ができてゆく。明治四年五月、福澤諭吉は、こうしてできた京都の学校を見学してまわり、すっかり感激したといわれる。

＊　＊　＊

　伝統を生かしながら革新してゆくのが、また京都の伝統かもしれない。整然とならぶ古代都市の碁盤状の街路をはさんで、低くて古びた屋並がつづく。微妙なまるみをした屋根とベンガラ格子の直線とが昔ながらにある。そのうすぐらい屋根の下に住む人々が革新的であるという。革新という言葉の感じは近代のものだが、京都の歴史をふりかえってみると、なぜかその言葉は、古くからあったように思われる。

　京都は、権力者がたびたび交代する政争の場でもあった。この京都の中で生きねばならなかった人々は、長い間の経験から権力者というものが、そして政治というものがいかに非情なものであるかということを身をもって知らされてきた。京都人は土地を愛するといわれる。自らの生活と、その場を本能的に守る知恵をもっている。その知恵が千年の京都をささえ、清新な息吹きを与えてきたともいえよう。

一七〇五	宝永	二	伊勢への抜参り流行する
三〇	享保	五	西陣大火。当時の機数七千余のうち三千焼失
五四	宝暦	四	京都西郊にて山脇東洋囚人の屍体解剖
八八	天明	八	京都大火。西陣壊滅的打撃を受ける
一八〇〇	寛政	一二	西陣復興
三七	天保	七	京都で伊丹の酒の販売公認、京都の酒造衰える
三九	〃	一〇	京都に豊年踊流行する
五三	嘉永	六	ペリー浦賀に来航する
六一	文久	一	和宮、将軍家茂に降下(公武合体)
六三	〃	三	新撰組市中見廻り、過激派志士への弾圧
六四	元治		蛤御門の変(京のどんど焼)
六七	慶応	三	"ええじゃないか"京都に波及。大政奉還
六八	明治	一	初代京都府知事に長谷信篤。市中を上大組、下大組に区分する
六九	〃	二	東京遷都。皇后の東下に京都市民動揺し、中止を訴える
七二	〃	五	第一回京都博覧会開催。鴨川おどり、都おどり始まる。新京極できる
七七	〃	一〇	府管内人口調査(七九二、七九六人)
八四	〃	一七	第一三回京都博覧会で電灯がつく。葵祭再興される
九〇	〃	二三	総選挙(有権者、上京一二〇人、下京二〇八人)
九五	〃	二八	平安遷都千百年祭。第一回時代祭挙行される。チンチン電車走る
九七	〃	三〇	新京極で初の映画祭
一九一八	大正	八	米騒動
二三	〃	一二	カフェ出現(東京上野では一八八八年頃から)
二五	〃	一四	比叡山ケーブル開通
二八	昭和	三	市バス運転開始
三一	〃	六	伏見市など二七町村合併、右京区・伏見区を新設。人口約九五万人
三五	〃	一〇	人口 一、〇八〇、五九三人
四六	〃	二一	第一回国体、京都で開催
五〇	〃	二五	蜷川虎三、知事に。金閣炎上
五八	〃	三三	比叡山ドライブウェー完成
六二	〃	三七	清水製陶業者、山科団地に移転
六九	〃	四四	京大を初めとした学園斗争火を吹く
七〇	〃	四五	蜷川虎三、全国初の六選知事に

ノート

♥京の観光都市化は、江戸中期のころからはじまる。今日の観光は、ほとんど文化財中心といってよく、かつての西国巡礼のように信仰にむすびついた旅ではない。

♥京の地蔵信仰や観音信仰、そして東寺の弘法さん、北野の天神さんなどに旅人が少し注意を向けたら、京都の人々の生活や信仰の一面にふれることができるであろう。

♥京の寺々、とくに禅寺には名園が多い。平安時代から現代にいたるまでの各時代に作られた庭から、日本の庭園史の流れをおってみると面白い。

京都の歴史地図Ⅴ 江戸中期以後

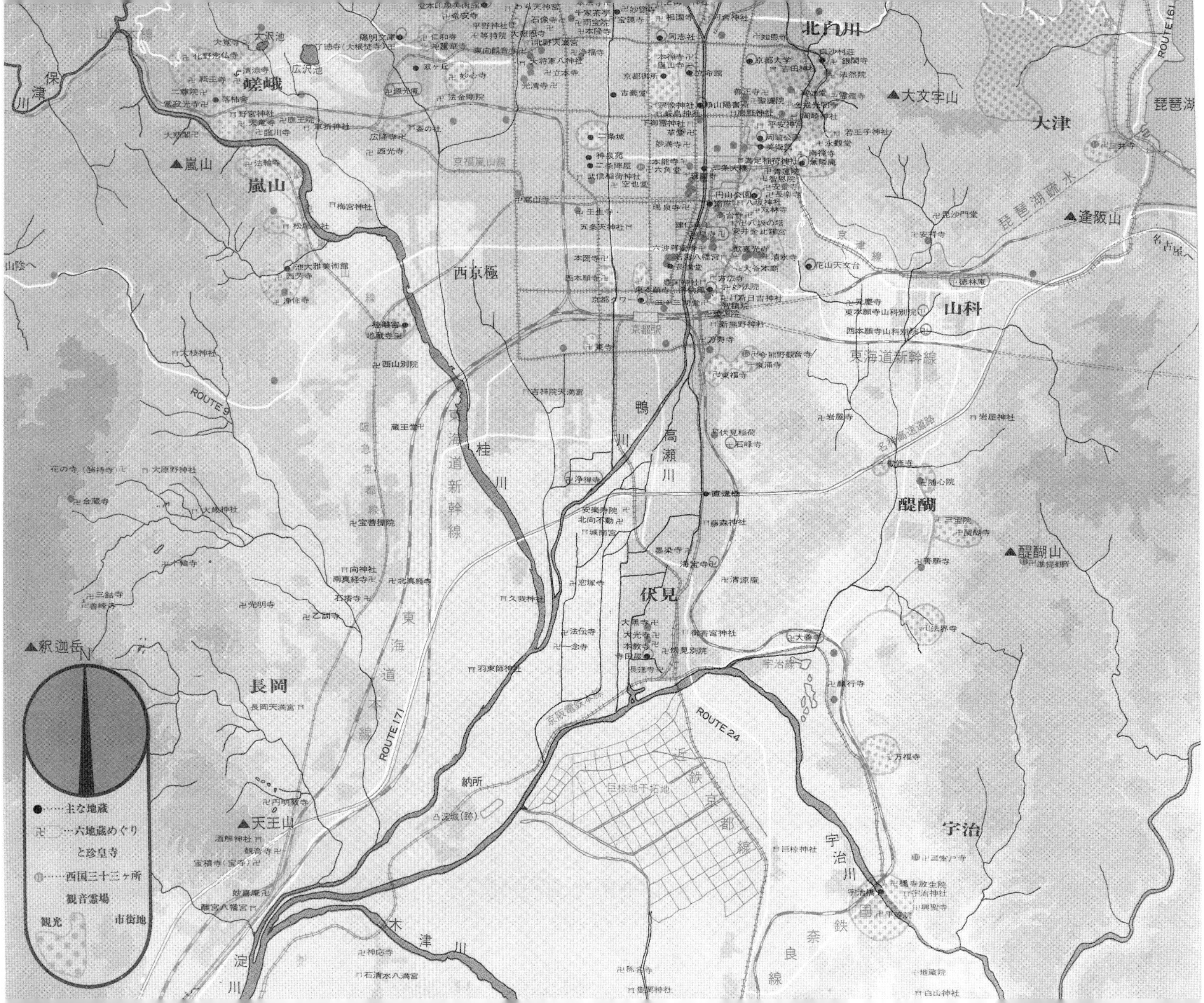

主な地蔵
六地蔵めぐりと珍皇寺
西国三十三ヶ所観音霊場
観光
市街地
N
釈迦岳
北白川
大文字山
大津
琵琶湖
逢阪山
琵琶湖疏水
山科
東海道新幹線
名神高速道路
醍醐
醍醐山
宇治
宇治川
奈良線
伏見
ROUTE 24
近鉄京都線
巨椋池干拓地
納所
淀城(跡)
木津川
淀川
天王山
長岡
長岡天満宮
ROUTE 171
東海道本線
東海道新幹線
阪急京都線
桂川
鴨川
高瀬川
西京極
京都駅
京都タワー
東寺
二条城
嵯峨
嵐山
広沢池
大沢池
保津川
山陰へ
ROUTE 9
ROUTE 161
名古屋へ
京福嵐山線
京津線
宇治線
京阪電鉄本線

マメ百科──5

〈略号〉
左──左京区
北──北区
右──右京区
上──上京区
中──中京区
東──東山区
南──南区
伏──伏見区
（　）──別称または宗派

＊池大雅美術館《いけのたいがびじゅつかん》　右・松尾万石町
江戸中期、京都で一生を送った文人画の大家、池大雅の作品の多くを収めた美術館である。収集品の中には、重要文化財を始めとする書画の他に、大雅の深く信仰した観世音像や、遺愛の机もあり、彼の生活をしのばせてくれる。

＊鴨沂高校《おおきこうこう》　上・松陰町
一八七二年京都府設立のわが国最初の女学校。はじめ新英学校といい、旧九条家の河原町別邸を校舎とし、家政、英語を教えていた。一九〇四年府立第一高女に、戦後鴨沂高校と改め男女共学となる。校門は設立当時のもの。

＊岡崎公園《おかざきこうえん》　左・岡崎町
平安神宮をふくめて広い敷地をもち、近代美術館、市立美術館、図書館、動物園などがある京都の文化センター。そばにインクラインが流れ、むかいの有鄰館は、世界一の中国古印コレクションをもつ私立美術館である。

＊京都国立博物館《きょうとこくりつはくぶつかん》　東・茶屋町
明治年間、片山東熊《とうゆう》の設計によって建てられる。所蔵品は、個人、社寺所有のものを含めて一万点をこえ、美術、歴史、工芸の部門に分類展示されている。京都を理解する上で非常に便利なところである。最近新館もできた。

＊京都大学《きょうとだいがく》　左・吉田本町
明治三〇年に設置された京都帝国大学が前身である。現在は法・医・薬・工・文・理・農・経済・教育の九学部の他に、各大学院、化学研究所、人文科学研究所などの研究所が設置され、数多くの優秀な人材を世に送っている。

＊京都《きょうと》タワー　下・東塩小路町
京都駅正面の九階建てビルの屋上にそびえ、昭和三十九年に完成した塔である。高さは一三一メートルあり、最上階の展望室からは、洛中、洛外ばかりでなく、はるか大阪方面まで眺めることができる。

＊京都府立植物園《きょうとふりつしょくぶつえん》　左・半木町、賀茂今井町
当初はここで博覧会を開く予定だったが、一九三七年植物園となる。賀茂川の川岸の地形を生かし内外に誇る品種を集めている。敗戦後米軍の住宅地となって荒らされたが、現在は市民の憩いの場として整備されつつある。

＊京都府立総合資料館《きょうとふりつそうごうしりょうかん》　左・下鴨半木町
図書館に併設された資料室で、植物園のとなりにある。京都の民俗調査の結果などを展示したり、伝統芸術・産業の紹介をしたりする。年に数度の展示がえをし、京都の文化を研究する人々の情報交換所となっている。

＊国立京都国際会館《こくりつきょうとこくさいかいかん》　左・宝池
最近、わが国で国際会議を開く会場の必要性が痛感され、歴史的、地理的に恵まれた京都に当会館が設立された。大谷幸夫氏の設計になる建物は、台形と逆台形を組合せたもので、最新の設備とともに世界の注目を集めている。

▶万福寺の雲版《うんばん》

＊御所人形《ごしょにんぎょう》
童形の人形。主として男児の裸姿に腹掛をかけ、小児のあどけない姿を表現。白みがきの膚、大きな頭を特色とする。江戸時代、参勤交代の際などに朝廷や公卿が諸大名の贈物に対する返礼として用いた。

＊嵯峨面《さがめん》
古くより嵯峨野の農民の手で作られていた素朴

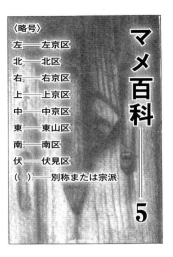

な面で、和紙の古書を材料とする。木型に和紙を数枚糊づけしたものをおしあて、表面に着色し、裏面は古書の文字が見えて面白い。十二支に題材を取ったものやカッパ、翁などがある。

＊山紫水明処《さんしすいめいしょ》　上・南町

一八二二〜三二年まで儒学者の頼山陽が住んだ書斎。鴨川の川岸にあり、はるかに東山をのぞむことができる。山陽はここで『日本外史』『日本政記』を執筆した。建物はワラ葺平屋二間の簡素なもの。現在史跡に指定。

＊地蔵盆《じぞうぼん》と六地蔵《ろくじぞう》めぐり

各町内にある地蔵に鏡餅などを供えて子供たちが終日楽しく遊ぶ八月二十三・四日の行事。なお二十二・三日には、上善寺（左・鞍馬口寺町）、徳林庵（東・四ノ宮）、源光寺（右・常盤）、地蔵寺（右・桂春日町）、浄禅寺（南・上鳥羽岩ノ本町）、大善寺（伏・桃山町西町）にある地蔵を巡拝して家内の安全を祈る。

＊時代祭《じだいまつり》

平安神宮創建の時、平安から明治までの時代風俗行列を神幸に供奉させたのが始まりで、京都では新しい祭礼である。男女三千人、数キロに及ぶ行列は、時代考証も確かで風俗史の資料として興味深いものである。

＊実相院《じっそういん》（天台）　左・岩倉町

天台宗寺門派の門跡寺院。鎌倉時代、静基僧正が開創。はじめ北区大宮上野町にあったが、寺地をしばしばかえ、応仁の乱後、大雲寺境内に移った。宸殿と四脚門は東山天皇の中宮承秋門院の旧殿を江戸中期に移したもの。

＊精進料理《しょうじんりょうり》

京都を代表する料理。禅宗の寺でつくられたのが発祥。材料は肉、魚をいっさい使わず、野菜を主とする。この料理は禅寺で賓客をもてなす正式のもので、現在は大徳寺、万福寺の門前に、専門の店ができて、手軽にあじわえる。

＊新京極《しんきょうごく》　中・新京極

寺町と河原町通りの間にある繁華街。幕末の動乱、元治の大火、東京遷都などによって京都は大きな打撃をうけたことから、それを立直すために、一八七二年寺町にあった寺院境内の一部を残して大半を上地没収して払下げ、娯楽街をつくり、寺町の古名京極にちなんで新京極と名づけた。京都の観光客の多くは、ここで買物をする。露地の奥に寺町の寺門がみられ、歩いていても楽しい。

◀観音堂の水桶

＊石峰寺石仏《せきほうじせきぶつ》（黄檗）　伏・石峰寺山町

江戸中期に創建される。諸堂の完備する大寺であったが、大正年間の火災でほとんど焼失する。本堂背後の山中には、釈迦を中心として、その一生を物語にした石仏群がある。江戸時代の伊藤若冲《じゃくちゅう》の下絵をもとにして造る。

＊大雲寺《たいうんじ》（天台）　左・岩倉町

平安中期、九七一年に十一面観音を本尊として建立された園城寺の別院。この観音は、脳病平癒に霊験があり、近世まで朝野の信仰をあつめた。また、山門、寺門の抗争があったとき、寺門派の一つの根拠地ともなったところ。

＊大文字焼《だいもんじやき》

八月十六日夜東山の首峰如意が岳の山腹に燃え上る大文字のほか左大文字・妙法・船形・鳥居などが各処で点火され、人々は賀茂の河原などに集って去りゆく夏を送る。これは盆の送り火である。この日ソバを食べる。

＊宝《たから》ケ池《いけ》　左・松ケ崎

深泥ケ池の東方一キロの、宝暦年間に築造された灌漑用水池。附近一帯は宝ケ池公園となっており、総合レクリエーションの場として利用される。池畔の近代建築美を誇る国立京都国際会館は、諸会議に開放されている。

＊竹細工《たけざいく》

京都西郊の嵯峨野、大原野方面には、昔から竹林が多く、竹を利用した細工物が多い。特に嵯峨野で産する竹は「野の宮竹」と呼ばれ、腰が強く、特産品として花器や茶筅《ちゃせん》などが作られている。

＊珍皇寺六道詣り《ちんこうじろくどうまいり》

本堂前を六道の辻といい、盆に帰ってくる精霊は必ずここを通るといわれている。八月八日人々は参詣して精霊をよぶ迎え鐘をつく。門前では幽霊飴を売る。草市も立つ。

＊同志社大学《どうししゃだいがく》　**上・新北小路町**

一八七五年新島襄が山本覚馬とはかって設立したキリスト教主義による私立総合大学。校内の彰栄館、礼拝堂、有終館は一八八四〜八七年に建築されたもので、明治初期のアメリカン・ゴシック建築の代表的な建物。

＊堂本美術館《どうもとびじゅつかん》　**北・平野上柳町**

衣笠山のふもとにあり、堂本印象画伯の作品を展示する。古都には異色の建造物で悪評もあるが、京都の新しい芸術活動を象徴する。昭和四十一年に開館し、毎年春秋の二回定期展を行なう。陶芸、つづれ織、彫刻、絵画など豊富。

＊西陣織《にしじんおり》**と西陣織物館**《にしじんおりものかん》　**上・元伊佐町**

平安以来、上流階級の織物として発展してきた西陣織は、今では最高級の織物として能衣裳などに受け継がれ、お召や袋帯などでも著名。西陣織物館ではこれらを総括展示し、実演、即売及び着物ショーも行なう。

＊二十五菩薩練供養《にじゅうごぼさつねりくよう》

十月十五日泉涌《せんゆう》寺即成院で行なわれる。少年たちが極楽の王阿弥陀と二十五菩薩を表わした行道面をつけて本堂前の橋を渡る。衆生を救うために菩薩たちが来迎する様を現出したものである。即成院には二十五菩薩坐像もある。

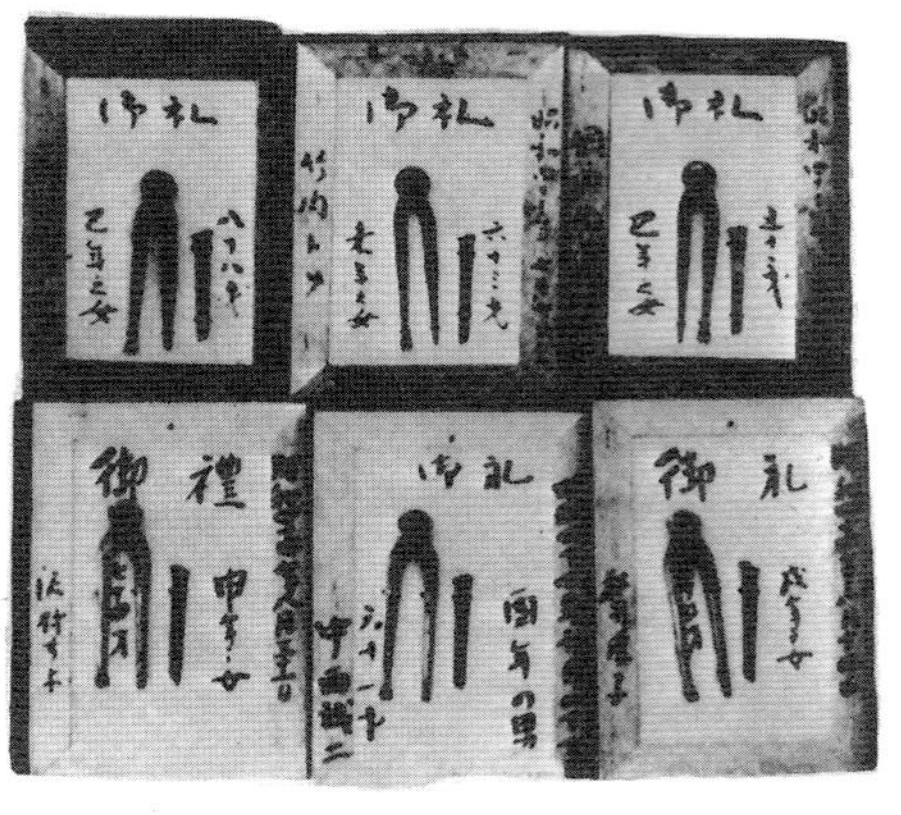

▶釘抜地蔵の絵馬

＊白沙村荘《はくしゃそんそう》　**左・浄土寺石橋町**

一九一四年、画家橋本関雪《かんせつ》（一八八三〜一九四五）が建てた邸宅。邸内の庭園は東山や比叡山を借景とした池泉廻遊式庭園。また、関雪コレクションの中には、重要文化財の毘沙門天や平安、鎌倉期の石造美術品が多くある。

＊琵琶湖疏水《びわこそすい》　**東**

琵琶湖の水を京都に運ぶ疏水。明治二十三年完成。途中逢坂《おうさか》山、東山はトンネルで横断。京都入口の蹴上《けあげ》では、水位の違いのため急斜面水路になっていて、舟はケーブルに乗って上下していた。伏見で宇治川に合流する。

＊伏見人形《ふしみにんぎょう》　**伏**

伏見稲荷参詣のお土産として、江戸中期に最も盛んに売られた。全国の土人形の源流をなす。種類は信仰、縁起に結びついたもの、歌舞伎から取材したものなど豊富。以前は五〇軒余あったお店は、今日では二軒を残すのみ。

＊仏具《ぶつぐ》

平安時代以降各宗派がおこり、寺の多い京都には、仏具の伝統も根強く残った。仏像、仏壇、厨子から数珠や位牌まで、全国の約九割を京都で生む。製作者や業者は主に下京区方面、東西本願寺から寺町筋に多い。

＊平安神宮《へいあんじんぐう》　**左・岡崎町**

一八九五年平安遷都一一〇〇年を記念して造営された。祭神は桓武天皇。社殿は平安期大内裏の正殿朝堂院を模した拝殿を中心に構成されている。神苑は南・西・中・東に区分された約一万坪の日本式池水庭園である。

＊平安博物館《へいあんはくぶつかん》　**中・菱屋町**

明治二十八年に京滋地方の金融界の指導監督のために設けられた。二階建赤練瓦造のゴシック風の建物で、西隣の中央郵便局と共に明治時代の洋風建築として貴重な存在である。現在、平安博物館となっている。

＊豊国神社《ほうこくじんじゃ》　東・茶屋町

一五九八年豊臣秀吉死去し、翌年豊国大明神が創建されたが、のち徳川氏によって破壊された。一八六八年方広寺大仏殿跡に再建。国宝唐門は伏見城の遺構であるという。当社の西に耳塚といわれる巨大な石塔がある。

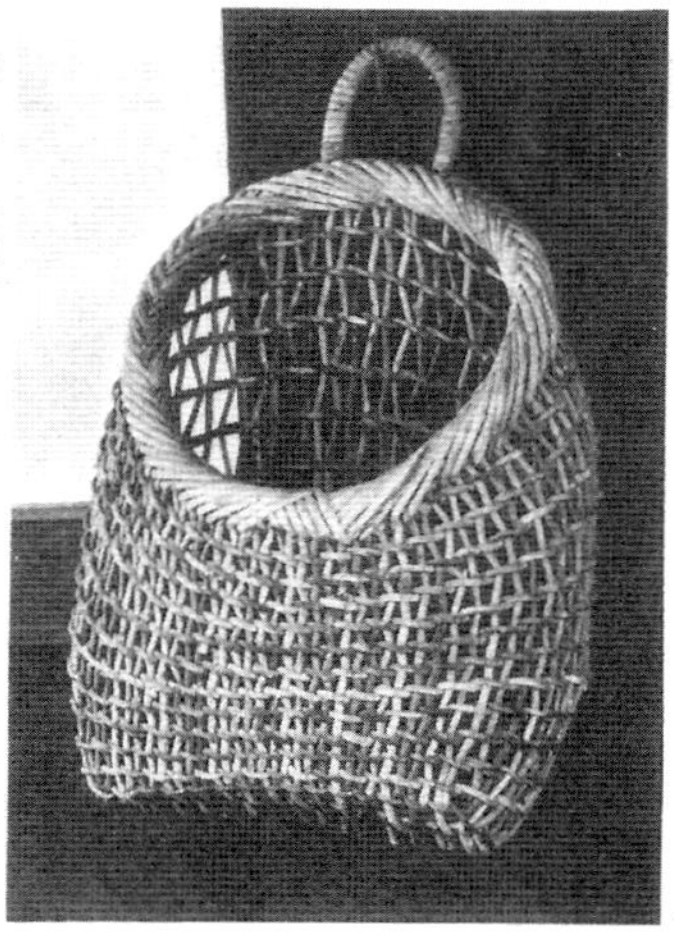

▶郵便受〈嵯峨野〉

＊先斗町《ぽんとちょう》　中

三条通りの一筋南から四条通りまでの間、鴨川にのぞむ花街。元来この地は鴨川の洲であったが、一六七〇年埋め立てて宅地とした。一七一二年頃からお茶屋ができはじめ、祇園と並ぶ歓楽街として発展してきた。

＊円山公園《まるやまこうえん》　東・円山町

もと安養寺や祇園感神院の境内であったが、明治初年、官に没収され、一八八六年、公園にされたもの。東山を背景として四囲に古い寺社をもった大公園。京都ならではの情趣がある。庭園は小川治兵衛の作ったもの。

＊南座《みなみざ》　東・中之町

四条河原に多くみられた芝居小屋は、江戸の最盛期には六軒を数えたが、幕末には南北両座のみとなった。一八九四年の北座廃止後南座のみが顔見世興業などで京の四季を彩っている。劇場西側に阿国《おくに》歌舞妓の碑あり。

＊壬生大念仏狂言《みぶだいねんぶつきょうげん》

壬生寺で四月二十一～二十九日に行なわれる。疫病払いのために一三〇〇年に円覚上人が始めたという。無言仮面劇で三〇種ほどある。演者は地元の人たちである。開演中常にわに口を鳴らしているので俗にガンデンデンという。

＊都《みやこ》おどり

祇園の歌舞練場で、毎年四月一日から五月十日まで行なわれる祇園芸妓の踊り。東京遷都後、沈滞した京都に活気をもどすために、明治五年から始まり、第二次大戦中を除いて、現在に至るまで続行されている京名物の踊りである。

＊無鄰庵《むりんあん》　左・南禅寺草川町

明治、大正にわたって活躍した元老山県有朋公の別荘。その庭は、明治の代表的な庭園といわれるほど美しいもの。東山を背景に疏水の水を引きいれ、豊かな滝と清らかな池泉を中心とした庭である。今は京都市が管理。

＊室町通繊維問屋街《むろまちどおりせんいどんやがい》　中、下・室町通

室町通四条を中心として南北約一キロにおよぶ地域は、絹織物を中心とした問屋街で、京都の同業者街のひとつ。中小企業が多く、時の経済状況をよく反映し、春・秋の市場風景は京都の景気を計るバロメーターでもある。

＊八坂神社《やさかじんじゃ》オケラ詣《まい》り

十二月二十八日にきりだした浄火を社前の灯篭に移し、三十一日夜半参詣人のもつ吉兆縄に授与する。人々はこの新しい火で神棚の灯明をともし雑煮をつくる。古くはオケラの煙で一年の豊凶を占った。

＊友禅染《ゆうぜんぞめ》と京都友禅文化会館《きょうとゆうぜんぶんかかいかん》　左・西京極町

元禄時代に宮崎友禅斎が手描の模様染を始めた。あらゆる人々から高級品としてみなされ今日にいたっている。また明治初期に広瀬治助翁が写し友禅を始め新しい道を開いた。ここには製造工程実演場があり映画も行なう。

＊陽明文庫《ようめいぶんこ》　右・宇多野上ノ谷町

近衛家の所蔵する書籍、美術品を保存管理するため、一九四一年に設立された。仁和寺の近くにあり、研究者にとって落ちついた雰囲気をつくり出している。定期的に所蔵品の展示などをする。国宝の『御堂関白記』あり。

＊立命館大学《りつめいかんだいがく》　上・中御霊町

一九〇〇年中川小十郎によって京都法政学校として設立された。はじめ学生は、小学校教師や弁護士の書生が多かった。一九一三年西園寺公望の私塾「立命館」の名をゆずりうけて今日にいたっている。

まだ市電が走っていたころによく見かけた、荷車での野菜売り。

紀ノ川にそって

文　西山　妙

写真　工藤員功
須藤　功
渡部　武
森本　孝
西山　妙

根来寺の聖天池と聖天堂

和歌山

旅立ちの前日　宮本先生は「いい」を連発

「ン？　明日から（取材に）出かけるか……。ポイントかいな。そうじゃなぁ……まあ気楽に、まず、行ってみることじゃ。へェエエエ（笑い声）何ちゅうてもおんもしろい所じゃ。根来《ねごろ》も粉河《こかわ》も。ボケーッと道端におって通る人を見ていてごらん。何かみつかるじゃろう」

当研究所長の宮本常一先生は例の調子だ。うまいこと見どころを聞き出そうとした目算は、上手にかわされてしまった。けれどもそれがかえって幸いして、単純な私はたちまちのうちに、気楽にボケーッと出かける気になってしまう。実の所この数日、粉河と根来について資料のひろい読みがたたり、柄にもなく沈痛な顔をして暮していたのである。

「留守中、坊主はどうするのじゃ」

坊主とは二歳半になる私の息子である。

「チャン（坊主の父親）と二人暮しです」

「エエエ、そりゃあいい。いい事じゃ」

先生はさかんにいいを連発なさって電話は切れた。

さあ、大車輪でしたくにかからなくては。中耳炎を得意とするトラ（息子の名）を念のため病院に連れて行く。保育園へ通う時の持ち物をそろえる。臨時の育児係・チャンへの注意事項はこまごまと箇条書に。献立表作り（途中で挫折）、保存食の購入、洗濯等々……。

その夜、「おやすんない（おやすみなさい）」

お尻をひょっこりかがめて言う彼に、明日おめめが覚めてもちゃぁちゃん（私）はいないこと、次の日もその次の日もいないこと、お仕事が終ったら急いで、急いでトラの所へ帰って来ることを告げた。

「チャンと二人していい子でいるのよ」

私は柔らかい髪をなでてあげながら、いっしょうけんめい優しく言った。泣かれるかしら？

「ぼう（僕）、いい子していないもーん」彼は笑った。けれど顔のどこかが笑っていない。トラのこんな表情をはじめて見た。

早春の紀ノ川。撮影・鈴木義之

和歌山へ

新幹線が雪のために四十分程遅れた。昼すぎに大阪着。環状線で天王寺に出て阪和線のホームに立つ。

空が低い。パラパラッと何か散った。と思ったら、灰色のハト達だった。よく見るとドームの鉄骨にもレールの枕木の上にも群がっている。よどんだ空気と騒音と雑踏をついばんで生きているかのように猛々しい。ハト達の上に優しく小雪が散り始めた。

その雪も岸和田あたりで止んで、はるか家並の遠方に海が見え隠れするころはうす陽さえも射し始める。初めての土地ですもの、傘をささないでブラブラ歩きをしたいな。この分だとまずまずの第一歩になりそうと胸をなでおろし、物見の場所は和歌山城の天守閣と決めた。

列車は水平線とサヨナラするとしばらく山間を走りつづけ、やがて和歌山平野の東のはしっこにすべり込んだ。広い。その感は平野の中心に進むにつれて増してゆく。地図を見て想ったよりはるかに広大な平野であった。

国鉄和歌山駅の改札口を出る。市の玄関はここの他に、私鉄南海鉄道の終点の和歌山市と、阪和線・紀勢本線の起終点である東和歌山駅の合計三つがある。

駅前のターミナルで城へ行くバスを待ちながら市街地図を広げた。東鍛冶屋町、駕《かご》町、東・西紺屋町、桶屋町、大工町、舟大工町といった町名が今も残り、元町奉行所といった名も見える。武士は雑賀《さいか》、湊《みなと》、新堀、広瀬等、城の周囲に住んだという。

紀ノ川河口では、紀ノ川の水路と沿岸航路の連絡点として紀伊湊が早くからひらかれた。一方、城下町としての歴史は、豊臣秀吉が自ら指揮して城を築いた一五八五年に始まる。その後、関ヶ原の合戦の功で紀州三十七万石に封じられた浅野幸長《ゆきなが》が町割りをして城下町の体裁がととのえられた。けれど浅野時代は短い。大阪に近い上、海に突き出て四国をひかえる紀州を西のカナメにと考えた徳川は、浅野を広島へ送って、将軍秀忠の弟・頼宣を五十五万石に加増して領主としている。以後御三家の一つとして栄えた。江戸末期には、町家七九一〇戸、武家一二〇〇戸。紀ノ川デルタの農業、強力な藩の力を背景にした商工業の発達はめざましくて、金沢、名古屋、仙台、広島とともに、江戸、大坂、京につぐ大都市だったという。けれど現在は人口三十万弱。県人口の四分の一を集める和歌山県の中心地とはいえ、全国的に見ればやはり地方都市でしかなくなってしまった。

寒風が耳もとでピッピーと泣き、地図をちぎれる程はたくと、路上の紙くずを巻き上げて逃げて行く。背をかがめてバスへ。十分程揺られて公園口で下車すれば、そこはもう旧城内であった。

曇り日のため日暮の訪れが早い。木々の茂みや石垣の陰はすでに闇が濃かった。風がふきすさび、古木達が気が狂ったように枝をふりまわす。

和歌山城は増築と火災と再建を経て、明治四年（一八七一）に廃城となったけれど、天守閣だけは第二次大戦まで残っていた。それがある晩の空襲で焼けた。

昭和三十三年（一九五八）に復元されたという天守閣を見上げる。西に沈む太陽の最後の黄色い光線を受けて、天守閣が浮んでみえたのはほんの一瞬。あとは手を

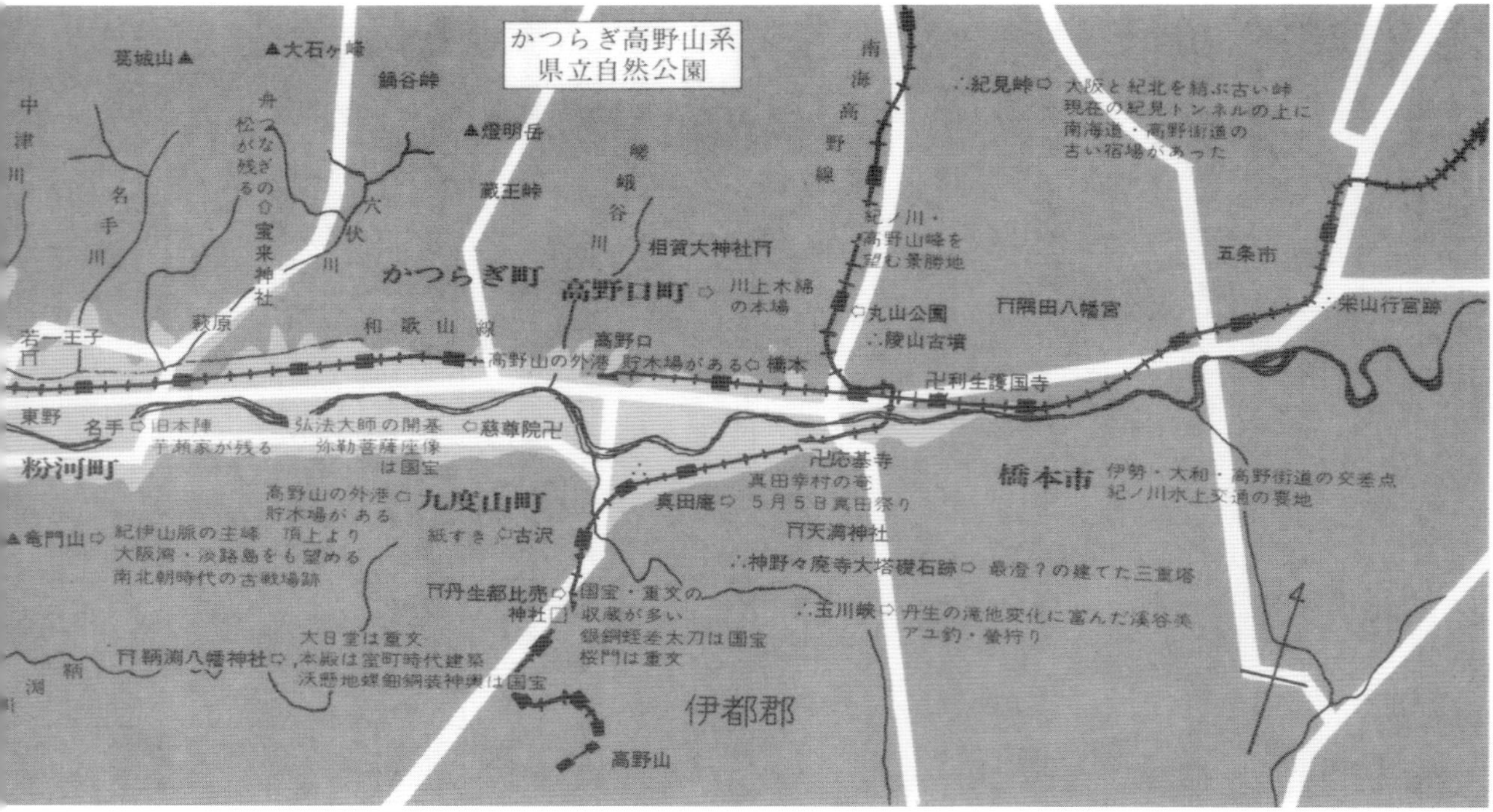

上げたらとどきそうな低さを一目散に東へ走る、生き物のような暗雲の色に、見る見る染っていった。

翌日、昨夕とはうって変ったうらうらと暖かい朝、再び城の石垣の間の広い階段を上った。天守閣の一・二階は博物館になっていた。ガラーンとした、これという物も見つからない展示場。単調な自分の靴音を聞きながらさらに上へと階段を登ると、視界いっぱいに、早春の紀ノ川平野が広がった。

東に向って立つと、日本屈指の多雨地帯・大台が原の雨を集め吉野川の支流を合わせた紀ノ川が、平野をにぶく光りながら流れて西の海へそそいでいる。川の南には高積山、紀州富士の名を負う竜門山、高野の山々、北には雪化粧の和泉山脈の連なり。西の方を望めば、煙突の並ぶ住友金属等の工場群が河口に広がる。そして貯木場。クレーンを高くあげて木材を積み込む貨物船がおもちゃみたいに小さく浮ぶ。海原にはポチポチと島影。本当に優しい光景である。しかし平野の南東のはしには、高い峰々と深い谷を抱いて南に伸びる、紀伊山脈の厳しい山々がけぶっていた。

数年前、私はその山地を五条から新宮へと縦断したことがあった。その時に紀ノ国は山と木の国だな、と痛感した。さらに新宮から南の海岸線は、まるで山が海に噛みついているような荒い地形である。けれど太陽がいっぱいの南国で、人々はたくましくして陽気だった。そして今、私は紀伊の三つ目の顔を見ている。

天守閣を下りる。あたりは新婚さん、団体さん、家族づれのおしゃべりと笑い声が絶えない。日ざしがまぶし

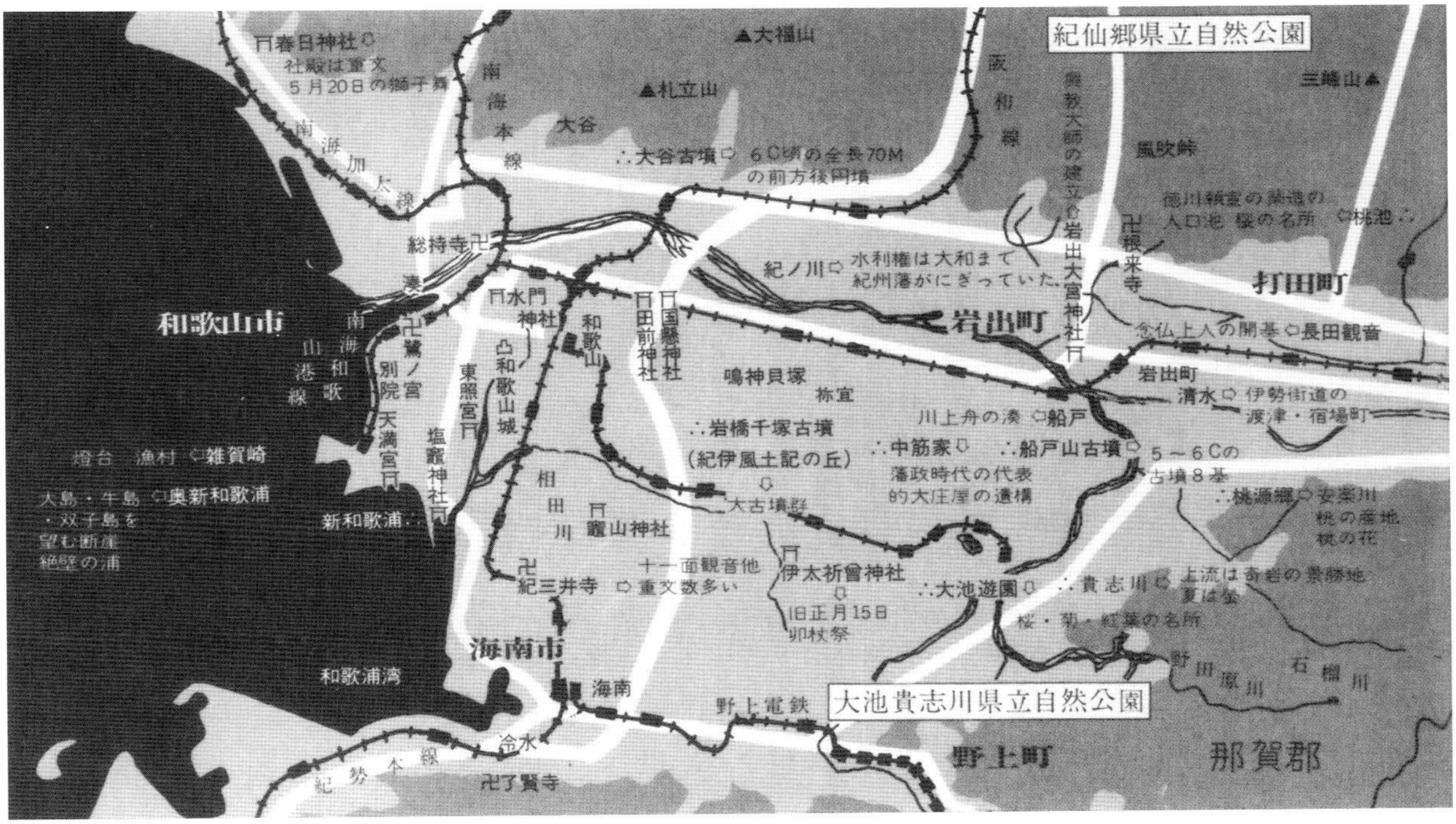

く、風は柔らかくて優しい。今日の私は身も心も軽やかだ。サーテどこへ行こうかしら……。

旅のいとぐち

「サーテ、どこへ行こうかしら」

頭の中に地図を広げると、訪れたい所が赤印で浮んで来る。城の石段を下りながら考える。あそこが先、それともこちら？　大好物を並べられておろす箸に迷うのにも似た楽しさだ。その楽しさを味わっていたらいつの間にか博物館の前へ出た。決った、博物館に入ろう。

受付けで目録を見つける。二百円也。

受け取りの発行を待つあいだ事務室で何げなく話したのがきっかけになって、旅の目的や訪問地をあれこれきかれた。そして幾人もの方が机ごしに、あれこれアドバイスして下さる。

そこへ、ドカドカといそがしげに館の学芸課長さんがはいって来た。近日開催する特別展の準備に走り廻って、今、ひょっこりもどって来たそうだ。そして私は、

「君、この人を頼む」

の一言で、一時を争うほど忙しいこの課長さんに移管された。

聞けば学芸員は彼一人だという。学芸員がたった一人という博物館は他にはないでしょ、と彼は笑いながらいう。だから特別展をすると企画から物あつめ、展示場まですべて課長さん一人の肩にかかってしまう。和歌山県という所はこういう面にあまり力を入れていないような印象を受けた。

そんなわけでゆっくりお役に立つことも出来ませんが、という前置きにもかかわらず、課長さんは、資料を何冊も広げて、手元にない資料の入手先やお訪ねしたらよいと思われる方々の名前まで、こと細かに教えて下さった。

　見せていただいた資料のなかに細かい字がビッシリ埋まるガリ板ずりの報告書があった。表紙には「根来寺研究シリーズ」とある。その冊子の頁をパラパラとめくっていくと、著者の林真次さんという方に無性に会ってみたくなった。きっとガン固な馬車馬のごとき研究一途の人に違いない。私はそんな人にすぐ心を引かれてしまう。漠然とした旅の目的地だった根来に、はじめて一つの糸口を見つけたような気がした。

雑賀崎

雑賀―丘陵の急斜面に張りついた漁村

　雑賀崎を訪れたのは、四月二十日、全国に死者や行方不明者まで出した、あの狂ったような雨と風の日であった。

　あたりは和歌浦丘陵が一度背をそらせてから海へ落ち込んだ断崖。崖の上の道を歩く私の顔に、海のしぶきを含んだ風がまともに当って痛い。織田信長に敗れ、住みなれた本願寺に火をかけた、教如上人が身をひそめたという鷹ノ巣の岩窟は、この断崖の下にある。また、その教如の父、十二代法主顕如が逃れた了賢寺は、この和歌浦にそってもっと南へ下った、弥勒寺山の上にある。

　窟へ下りてみようかしらと思った瞬間、体がワァーと浮いた。

　古くから開かれた雑賀崎の漁村は、丘陵の急斜面にベッタリと貼りついた密集集落だ。軒の下を迷路のようにおれ曲がる階段状の小路を下りる。どこかで物の砕ける音がした。バタバタと数人の走る音。

「船がァ横倒しだッ」

　あとの大声は、風が引き裂いて聞きとれない。若い衆

雑賀崎。〈紀の国の雑賀の浦に出《い》で見れば　海人のともし火浪の間ゆ見ゆ〉と万葉人も詠んだ。

かつて一本釣りで鳴らした雑賀の漁夫

雑賀の集落に平地はほとんどなく、家々は急な坂道に連なっている。

がものすごい勢いで、階段をとびおりて行った。ビューン、目の前にトタンが飛んで来た。恐い！

やっと海辺へ出た。沖に踊る白波小僧達、堤防に打ち当って空高く砕ける鉛色の海、天をかける暗雲――その荒々しい光景の中では、おびただしい舟の群も繊細にすら見える。倒されたのはどの船なのだろう。

村のはしの坂道を上って丘陵の上を走る自動車道に出た。かって紀州沿岸は無論、遠く九州沖まで出漁する一本釣りで知られたこの村は、一帯の断崖奇景を売りものにする観光地化の中に、ぽつんと取り残されている。

いつ通るとも判らないタクシーを待った。吹きさらしの雑賀崎の上で海と空を眺めていると、熱烈な一向宗の信者であり、勇猛果敢な兵でもあった、雑賀門徒へ想いが傾いてゆく。

信長VS本願寺が頼みとした雑賀衆

尾張領を築いた織田信長は永禄三年（一五八〇）に今川義元を、十年には斉藤道三を破ると翌年には北条義昭を奉じて入洛し、さらに次々と近畿の諸勢力を圧して、京都を制した。しかし彼が海上交通の要路・瀬戸内海へ進出しようとした時、一つの大きな力と激突しなくてはならなかった。それは淀川の下流の石山に城をかまえる本願寺である。

本願寺は明応五年（一四九六）、摂津国東成郡生玉庄《いくたまのしょう》大坂に蓮如上人が創立した、真宗の総本山である。当時の本願寺は、事実上加賀の国を支配し、北越の一向一揆と結び、西の毛利に通じる一大勢力の拠点で

紀伊国真宗分布図

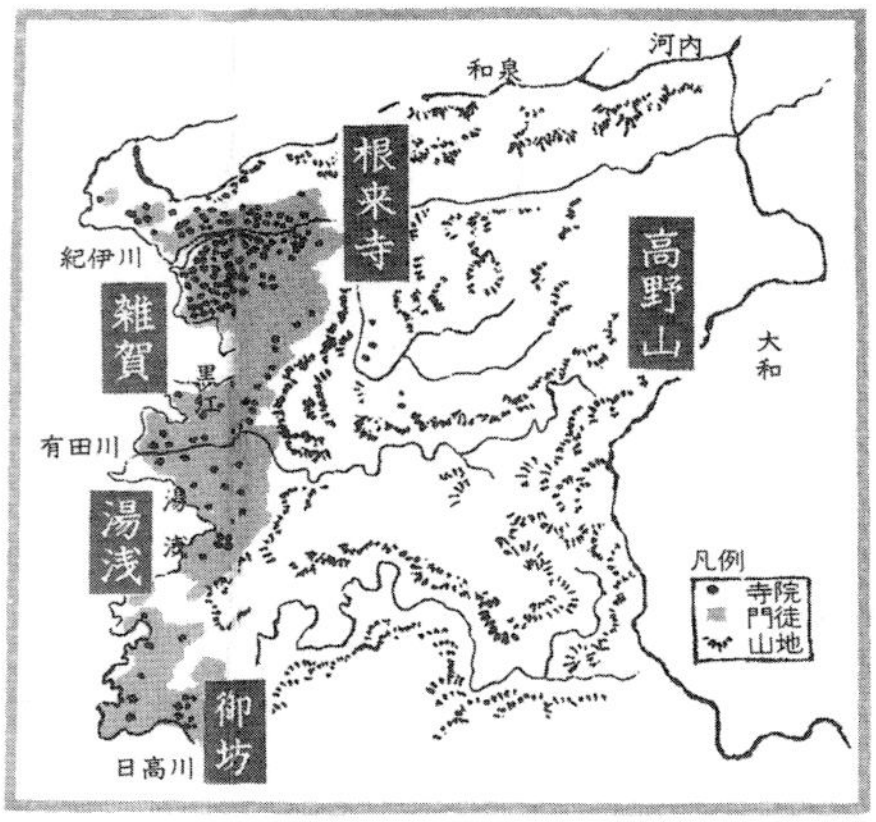

あった。

紀伊農民の間に真宗が急速に広まったのは蓮如（応永二十二年生。八十五歳で没）の時代である。彼一代で、寺院、道場は五九ヶ寺を数えたという。続く時代も次々と寺は増え、寺を核に農民は組織されていった。こうして領民すべてが門徒化すると、郷士、国人《こくじん》も妥協して門徒化せざるをえない。彼らは数多くの鉄砲を持って城を構え、連合して加賀のような国人・門徒の国を紀伊国へ打ち立てようという動きすらあった。

当時の雑賀の様子は、宣教師ルイス＝フロイスが長崎から耶蘇会に送った手紙で次のようにのべられている。〈紀州の住民の四分の一は雑賀地方に住み、彼等は〝欧州では富裕な農夫〟と称すごときものである。ただ異なるのは、軍事面では海陸とも少しも根来に劣らぬほどの力を持っている。又、彼らは一向宗の信者で、事あれば本願寺が頼みとしたのは、常に城に勤めている彼ら六千～七千の雑賀の兵士である。彼らは衣食の費用を自弁し、陸海の戦争に必要な軍需品も自費でまかなった〉

信長にとって本願寺と戦うことは全国の門徒を敵にまわすことを意味する。しかし国内統一を目ざす信長には、是が非でも打たなければならない相手であった。

他方、本願寺も戦を決意した。十一代法主顕如は元亀元年（一五七〇）全国門徒に「法敵信長と戦え」と命じたのである。全国の門徒は立ち上がった。

けれど信長は二年半後、武田信玄を仲介として和議を結んだ。各地に野火のように広がった一揆との戦いのなかで、まず本山の手足といえる門徒を絶やすことが先決と判断したためである。両者は次の戦いにそなえつつひそかに戦力をたくわえた。

この仮の均衡が破れたのは、天正元年（一五七三）の信玄の死である。時機到来と信長は伊勢長島の攻略にかかると一年で全滅させ、越前の門徒を鎮圧して本願寺を孤立させた。そして天正五年（一五七七）二月、本山合戦の主力・雑賀門徒を打たんと、根来の杉ノ坊を道案内に兵数万を率いて出陣したのである。

雑賀の軍勢は弥勒寺山を本陣に、付近の小山にいくつもの砦を築いて信長軍を迎え打った。けれど一ヶ月後の三月、怒濤のように打ち寄せる大軍に力尽きる。こうして最後の足を切り落された本願寺は天正八年、講和を結び、十一年にわたる合戦は幕を閉じた。

戦いを指揮した国人・末寺坊主は新しい織豊政権の下に組み込まれ、本願寺は純粋宗教の世界へもどった。そして戦の主役・門徒農民は刀狩りで反抗の武器をことごとく奪われたのである。

根来寺《ねごろ》

根来へ

根来へは和歌山市内からバスが通じているけれど、紀

根来寺大門。最盛期には、西・南・東と三つの大門があったが、いずれも天正13年（1585）の兵火で焼かれた。この西大門は嘉永3年（1850）に再建されたものである。

ノ川を眺めながらゴトゴト旅するのも楽しそうと和歌山線を利用した。

かっては一面水田が続いたという和歌山平野も、和歌山市内では家並みが絶えない。それが次第に減って、反対に畑の方が多くなるのは船戸あたりだろうか。ミカンより少し黒ずんだ葉のハッサク畑と玉ネギの畑である。ハッサクの実は年内につみとられ、今ごろはまだ倉庫で眠っていて、一、二ヵ月そうしてシブを抜いた後出荷する。かってのミカン畑は寿命が来ると大体ハッサクに代わるという。作る手数は差が無いのに、ハッサクはずっといい値で売れるからだ。有名な紀州ミカンの中心地はもう少し南、有田川付近である。

岩出で下車。根来へ行くバスのダイヤを見て驚いた。一時間に一本、多くて二本。時間によっては丸々一時間バスは来ない。根来は小さな町で、バスがひんぱんに往き来する必要も無いそうだ。出かけるには、自家用の車やタクシーを利用するという。なるほど二十分程して来たバスには、ほんの数人しかお客はいなかった。

根来寺—外へ向っては一大戦国大名

葛城《かつらぎ》山脈の南のすそ、三十六の小山からなる根来山には、ひとたび鐘が打ち鳴らされれば武装する一万の僧が、二千有余の僧房に住んでいたという。

遠く奈良時代、葛城山一帯は役《えん》の行者の修験場であった。根来山もその二十八の行場の一として開かれたけれど、一〇八七年この地方の長者が寺を寄進して豊福寺（根来寺の旧名）が建立された。そして長久元年（一一三二)、鳥羽上皇は寺を付近の五つの荘園とともに、高野山の覚鑁《かくばん》上人に下賜している。

上人は「近ごろ高野の御山に覚鑁上人とて、やんごとなき聖者おわしけり」と少々おへそのまがっている兼好法師さえもたたえているほどの、名僧であった。とはいえ高野山には上人と対立する僧も多い。彼は四十歳半ばで山を下りると、多くの弟子と共に根来山に移って新義真言宗の本山とした。これが根来寺の始まりである。寺領内はすべてこの宗派一色になったのは無論、一五〇年後には七十二万石と大名なみの勢力を張るまでになった。それには朝廷の荘園寄進、新義真言宗の発展もさることながら、南北朝時代から自衛のためにたくわえた僧兵の武力によるところが大きい。

十六世紀、二人の外人宣教師は故国へ次のように根来寺とその僧兵のことを書き送っている。〈寺の職業は戦争に従事することで、毎日矢を生産し、多く生産したものは戦争のとき多くそれを使用することができる。戦争がたくみでつねに練習をしており、火縄銃および弓矢にひじょうにすぐれていた〉(ルイス=フロイス)〈必要に応じて根来の衆徒は、金銭でやとわれて戦争に参加した。毎日、各人が矢を七本つくり、毎日、銃および弓の試射をし、武技をおもんじ、つねに練習した。おもな仕事は武芸を練ることであり、優秀な高価な剣をもち、人をきるのも、よい包丁で大根をきるようによく切れた。……僧はむすんだ髪を背に長くたらし、絹の着物を着て、剣には金の飾りをつけていた。池や庭園があって、果樹や立派な住宅もあった〉(ガスパル=ビレラ)

彼らの武力を確かにしたのは鉄砲である。根来山・杉の坊の津田監物《けんもつ》はいち早く種子島に渡って鉄砲を求め、製造法を根来の工人・芸辻清右衛門に伝えた。そして多くの鉄砲が生産されたという。このような法衣をまとって鉄砲をにぎった根来寺は、領民には中世土豪的な立場にあり、外へはまさに一大戦国大名以外の何ものでもなかったのである。

寺へは昔、東坂本、西坂本、蟹谷と三つの入り口があって、特に両坂本は門前町としてにぎわった。東坂本はまったく変わってしまったと聞いていた私は、西坂本でバスを降りる。あたりは、瓦を乗せ、白壁をめぐらした立派な旧家がいくつも並び、寺まで続く細い通りの両側は、門前町のたたずまいを残している。人影はまったく無い。静止画像のような道を歩いていると、寺をめざした旅人たちのイメージが浮かぶのだった。参拝する者には、寺に滞在する数日、宿坊と食事が無料で提供されたという。また根来の兵たらんとやって来た男であれば、前身を一切問題にされないばかりか生活を保証され、さらに戦功を挙げれば名誉が与えられたという。一口に僧兵といっても、中には宗教心とは関係ない、社会の落伍者や食いつめた衆徒も少なくない。戦で多数の死者を出しても、集まって来るこれらの男達で戦力はすぐ補われたのだろう。

家並をぬけると畑が広がる。その中へつづく寺への道を大門がまたいでいる。往時ならば大門を守る仁王への参拝を司る仁王門院がつづき、あたりの小山のあちこちに寺や坊の屋根をのぞめたであろう。しかし、今は雑木

根来寺諸堂配置図　（矢印は参拝順路）

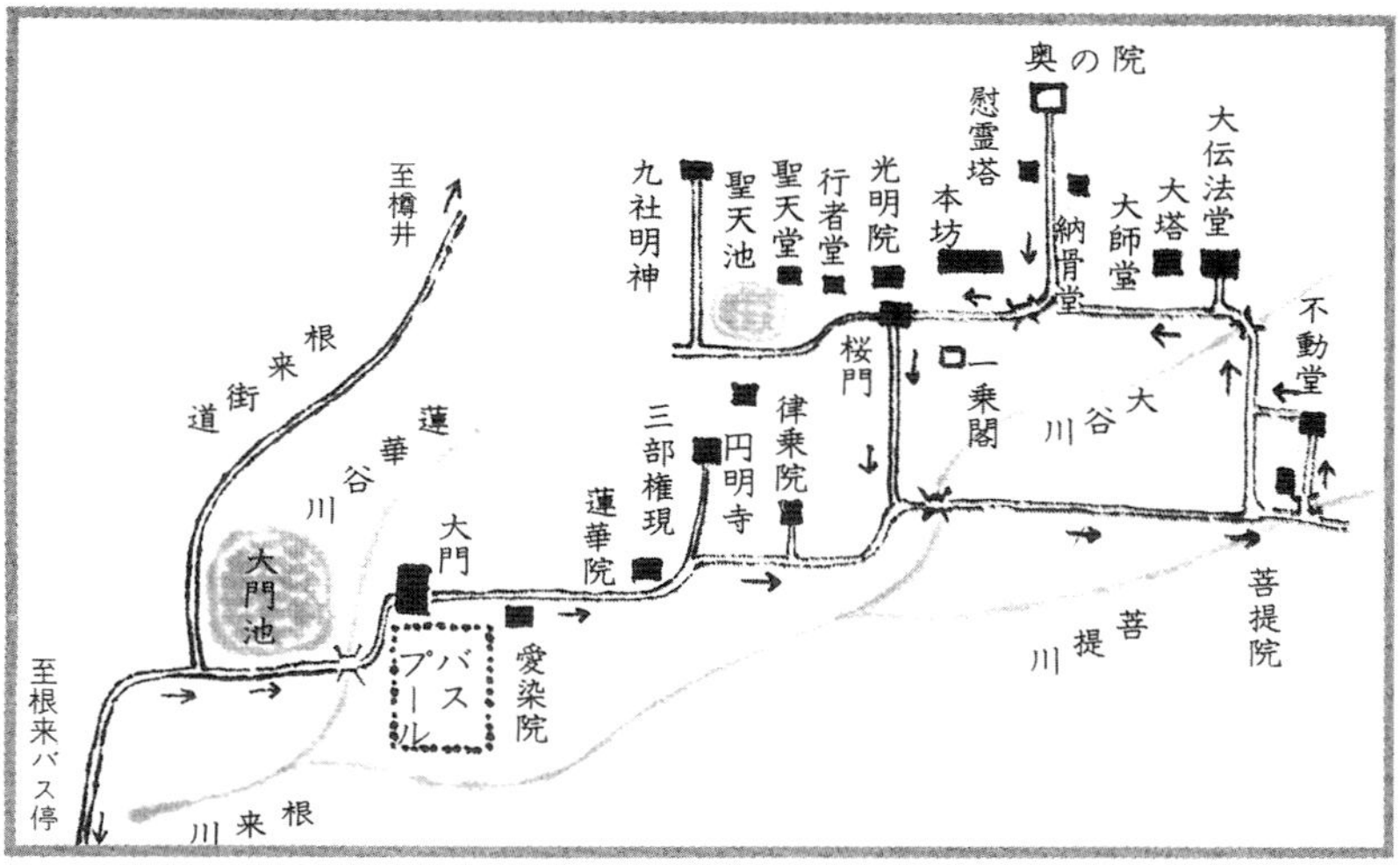

の小山を背景に大門がポツンと立っているにすぎない。参道を進むと、学頭職にあった僧の房、愛染院、蓮華院、律乗院が、点々と残っている。それにしても、この山麓に二千七百余りの寺・房がかって存在したことはピンとこない。けれどまてよと考える。この七十二万石の国の領主は根来寺である。城にも等しい境内に御家人に相当する僧のやかたが屋根を並べてつづいても、何の不思議があるだろうか。

　桜門をくぐって、名高い庭園のある本防、役の行者を祀る行者堂、十一面観音を安置する聖天堂、光明真言殿、覚鑁上人の御廟所・奥の院。さらに進むと、伝法院の境内にはいる。悪夢のような一夜、秀吉の軍二万五千が嵐のようにかけぬけた後に残ったのは、全山でわずかにこの境内だけだったという。

　天下統一をはたすかに見えた信長が、本能寺で天正十年（一五八二）に死ぬと、戦国大名の戦いは各地で激しさを増した。戦いと和議・同盟と寝返りがうずまく。天正十二年、徳川家康は、根来、雑賀、太田、粉河等の紀北勢力を味方にすることに成功した。

　けれど秀吉にしてみれば、紀北では信長以来手を焼いている。彼はまず最終の敵・家康と和しておいて、天正十三年（一五八五）三月二十二日、諸国から集めた十万の兵、七千人の鉄砲隊を率いて岸和田の南に達した。一方、紀州勢は二万の兵を葛城山脈の北に進めた。戦いは激烈を極めた。しかし短かった。紀北側の主要な砦・千石堀城を落した秀吉は翌日、六万の軍を二手に分けると、押川《おせがわ》の間道をつたってなだれのように根来寺に押し寄せて来たのである。

　兵力の差は歴然としている。音に聞えた精兵も、引いては寄せる敵軍と巧妙な秀吉の戦法に屈した。彼は寺に火をはなち、紀ノ川沿いに西走して、翌日にははや紀北連合軍の最後の拠点となった太田城へ向っている。

　太田城は小さな城とはいえ、堀の深い、櫓の高い堅固な城で、武器、食料のたくわえも豊富で容易に落ちない。秀吉は紀ノ川の水を引いて水攻めを計った。高さ二間～三間半、全長五十三町の堤を延べ四万人を動員して数日で築いて二つの堰から水を導いた日本三大水攻めの一つ「太田城水攻め」である。小城は浮き島のような状態になった。さらに海上から大砲で攻撃もした。こうして約一ヶ月持ちこたえた紀北勢も四月二十四日、ついに降伏したのである。

　伝法院境内を眺めれば、国宝にも指定されている大塔

太田城趾。一つの市のようなもので、雑賀地方の財宝をことごとくここに集め、根来や雑賀のおもな諸将もここにいた。軍需品・兵士・食料も多く、米だけでも20万俵をこえるほどたくわえてあったという。紀北勢最後の拠点であった太田城を秀吉は紀ノ川の水を引いて落とした。

の右に本堂の伝法堂、左に弘法大師を安置する大師堂が並ぶ。教義自体を現わし高野山の大塔を模したというその塔は、壮大で見る人の心を打つ。

大塔の北の山すそに墓地があり、そこに小さな宝篋《ほうきょう》印塔《いんとう》や五輪塔がならんでいる。それらには年号のきざんだものが少なくない。永禄頃から天正にかけてのものが多い。ちょうど戦国まで、この寺の僧たちが盛んに地方へ出撃していた頃である。多くは戦場の露と消えた人たちの供養塔であろう。根来の僧兵たちは紀州平野ばかりでなく、寺域のすぐ西にある根来街道を通って和泉へも出撃した。和泉山脈を横切る道なのだが大した坂らしい坂もない深い谷間を北へぬけると、和泉の金熊《きんゆう》寺、信達へ出る。根来寺は和泉にも寺領を持ち、その寺領との往来はこの道を利用し、時には僧兵の道ともなった。

ところで、江戸時代にはいってからの紀ノ川筋の人々だが生活はあまりゆたかではなかったようで、貧しい農家の娘たちが人馬喰とよばれる老女たちに連れられて、和泉平野の大百姓の家へ年季稼ぎに行ったものである。そして嫁に行く頃まで働き、嫁入着物など整えてかえってきた。

大師堂・大塔・大伝法堂の残る境内に集められた、おびただしい数の五輪塔と地蔵尊

「朝はド狐、昼間は狐、夜さら啼くのは狐さん」という民謡が和泉地方にある。これは紀州から働きに来た女たちが歌ったもので、朝の狐の鳴き声を聞くと起き出さねばならなかった。夜狐のなく声を聞くと寝ることをゆるされたのだという。こうした生活も明治の中頃

からずっとよくなり奉公に出る者も減って来る。そして今は、ゆとりのある屋敷構えの農家を目にすることが多い。

山には菩提川、蓮華谷川、大谷川が流れ、耳をすますと静けさの奥に水の音が優しく聞える。全山が火の海に化した天正十三年三月二十三日、夜の川面を戦いの血と炎で赤く染めながらも三条の川は優しく流れたことだろう。

資料を読めばありありと目に広がる、狂おしい根来寺終末の絵図も、こうして山内をそぞろ歩けば、遠いある日の出来事として静まっていた。

根来寺大塔。天文16年（1547）落成。秀吉軍の銃痕が残っている。

林さんの話

翌朝、博物館で手にした『根来寺研究シリーズ』の著者でいらっしゃる林真次さんとの約束の時間に合わせて、宿を後にする。手も足先も鼻もコチコチに冷たくなって、目からは涙さえながれる。道すがらの畑のネギの緑が目にしみる。林さんのお宅に着いたのは十時を少しまわってさすがの気違いじみた冷たさもようやくゆるむ頃だった。

林さんは温かく私を迎えて下さった。そして記憶に残っている古い根来寺の話を聞かせてくれた。

林さんの幼い頃（氏は大正元年生れ）の遊び場は家のすぐ近くの根来山だった。当時はいたるところに寺があり、そこここに房があった。房の跡には古井戸が無気味に口を明けていて、落ちたら死ぬゾ、とバァチャンに毎度毎度言われたものだった。大正末ごろにはまだ弁当を持って丸一日を根来で過してもあきない程寺も多かった。ただし井戸は木の葉や土に埋められて、わずかなくぼみになっていたという。

「ではもう少しさかのぼった明治の頃だったら、息をしているお寺や房があったのでしょうか？」

「ありましたよ。少くとも江戸末期にこれだけの寺があったのですから」

と言いながら例の『根来寺研究シリーズ』のうち一冊をとり出して、おり込みの古図をハラリと広げられた。

私は息をのんだ。三千分の一のその地図にはおびただしい黄色の丸印が豆を播いたように散っていた。丸印はかつての僧房や寺だという。百五十は楽に超えている。

根来寺は天正十三年の戦火以後、一般的な歴史書からはすっかり消息をたってしまう。わずかに博物館で見せ

紀ノ川流域の豊かさを物語る立派な家構えにいくつも出会った。西坂本

西坂本はかつての根来寺の門前町の古い面影をよくとどめている。

ていただいた資料から「生きのびた僧達のうちには帰山して庵を結んだ者もあったし、江戸時代に入ってから藩の再建の援助もあった」という程度のことを知っていたに過ぎない私には、林さんの地図は全くの驚異であった。

根来を逃れた僧は京都の智積院と大和の長谷寺に落ちつくと、それぞれ真言宗智山派と豊山派をとなえた。そして以後、三千余寺の末寺を持って栄えたという。一方総本山の復興は容易ではなかった。縁のあった家康に再三にわたって出した再建の願い出もとりあげられず、寄進勧化《かんげ》が許可され二百三十石が与えられたのは、寛延年間（一七四八～一七五一）になってからだった。

実に苦しい二百年があけて、光明殿、本堂、大門が五十年程の間に次々と落成した。さらに、山内の不動様が「三国一のきりもみ不動」として広く信仰を集めると、

〽サンサ坂本、箒はいらぬ
　お不動詣りの、裾ではく

こう根来子守歌にも唄われる程、栄えたという。先ほどの古図はその頃の根来山であった。

大塔から少し南へ下った所にその不動堂がある。「三国一のきりもみ不動」は、覚鑁上人が高野山で反対派の僧におそわれた折、身がわりになったという仁王尊で、根来に移された時にいっしょにお連れして安置したという。

さて本山の根来寺が復興されたとはいえ、末寺を治めるのは京都と大和の二派に変わりはなかった。不動尊信仰と二百石の寺領をよりどころにして末寺を事実上持たない根来寺は、徐々に衰退して行く。そして明治末に座主さんが二派の交代制になると、総本山とはまったく名ばかりになってしまう。一方、信仰心は民衆からだんだん遠のく時勢になった。林さんの古い記憶はちょうどこの頃にあたる。さらに戦後の農地解放は唯一の財源の土地をうばってしまった。

林さんは深いため息をついた。

「天正十三年以前の古図を見せましょ

うね」その古図にはもううんざりする程の白丸がのっている。二千余房というのはこういうことなのか、とはじめて実感が湧いた。それらの僧房には仏事、仏学に従事する学僧と、経済的な面や日常雑事に従事した行人とがあった。一般に僧兵と呼ぶのは後者の行人のことで学僧は含まれていない。そして寺の生活はといえば、かなり自給自足的だったようである。武具は無論、日用什器に至るまで僧達が作った。男性だけの、しかも僧だけの生活の内側はやはり知ってみたい気がするけれど、多分に閉鎖的な社会だった上に寺の焼き打ちにあって古文書もほとんど残らず、知るすべもないという。

粉河《こかわ》寺

粉河寺―西国三十三ヶ所三番目の寺

「寄っていきませんかァ」
「甘酒いかがでっかァー」
「温ったまってぇなぁー……」

茶屋の前で数人の娘さんが歌うような声で誘う。

林さんの家で半日を過ごし、再び和歌山線で紀ノ川をさかのぼり、西国三十三ヶ所で名高いここ粉河寺まで来ると、やはり夕刻になってしまった。先を急いでもはじまらないと、寺の大門をくぐって直ぐ右手にある茶屋で甘酒をすする。ズズーッ。甘くて熱い汁が舌とのどを焼くように通過する。だが体の芯はいっこうに温まらない。お客は皆、黙ったまま甘酒をすすっている。

粉河寺の歴史は古い。

それは粉河寺縁起からもうかがえる。縁起には次のような話がのっている。宝亀元年（七七〇）紀伊国猟師、大伴孔子古《おおとものくじこ》が一夜、庵に若い行者を泊めた。翌朝、行者はその御礼に何か願い事があれば叶えてあげようと言う。孔子古が仏像を所望すると、行者は金色に輝く千手観音を彫って姿を消した。観音様が行者に姿を変えて現れ、自らの姿を刻まれたのであった。

また、こんな物語もある。河内国の長者、塩川左太夫の娘が重い病にかかった。そこへ旅の行者が尋ねて来て加持祈祷をしてくれた。行者はそのまま粉河の里の者であると告げて去った。その行者を捜し歩いていた長者一家がとある堂の前に夜を過していると、夢に千手観音が現れた。長者はさては行者は観音様の仮の姿だったのかと、さっそくお堂を建立し、粉河寺の興隆に尽くしたという。

この二つの縁起物語は十二世紀の後半頃に作られたと推定される「粉河寺縁起絵巻」に見える。この絵巻は現在国宝に指定されているが、いつの頃のことであるか、火事にあって損傷が甚しい。

さて粉河寺のことを文献によってさぐってみると、『延喜式』に粉河寺領として稲四百束をたまわっており、正暦二年（九九一）には四至（境界）を定めて粉河荘とし、さらに栗栖、平田、井上新荘などが寄進されて、寺院としての勢力を拡大し、僧兵もおくようになった。これは現世利益の仏としての観音信仰の流行とも深い関係があったことによるものかとも思われ、最盛期の天正の頃（一五七三―九二）には七堂伽藍五百五十ヵ房があり、寺領は四万石にのぼっていた。

粉河寺は西国三十三ヵ所の第三番札所。参詣者が絶えない。

粉河寺の四十八武衆

その粉河寺も天正十三年、根来寺を焼き払い、根来街道を東走してきた秀吉の軍に蹂躙されている。寺領の没収—衰退と、根来寺と同じ運命をたどるかにみえた。だが、その頃庶民の間に定着しはじめていた霊場巡礼が、寺を甦らせた。粉河寺は那智山の青岸渡寺《せいがんとじ》、紀三井寺《きみいでら》につづく第三番目の札所として栄え、粉河町も伊都、那賀郡では最大の門前町となったのである。

「父母《ちちはは》の恵みもふかき粉河寺
　仏の誓ひたのもしの宮」

という御詠歌は、正暦二年（九九一）に参詣した花山法王の詠まれたものという。

「また、雪じゃのう」

腰のまがった老夫婦が鈴を鳴らしてはいって来た。いつの間にか、白い花弁の散るような、ボタン雪が舞っている。

頭のスッポリはいる毛足の長い帽子をかぶって、茶屋の外へ出る。参道を進むと、童男堂、出現池、念仏堂。露座の如来。粉河の鋳工の作という。さらに太子堂をすぎると、左手奥に本堂の屋根がのぞく。のぞいた部分だけでも、ただならぬ大きさだ。そして荘厳な中門に本堂がそびえる。間口三十三メートル、奥行き二十五メートル、高さ三十三メートル。視界を丸ごと占めている総欅作りのこの殿堂を作ったのは粉河の大工棟梁太郎で、権現作りを基とした彼独自の様式だという。

本堂には縁起にもあった千手観音がまつられている。三十三ヶ所巡礼というのは、観音菩薩信仰で、その数も観音が三十三に姿を変え人々を救うのに由来する。堂の奥は暗くてさだかでない。仏具がにぶくあちこちで光る。参拝の人々は黙々とろうそくをたき、線香をあげて合唱する。ある人は護摩木に願い事をしたためていた。このたんざく板に書かれた願い事は毎月二十八日、おごそかに護摩をたいて成就を祈祷される。

あたりはいつか雪の世界に変わっていた。ゆっくりと沈むように降る雪は、時間の流れまでも変えてしまったみたい……と境内の隅に美しい小さなお堂が私を誘った。役の行者をまつった堂という。粉河もまた、ここにつづく和泉山脈で修行する行者のひらいた地である。そこに人が集まり、寺が建ち、寺が人をよんで発展したのであろう。

足早に歩く私の黒い姿を雪が白く変える。優しい露座仏の御手にはもう、薄く雪が積り始めていた。

「傘、持っていらっしゃいなー」

茶店の娘さんの声を後に聞きながら、私は早足から駆足へ。寺へ来る道すがら目星をつけていた宿は、近い。

粉河—門前町、加えて産業と商業の町

根来の林さんは別れしなに粉河寺に詳しいT氏の連絡先を教えてくれた。夕食前の空腹を何とかがまんして、私はダイヤルをまわす。けれどT氏は少々迷惑声に「粉河のことなら八塚さんに聞かれた方がいいでしょう」

その八塚さんは気持よく応じてくれた。明朝に時間をいただいてホッと宿の室に戻った。

翌朝は数日ぶりに青空が顔を見せた。まぶしく光る雪を踏んで、粉河寺の境内にある産土神社の階段を上る。八塚氏はこの社の宮司さんである。

「ヤァいらっしゃい。よかったよかったちょうどよい」

と古くからの友人をまねく調子で応接間に通される。室には先客があって

「こちらが林亮一さんじゃ、よかったのー」

私にはさっきから連発されている「よかった」の意味がかいもく解らない。さしあたって名刺を出したり、ハァとか何とか調子を合わせていると八塚さんもようやく気がつかれて、

「ミヤコの方じゃ」

（ハテ、宮古島、都？）私は粉河の町の話をうかがいたくてやって来たのである。林さんと紹介されたらその優しい御老人に

「ミヤコって……どちらのミヤコでいらっしゃいます？」

後から三人して大笑いしたのだけれど、ミヤコとは宮講のことであった。そして林さんは講の一老《いちろう》（一番年長者）であった。

粉河駅からしばらく東に行くと、東野《ひがしの》に若一王子《にゃくいちおうじ》という宮さんがある。ここの宮講は古い形を今まで持続しているので名高く、粉河にこの講の話を聞きにおとずれる人も少なくない。八塚さんの「よかった」は一老の林さんと会えてよかったということだった。事実私も、出発前の短い宮本先生との電話のうちにチラッと名前だけはもらされていて、予定にはいれていたけれど——。その宮の方が、しかも現在さいはいを振るっている一老の方がそちらから現れるなんて、話ができすぎていてかえっ

粉河の鋳工は仏具。とくに鐘が名高い。

てドジってしまった訳である。

「ではひとつ、西山さん、午後にでも家へおいでてもらって、お宮さんへ案内しましょうか」

と先を急ぐ林さんはまもなく帰られて、私は粉河の話を八塚さんから伺うことになった。

粉河一帯の肥沃な平野は水田が早くからひらかれ、二毛作への切り替えも早かった。その上、今でこそ交通の便のあまりよくない所だけれど、古くは大和街道で大和へ直結している。寺が開かれたのはそんな粉河の里であった。そして寺が次第に繁栄してくるにつれて門前町の色を濃くしていった。

けれど門前町粉河は、根来の門前町坂本等とはいく分体質が違っていた。というのは、地元産業がかなり発達していたことである。例えば、鋳工師達は奈良で大仏を作った人々が流れ住んだともいう古い歴史と高い技術を持っていた。仏像、鐘、仏具を作り粉河鐘の名は高かったという。また、花山法皇が伝えたという粉河酢は、那賀郡の上質米で作られて質がよくすぐれていた。

天正十三年の寺の滅亡も、これら産業には大した影響はなかった。そして藩主徳川頼宣が寺を復興し、三番の札所として活気を帯び始めると、これらの産業に門前町の強さも加わって商業の町として目ざましい発達をとげた。粉河寺を支えたのは、こういう町の人達の力であったともいえよう。

「あの本堂の九十本の欅柱は、すべて大阪の粉河屋という商人の寄贈したものといいますよ。」

言われて少なからず驚いた私に八塚さんは「粉河商人」呼ばれた人達のいたことを話して下さった。

彼らは紀州は無論、御三家紀州藩の御威光のもとに、木綿、木材、鋳工品を商って、遠く京、大阪、江戸でも活躍したという。

産土神社を後に粉河寺を出た。来る時はいそぎ足ですぎた町並みを、八塚さんのお話などを時折思い出しながら歩く。

大門から駅までの二十分程続く通りは、両側に古い家々が軒をつらねていて、門前町の面影を今も充分偲ぶことができる。

もっとも、車が一台やっと通れるぐらいの現在の道幅を、拡げる計画も進んでいる。すでに一歩道から後にさがった新しいビルをあちこちに見かけた。工事中のものも多い。格子が続き、立派な作り酒屋や酢作りの家々が消えるのも、遠くはないという。

若一王子

宮講の一老・林さんとお宮へ

午後、粉河駅から東へ二キロ、東野に林さんを訪ねる。

「ゴメンクダ」

サーイと言い終らないうちに、ぶ厚い半コートのエリをたてて帽子をかぶった、長グツ姿の林さんが現れた。

林さんはそのかっこうで、私を先ほどから待っていて下さったという。

「来たらすぐ宮さんに案内しようと思って」

土間にこれまた用意してあったバッグをとり上げると、もう先に立って外へ出られた。

宮講がつづいている若一王子は小高い山の上にある。ゆったりと流れる紀ノ川のはるか向こうに、長峰山脈や高野の山々が見えるのだが。

東野は以前は東野村と呼ばれた粉河寺領の東境の村で、はるかにつづくハッサクの畑の中に、古い民家が軒を連ねる小さな集落だ。ここから東は高野山領になる。若一王子は集落を離れ、畑をも少し北へ行った小高い山の上にあるという。土地の人は「宮さん」とか「王子社」といい、近郷の人々は「王子のお宮さん」と呼ぶ。大和街道と高野街道の分れ道にあるので、高野辻のお宮さんということもありますよ、と言っているうちに部落のはずれにある高野辻まで来た。辻には風化して丸くなった石の灯籠が立っている。右へ行けば高野山、左へ行けば大和。四国、淡路島と大和を結んだかつての大道の命は絶えて久しく、畑のむこうへ細々とつづいていた。

若王子というのは熊野の神々の子神で、熊野信仰が広

若一王子の鳥居と拝殿

粉河寺参道で店開きしていたミカン屋

まるにつれ、全国各地で祀られている。「宮さん」もそのうちの一つで、十三世紀末にはすでに古文書に名前が見える程に古い。領主、粉河寺は東野に若一王子を祀ると、粉河寺の鎮守としてこれを勧請したのに始まって以来、常に「宮さん」・熊野信仰と結んだ。というのは、共存しなければならない程熊野信仰の隆盛が目ざましかったのと、丹生《にう》明神を地主神とする高野山勢力に対する策《てだて》だったともいえよう。そうなると高野山に接するこの地に宮さんを祀ったのも意味ありげに思えてくる。

道は次第に細くなって田のあぜ道みたいな、おぼつかない箇所もある。ここでは風をさえぎる何もない。紀伊山脈をこえてやって来た寒風は荒々しく平地を渡ると、和泉山脈まで一息にかけ上るのだ。前を歩く林さんのコートが泣く。林さんは八十歳に近い。好意に甘えて案内役をお願いしてしまったのをどれ程悔んだことだろう。やがて道は広いダラダラ坂になった。「あと一息」とふりむいた林さんの鼻が寒さで赤い。

若一王子の前に立つと眼下に紀ノ川の流れがみわたせる。またはるかに紀州富士の名を負う竜門山から高野山へと連なる山脈が美しい。境内には拝殿、社務所、本堂、千手観音を祀る観音堂。左手に小松院と鐘楼、般若蔵——。境内はさほど広くなく、建物も質素だ。そして何よりも人の臭いがしない。一瞬とはいえ「廃社?」という言葉が心をよぎった程の枯れたたたずまいである。若一王子は十六世紀末までは熊野信仰の隆盛と領主粉河寺の権力を背景にして栄え、藩政時代にも紀州公から庶民までの厚い層の信仰を集めていた。だがその名残りをとどめているのは、藩主南龍公の位牌を祀っているという観音堂の、三ツ葉葵の紋様をつけた屋根瓦だけである。

明治、藩の援助は絶えたとはいえ、土地その他の財産は宮講が受けついだ。宮講の行事は勿論、二十一年毎の遷宮も祭も、宮講が中心になってこの財産でまかなった。けれど戦後の農地解放で田畑を失ってしまうと、これだけの宮さんを三十軒程の講員で支えることはもはやできない。現在の本殿は昭和十二年（一九三七）に建てたもので、次の遷宮に当る三十二年には屋根をふきかえるにとどまらざるをえなかった。次の五十四年には社務所と本殿を建てなおしたい、前年に社務所を作って仮遷宮し翌年本遷宮を、と林さんは少し重い口調で言った。

宮講、宮座とよばれるものは、九州から関東まで広く分布していて、特に近畿に多い。和歌山県では紀北地域が多かった。いずれも荘園や村が形成されるようになったころ、住民たちが神社を中心にして作った組織で、祭祀は言うにおよばず、その地域の政治、経済をにぎっていた。講仲間は家ごとに受けつがれるのが原則だった。しかし近世中期、農業の生産力が上がって宮講以外に経済力を持った人々が生まれてくると、その人たちをも宮講の仲間に加えざるを得ず、さらに十九世紀になって農村工業が大きく発展した段階では、宮講を維持するために新興有力者を大量に加えて変貌したという。

明治維新、農地改革を経た今、この地方に無数にあった宮座はほとんど姿を消した。まれに残ったここ若一王子の宮講にしろ、慣習的な行事としての講が残っているだけである。そして「宮さん」に関しては、東野、井《い》

和歌山線の粉河駅から粉河寺までの道筋には、昔からの家並みがあった。

粉河寺参道で出会った少女

田《だ》、池田垣内《いけだがいと》の三部落（これら三部落が若一王子の祀られた当時にあった村で、そのうちの有力者が宮講を形成した）の氏子や近郷の氏子一五〇人程によって維持管理がなされている。

講を運営するのは上四人と呼ばれる年長者。林さんは上四人のうちの一老、つまり最年長者だ。遷宮という大きな行事は、宮講―氏子、さらに氏子以外の有力者や粉河町の力をも集めなくてはとても成るまい。おまけに地域集団の意義も信仰心も薄らいで行く今日、林さんの荷はとてつもなく重く思える。

五百年続いている名つけ帖と古文書の詰まった黒箱

天保八年（一八三七）十代藩主治宝《はるとみ》の令で編纂された『紀伊國名所圖繪』という本がある。単なる名所図会ではなく、歴史、地理、産業、風俗習慣にまで及び、二十冊余からなる。和歌山の絵師、岩瀬広隆の絵もふんだんにおりこまれて、まさに紀伊国地理風俗大系だ。複刻版が歴史図書社から刊行されている。

その本に若一王子の光景が載っている。今と同じく本殿の左手に社務所があって、神官が社務所の中から窓の下の母親に抱かれた乳児にお鈴を振っている。神官のとなりでは窓辺の机で一老が長い巻物に、乳飲児の名前を記入している。順番を待つ母親の顔はほほえんでいる。正月十一日、新しく宮講に加わる者にお祓いをし、名前を「名つけ帖」に記入する儀式である。

こういう儀式はどの宮講でもしていた。けれど今もって綿々と続けているのは、この「宮さん」がただ一つ残るだけだという。

旧暦1月11日、若一王子の宮講では新生児の名付けが行なわれる。

今年も旧暦一月十一日、宮寺の小松院で名つけをした。桐の長持風の外箱の上にサカキとオミキを供えて、社掌の八塚さんがお祓いを済ませると黒い桐箱をとり出す。この中には名つけ帖の他に、講や「お宮さん」、村に関するあらゆる種類の古文書五百点が入っている。例の『紀伊國名所圖繪』でも高野辻の黒箱と呼んでいて、当時から古いものを治めていることが学者の間で知られていたらしい。けれど、恐らく宮講の閉鎖性によるのだろう、つい最近まで貴重な民衆の生活史料をつめた宝箱は見すごされつづけた。現在では国の重要民俗資料の指定を受けている。

去年のこの日以降生まれた男の子が八塚さんからお鈴をいただくと、林さんが名つけ帖に筆を走らせる。

昭和四十七年旧正月十一日
長男　〇〇丸
昭和四十六年　月　日生

一時土地を離れていたものが帰って再び講に加わる入座や養子・入り婿もこの日に書き加えられる。そういった人々は生年月日に関係なく、講人としては一年生である。したがって新しく入講した乳のみ子と同等の資格しかない訳である。

当日の写真を町役場で見せてもらった。お祓い、お鈴、黒箱、背広姿の林さん。見守る八塚さんと、他の上四人。儀式の後、名つけ帖に見入る講員。数十年前に記入された自分の名前を探す人。見つけてニコニコしている人。

それにしても名つけ帖には驚いた。一尺くらいの幅の巻物になっていて、グルグル巻いた太さの直径は一尺近くあるだろうか。冒頭に「文明十年（一四七八）戊戌八月廿日書き替え」とある。五百年近くも儀式は絶えることなく続いたのだ。根来、粉河と一時の栄華の後消えていったはかない権力の残骸を見てきた私には、民衆のしぶとさを如実に物語っている「名つけ帖」の存在にはやはり胸を打たれる。全長八メートル弱。別名「長帖」とも呼ばれるそうだ。

林さんは一老とはいえ、「宮さん」のすべての錠を持っているわけではない。社務所と黒箱の錠は林さんが、黒箱がしまってある小松院前の般若蔵の錠は別な方が保管している。だから黒箱の中身を調べたい人があっても、講員全員の了承を得、さらに二人の方の都合を合わせてもらわないといけない。民俗資料の指定を受けてからはさらに箱のふたは固くなって、あまり調査はされていない様子である。

私が三十六歌仙の歌額の並んだ社務所の内部を見せていただき、例の鈴をカメラにおさめる頃、日はすでに西に傾いていた。シャッターは三十分の一でも、もう切れない。二人してトットーと坂道を下って帰りを急ぐ。

「宇野先生（もと東京女子大教授）が生きておいでたら、もっと詳しい話が聞けたろうに。つい先だって亡くなってしまった。Kさんにでも会ってみるかァ」

タッタッタートットットー…

寒いしお腹もすいてきて、二人共、半分かけるように東野へ入り林さんの家を目ざす。

「フゥー、美味しい」家に着くと直ぐに、林さんがココアを出してくださった。子供の頃、好きでたまらなかったのにいつの間にかコーヒー党になっていた。口に含んでいるとオカッパ頭の一寸ナマイキだった昔にスーッともどっていく。

「しかしいい趣味じゃなー。西山さんみたいに旅をしていると色んなことを学ぶだろう」

ココアをすすりながら林さんは続ける。

「しかし、結婚したらどうするね」

私はオカッパの少女から『あるくみるきく』の取材にやってきた一児の母に、ノロノロともどって苦笑した。

「ダンナサンは説得できても赤ン坊はそうもいかんでしょう」

結婚後間もなく、やはり『あるくみるきく』の取材で東北の小さな町へ旅した時も同じようなことを聞かれた。

「うーん、おんぶして、オムツ袋下げて歩きますよ」

そして三度目にそこを訪れた時、私のお腹は見る人が見ればそれと判るくらいデッパッテいた。たずねる人達も三度目ともなると気やすい。けれども誰も、いつですか？ なんて言わない。ただ猛烈に気をつかってくれた。話し込んで遅くなると車で送ってくれた人、宿の食事を心配して生みたての玉子を新聞紙に沢山くるんでショルダーバックに押し込んだオバサン、神経痛の足をいたわりながら、体を冷やしてはいけないと豆炭アンカを二階の部屋まで持って来てくれた宿のオバサン。そんな好意がたまらなく嬉しい反面、どんなに心苦しかったことか。「オンブして……」がいかに自分本位な発想だったかを知った。

「それまでとは違った旅がある筈ですよね」

ココアの黒い液を揺らせながら思う。一人の時は一人旅、結婚したら二人ならではの旅、チビ助が加わった今は、もう一つ別のスタイルの旅のし方に行きつけないものかしら。

外は闇になってしまったけれど、帖つけの後の直会《なおらい》に決っているおふるまいの話とか、戦前まで続いていた集り（正月初午、正月二六日、十月十七日の祭り、十一月二十六日）の様子も伺った。また、名つけ帖を見ると色々おもしろいことがある。子供の名前のつけ方一つとってみても世が移り変わっていくのが感じられる、という話も聞いた。例えば戦国の頃までは、亀、鶴、松などに丸や千代をつけるのが圧倒的に多いけれど、近世にはいるにつれて消えて○蔵に代わる。蔵に少し遅れて流行した○吉は幕末がピーク。助、がその後上位へ上がって来るそうだ。苗字は林、谷、杉原、岡田等が中世から続くものだという。

お礼を言って外へ出ると、闇のむこうに粉河の町の灯がまたたく。風は止んで銀の砂をまいたような星空であった。

旅のおわり

林さんが別れ際に、是非読んでおきなさい、と一冊の本を紹介してくれた。粉河町生まれの歴史家、宇野脩平氏の追悼論文集で、若一王子や宮講についてもかなり詳しいという。そして、このあたりのことならKさんに尋ねると面白いかもしれない、ともおっしゃった。では明日は、本を手に入れてKさんなる方にお目にかかろう。そして……それが済んだら旅費もそろそろ底をついてきたし……帰ろうかしら……。

ふうっとそう思ったら、もういけない。帰ろう。夕方には新幹線に乗ってトラのところへ。旅は明日で終えることに決めた。

ところが夜も翌朝も、Kさんの自宅の電話はつながらない。勤務先を林さんにうかがわなかったのがくやまれる。あきらめて論文集の発行所の役場へ問い合わせる。と残部がありますからどうぞという。ホッと胸をなでおろした。そして念のために電話口の方の名前をたずねた私は、驚きの声を上げた。

「Kです」Kさんは役場の方だったのである。

数分後、彼に会う。論文集を受け取り、Kさんがまさに私の会いたかったその人だったいきさつを話すうちに、

「じゃあ、あたりをひとつ案内しましょうか」

ということになって、私達は日が射したかと思えば小雪の舞う紀ノ川を、車で五条までさかのぼり、周辺の名所旧跡を訪ね歩いた。

こうして最後の一日が暮れた。

灘波へ行く電車を待つ間に旅装束をとく。つまりパンタロンスーツと下着の間に着ていたパジャマを脱ぎ捨てる。あまりの寒さをしのぐ苦肉の策だったが、バックにはパジャマの空いた分ほかの物を入れることもできて一石二鳥だった。

車中では、お世話になった方の顔がいくつも浮ぶ。また、おいでなさいよ、とどの人も言ってくれた。また、こよう、きっと。

今回は人から人への旅行だった。フラリと立ち寄った博物館をふり出しに、林さんを頼って根来へ。粉河では林さんの友人の紹介で八塚さんに会い、若一王子の林さんは先方から私の目の前に現れた。そして林さんがおっしゃったKさんにもヒョッコリお目にかかるチャンスを得て、まる一日おつきあいいただいた――といった具合に「出会いの楽しさ」でいっぱいの旅だった。

一方、『あるくみるきく』の目的、根来寺・粉河寺については、私自身の発見は実のところ無い。ただ、栄えたものは滅びていくというあわれさが、強く印象に残る旅だった。それは雑賀崎に始まって、根来、粉河、若一王子、太田城址、Kさんと最後に立寄った真田庵まで続く。関ヶ原の戦に破れて庵に落ちのびた真田幸村は、慶長十九年（一六一四）、船で紀ノ川を下って岩出へ上陸し、根来寺の北にある風吹峠を越えて大阪に入った。そして翌年、大阪夏の陣で戦死している。

……心地よい疲れが眠りへ誘う。うすくなって行く意識の中で、小さく鈴の音を聞いた。幼い息子のために根来寺でいただいた鈴が、胸のポケットでチリッと鳴いたらしい。

粉河寺の納札

渡部　武

納札は巡礼者がおさめる札のことで、江戸時代以降の納札を所蔵しているのは、今日ではごく限られた寺にしかみられない。

最近、西国や坂東の札所をめぐる人がたいへんふえてきているが、それとあわせて昔ながらの納札をする人々もけっこうみかける。およそ巡礼者がふえることは世の中が安定している証拠で、いつの時代でも条件がそろえば巡礼に旅だつ人の数もふえてくる。

西国巡礼の札所めぐりは鎌倉時代にはすでにできあがっており、鎌倉政権が樹立されると、今までたんに三十三ヵ所巡礼であったものが、関東の人々によって西国巡礼といわれるようになっていった。ただしそのころ庶民がこぞって巡礼に出かけたわけではない。やはり武士や僧侶の巡礼者が多かったようだ。庶民の旅は江戸時代にはいって多くなる。

以前、江戸時代の庶民生活の年表である『武江年表』をひもといていた時、江戸の中期ともなると、急激に社寺参詣や出開帳《でかいちょう》が多くなるのにおどろかされたことがある。出開帳とは、お寺の御本尊をわざわざ江戸あたりまで運んで開帳することで、いわば今日のデパートでおこなう寺の秘宝展のようなものである。これは江戸庶民の旅心をかなり刺激したようで、それを裏づけるかのように、札所の納札にもその影響があらわれている。

昭和四十六年（一九七一）十一月四日、私は納札を調べに粉河寺にむかった。和歌山線粉河駅の正面の商店街をぬけると粉河寺の山門に達するが、この商店街も巡礼者のおかげで発達した門前町のようなものである。この商店街には魚屋は一軒もなく、肉屋ばかりが十軒ほどあり、存外内陸部に位置しているのだと感じさせられる。二番の紀三井寺からこの三番の粉河寺に来た巡礼者は、さらに内陸の施福寺（四番）や河内長野《かわちながの》の葛井寺《ふじいでら》（五番）さらに大和、京都へと足を運ぶ。

粉河寺の前後の札所間は、けっこう距離があり、西国の札所は坂東より間隔が短めとはいえ、間のはなれた札所では、徒歩で行くとしたら一日一、二ヵ所ほどしかまわれない。

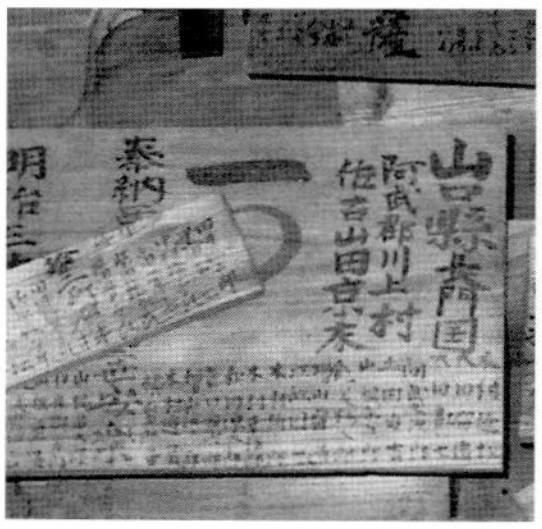

巡礼者の間で札所をまわることを「札を打つ」といい、時間や経費の都合で、札所を逆にまわったりすることを「逆打ち」という。

今日の巡礼者は、昔のように徒歩ですることはなく、多くは団体でバスに乗り込み、あるいは四、五人集まるとタクシーを利用してめぐり歩く。その方が汽車や電車を利用するよりずっと安くつくのである。そのかわり急いでまわろうとするので、納経帖に御朱印をもらうのもあくせくとし、往時のゆったりとした巡礼とはくらべものにならない。

粉河寺で巡礼と関係する建物は、本堂の右前にある六角堂である。私が行ったときは、あいにくと巡礼者の姿をみかけず、本堂では燈明を照らして僧たちの法華懺法《ほうけせんぼう》の声明《しょうみょう》が朗々とおこなわれていた。

この六角堂には江戸末から明治初年にかけての納札を多くみかける。納札の形はさまざまで、長さ一五センチ、幅三センチほどの薄い板のものが多い。また社寺に奉納するような高札型絵馬状のものもかなりある。

ここにはいろいろな地方の巡礼の札があり、わかっているものを人数の多い順にならべてみると（前田卓著『巡礼の社会学』昭和四十六年刊より）、

長州（長門国）　五六四名
城州（山城国）　四二六名
武州（武蔵国）　一六三名

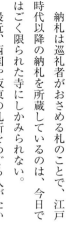

尾州（尾張国）　九八名
備後　九五名
播州（播磨国）　八六名
芸州（安芸国）　七六名
摂州（摂津国）　五三名
肥前長崎　四五名
遠州（遠江国）　四一名
防州（周防国）　三九名
江州（近江国）　一五名
和州（大和国）　九名
石州（石見国）　八名
讃州（讃岐国）　四名
美濃　三名
下総　一名

となっている。

　このうち四分の一ちかくは長州の人の札であるのは興味深い。城州が多いのは近距離にあるせいだが、その他の諸地域も、江戸時代の経済的先進地帯にあたっている。農、工、商のうちで、農民の名もかなりみかけるのは、当時として他地域より生活レヴェルの高い地域であったからにちがいない。東海道沿いや瀬戸内海沿いが多いのも特色である。

　こうしたパーセンテージは、古い札を残す他の寺院、たとえば兵庫の一乗寺、京都の善《よし》峰寺《みねでら》、穴太寺《あのうじ》にもいえるかというと、そうともいえない。一乗寺の場合は、二四四一名と全体の三分の一ちかくを占めているのは武州の人々である。

　その理由は、堂の建立年の差にあると思われる。一乗寺は江戸初期のものであり、一方、粉河寺の六角堂は、本堂が享保五年（一七二〇年）の七回目の再建でもあり、おそらくそれ以後に建てられたものであろうから、巡礼者の数量変動を同様の相似曲線で処理することはできない。参考までに古い札の上限を示しておくと、一乗寺は慶安二年（一六四九）で、粉河寺は文化十年（一八一三）で、そのひらきは約百六十余年もある。

　つまり粉河寺の納札は幕末の諸地方の事情をよく反映しているわけで、長州が筆頭にあるのは、討幕の旗頭であった長州の経済力のあらわれでもあるのだ。長州では江戸中期以後萩という良港を中心にした交易、それから藩内の蝋や紙などといった産業で利益をあげているので、領内の民衆の生活レヴェルは他地域よりもまさっていた。

　六角堂の内外をみまわすと、長州の札は「一〇」あるいは「長」の字が記入されており、萩城下出身の者が圧倒的に多い。たとえば安政五年（一八五八）の札には、例のマークが入って、「長州城下」とあり、以下十人の名をつらねて、末尾に「同行十一人」とある。同行十一人で十名では数が合わないと考える人もあろうが、一人は観音様が入っているので、数はこれでよいのである。

　これらの人名には、姓のある人とそうでない屋号を書いたものもあり、おおむね城下の裕福な人々であったと考えられる。

　それにしてもよく古い札が残っていたものである。他の札所でももう少し残ってよさそうな気がするが、それが案外とそうではない。

　その理由に気がついたのは、粉河寺をあとにして、京都の革堂《こうどう》行願寺《ぎょうがんじ》（十九番）においてであった。革堂は京都市内にあって観光客もよらない閑静な寺である。そこにしばらくいると、時おり団体の巡礼者がやって来る。

　その日はどういうわけか、本堂はこざっぱりして、納札がほとんど貼られていなかった。団体の納経があらかたすんだところで、住職の尼さんにたずねてみたら、「きのう、みなとりはろうてしまいました」という返事がかえってきた。

　つまりこうなのである。参詣者はたえずやって来るのに、古い札がところせましと貼られていたのでは、あとがつかえてしまうので、適当な時期に整理する必要があったのだ。だから納札堂をもたない札所には、ことさら古い札は残りようがなく、奉納された立派な絵馬ばかりが目につくという仕儀になったのである。粉河寺はさいわいにも六角堂という納札堂があったからこそ、江戸末から明治初期の巡礼の実態を知る資料が保存されたということになる。

篠原の住まいは、急斜面に寄りそうようにある。ナガクレと呼ぶ板葺屋根の家の屋敷はいずれも小さく、物干場も十分にとれない。これは末子相続で分家が多くなって密集状態になったのと、出作りが盛んで、家は単に宿泊の場所となっていたためと思われる。

宮本常一が撮った

写真は語る

奈良県大塔村篠原

奈良県のほぼ中央、天川村と十津川村の間にあった大塔村は、平成一七年（二〇〇五）に合併して五條市となった。

宮本常一はこの天川村、大塔村、十津川村を中心とした広大な山村に、昭和一一年（一九三六）からしばしば足を運び、昭和一七年に『吉野西奥民俗採訪録』（日本常民文化研究所ノート）としてまとめている。吉野は南朝方とのつながりが強いが、大塔という村名も、後醍醐天皇の皇子で、宮号を大塔宮といった護良親王がこの地にきたことに由来するという。

掲載の写真は、昭和四〇年（一九六五）四月と、三年後の一〇月に「篠原踊り」などの録画で訪れたときに撮った。昭和四〇年四月一四・一五日の日記に、〈篠原は昔のままでそれほどかわっていない〉と記している。国内は高度経済成長期にはいっていたが、山村にはまだおよんでいなかった。戦前に見た生活がそこかしこに残っていたのだろう。天川村塩野では、〈この前きたときから二六年もたっている。しかしおなじような古老がおり〉、篠原では〈寺に年寄りに集まってもらい、焼畑や藤布のはなしをきく〉と日記に書いている。

向けた写真機に集まってきた子どもたち。年長の子も年少の子も、そして餓鬼大将らしい顔の子もいる。

車のなかから写した舟ノ川に架かる吊橋。橋の先が落ちているように見えるが、橋ではなく下り道で、またすぐ上り道になっている。

篠原踊りは、二〇〇年ほど前に獰猛な狼退治を氏神の天神社に願い、それがかなって正月二五日に氏神と万福寺に奉納するようになった。演目は三六番あって、そのなかから数番を選んで踊る。

テレビの取材に応じるために、みんなで篠原踊りの太鼓の練習をする。

男は紋付き袴、女はそろいの着物で踊る篠原踊り。昔は嫁入り前の娘が踊り、太鼓は若い衆がつとめた。

傾斜畑は山村などでよく見るが、これほどの急傾斜はまれである。手前にはないが、向こうの畑は石垣で仕切られているようである。これだけの石垣を築くのは大変だったはずだが、それでもやりとげたのは、ここに生きるという信念だったのだろう。

まだ芽吹きのない春先に雑木を伐って夏日で乾燥させ、冬に備える薪。

こうした表示は今は見られない。統治していた米国の指示をそのまま残していたのか、祖国復帰直前の沖縄では、集落の入口あたりにかならず見られた。

宮本常一は昭和四〇年（一九六五）四月一三日に天川村に一泊、翌一四日に大塔村篠原にはいっているので、この村の表示はその間に撮ったのだろう。

このときから四五年後の平成二二年（二〇一〇）の天川村は、総世帯数七一一、総人口一五七一人に、耕地の面積は四四ヘクタールと激減している。わずかながら総土地面積は一七五七〇ヘクタール、林野面積は一七一五一ヘクタールと増えている。こうした変動は列島のすべての山村にあてはまる現実である。

（須藤　功記）

高野山断章

文・写真　西村與一
写真　西山昭宣

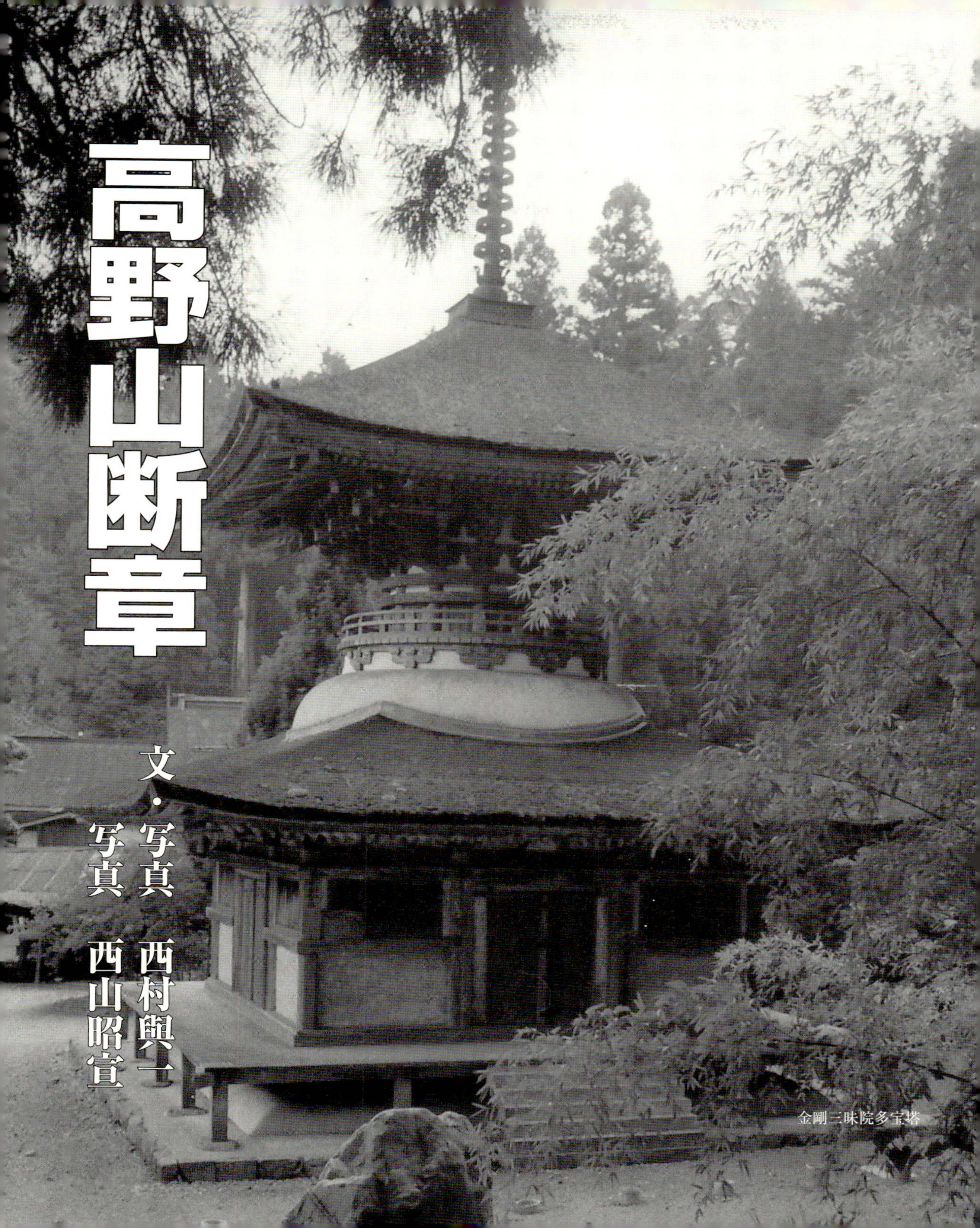

金剛三昧院多宝塔

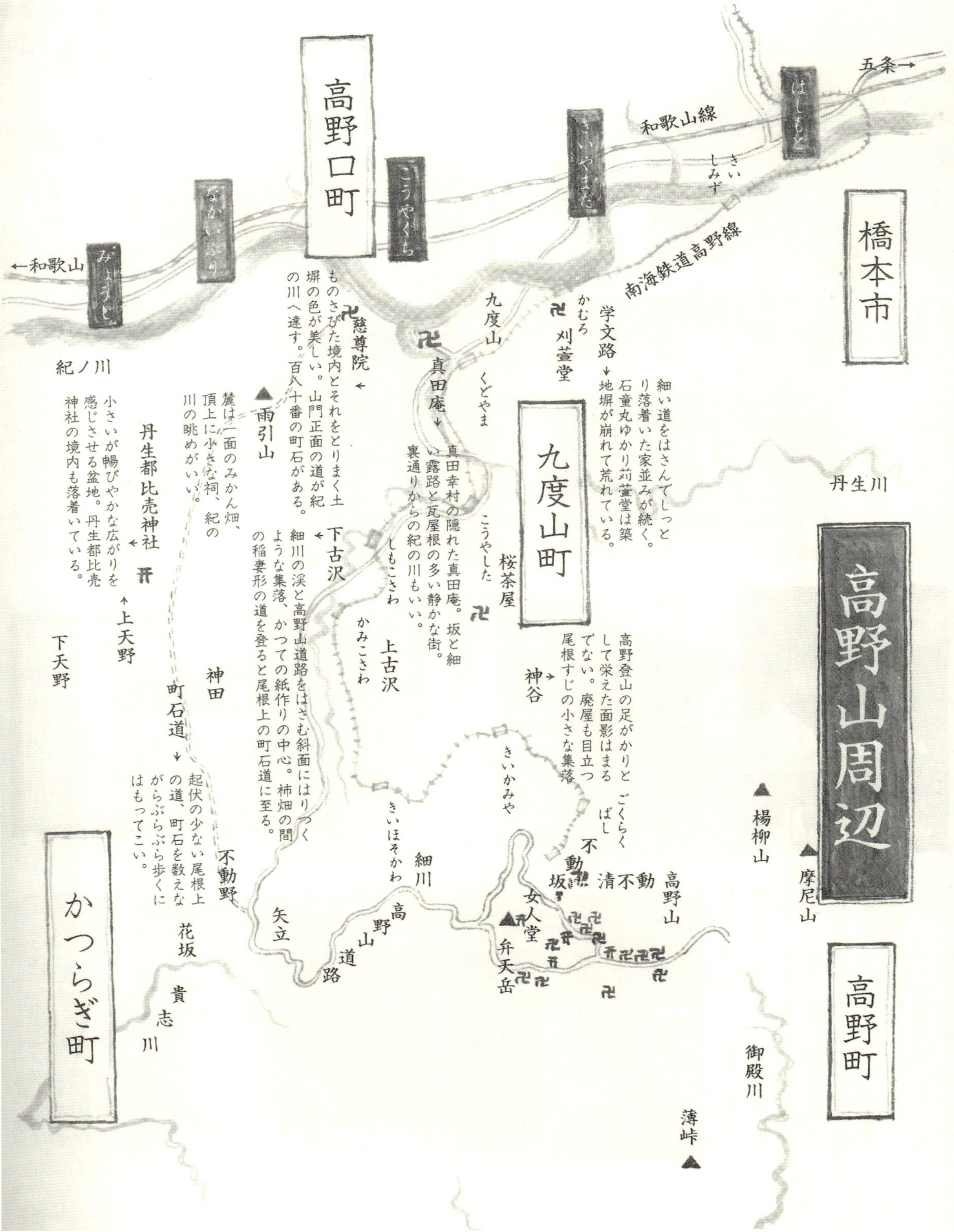

高野山周辺
高野口町
橋本市
九度山町
かつらぎ町
高野町
←和歌山
五条→
和歌山線
みょうじ
なかいぶり
こうやぐち
きいやまだ
はしもと
きい しみず
南海鉄道高野線
紀ノ川
丹生川
慈尊院←
ものさびた境内とそれをとりまく土塀の色が美しい。山門正面の道が紀の川へ達す。百八十番の町石がある。
雨引山
麓は一面のみかん畑、頂上に小さな祠、紀の川の眺めがいい。
丹生都比売神社
小さいが暢びやかな広がりを感じさせる盆地。丹生都比売神社の境内も落着いている。
上天野
下天野
神田
九度山
くどやま
真田庵↓
真田幸村の隠れた真田庵。坂と細い露路と瓦屋根の多い静かな街。裏通りからの紀の川もいい。
かむろ
苅萱堂
学文路↓
細い道をはさんでしっとり落着いた家並みが続く。石童丸ゆかり苅萱堂は築地塀が崩れて荒れている。
桜茶屋
こうやした
しもこさわ
下古沢←
細川の渓と高野山道路をはさむ斜面にはりつくような集落、かつての紙作りの中心。柿畑の間の稲妻形の道を登ると尾根上の町石道に至る。
かみこさわ
上古沢
神谷→
高野登山の足がかりとして栄えた面影はまるでない。廃屋も目立つ尾根すじの小さな集落
町石道↓
起伏の少ない尾根上の道、町石を数えながらぶらぶら歩くにはもってこい。
きいかみや
ごくらくばし
きいほそかわ
細川
不動野
花坂
矢立
高野山道路
不動坂
清不動
女人堂
弁天岳
高野山
楊柳山
摩尼山
貴志川
御殿川
薄峠

寺塔の鎮まる高野山

高野への道

私がはじめて高野山を知ったのは、山口の学校からの修学旅行の時だったから、今からもう四十数年のむかしになる。その前の年に、極楽橋から山上までケーブルがついたとかで、高野山駅に降りた時は、まわりはまだむきだしの赤土で、モミやツガなどがあちこち伐り倒されたままで、いかにも急造の駅の感じだった。同僚二、三人で、その伐り株に何やら彫りこんだり、終点の女人堂行きのバスが、切りそいだ山際のカーブを走るので随分肝を冷やしたことを覚えている。

かけ足さながらの見学が物足りなくて、その翌年の夏だったかに再度訪れ、女人堂の坂を下って「所縁坊案内所」で宿を決めてもらい、はじめて宿坊という旅館らしからぬところで泊ったが、そこは千手院谷の安養院で、確か柳井の人たちと同室であった。そのころはまだ根本大塔もなく、参詣人もそれ程多いとも思わなかった。奥の院への二キロの道を伝説まじりの説明を聞きながら、あらためて墓石の多さと大きさに驚いたものだった。

下りは女人堂のわきから不動坂を歩いた。ここは今と違って、往き来の人がかなりあった。大きな風呂敷包みやバスケットを振り分けにして、あえぎながら登る幾人かに出会い、女人堂はまだか、坂はずっとこんなに急なのかとか尋ねられたり、若いのにようお参りになったなど話しかけられたりした。清めの不動の茶屋での餅のうまかったことや、谷々の深さに高野詣でのきびしさを思いながら極楽橋まで楽しんで下った思い出がある。

一昨年の秋、同じ道を下ってみた。ススキやイバラが道を覆い、朽木が横たわり、所々路肩が崩れていて随分と難渋した。だが紅葉谷付近の濶葉樹林や稚児ヶ滝渓谷の眺めはすばらしかった。野仏がくさむらから寸見されたり、無人の不動堂に燈明がともってかすかに人の気配が感じられたりして、懐しい思いもした。

この道が明治以後、昭和五年（一九三〇）にケーブルができるまで、高野詣でのメインストリートとしての京街道不動口である。京・大阪方面から堺、三日市、紀見峠を経て橋本から学文路《かむろ》、河根《かね》を過ぎて神谷泊りと、三日か四日の行程であったという。街道筋にはそれぞれ薩摩屋（堺）、油屋（三日市）、豆腐屋（橋本）、玉屋（学文路）、花屋（神谷）などの当時の代表的な旅館が大そう栄え、殊に高野に最も近い神谷は、高野下まで南海線が延びた後も、バスの発着地を好条件としてすごい賑わいをみせたものだった。それは単に宿泊地としてばかりでなく、大和山上ヶ岳参りの精進落しの地として名の通っている洞川のように、歓楽境としても賑わった。そこは山上に住む人たちの命の洗濯場でもあった。

バスのなかった明治、大正のころは、馬、山駕篭、人力車などが高野登山の交通機関として、九度山《くどやま》、椎出《しいで》あたりからさかんに利用されていたが、それらの人足のたまり場が神谷であった。後には荷物担ぎ、腰押し、手引きなどの新しい仕事人がバスから降りた人たちを相手に稼いだ。

神谷に住む七十八歳の中西老人は当時を語る残り少なくなった者のひとりであるが、薪を束ねる手を休めていろいろ話してくれた。すぐ前の畑を指しながら、

「ここが花屋の屋敷あとで、あのころは三百人も収容できる大きな旅館であった。山から降りる人は大てい神谷で泊るのがならわしになっていて、あちこちにあった宿が客で一ぱいになることも度々で、わしのこの家も手を加えて二階にして客をとったり、ラムネや菓子類も売った。家のことは家内らにまかせて、わしは腰押しや荷物運びをし、友達と組んで山駕篭を担いだ時期もあった。不動坂をこうして腰を押しながらよく登ったものだ」

と身振りで当時の様子を話す。

日に二回は登っていたが、客の多い春には三回も四回も往復したという。

「そのころは今と違うて京、大阪の客は、ええ、ええしばっかりじゃったけ、一回に三円か、ええ客は五円もくれたなぁ」

「なかにはかしこいのがおって、一人五十銭で牛に綱をつけてそれを持たせてええ金をこしらえたのがおった」ともいう。

今、中西老人宅の前は、車一台がやっと通れる道をへだてて、草原とわずかな畑の傾斜地だが、そこが花屋の屋敷あとだという。さきに挙げた油屋や、玉屋は今も旅館として命脈を保ってはいるものの、すでに往時の華やかさは見られない。この神谷ではそれらしい宿は一軒もなく、尾根続きに散在する家も空家が多く、朽ちかけたものや屋敷あとらしい空地が目立って、半世紀までの繁栄の様を偲ぶよすがもない。

高野下に通じているこの尾根を下ると、時折り驚くよ

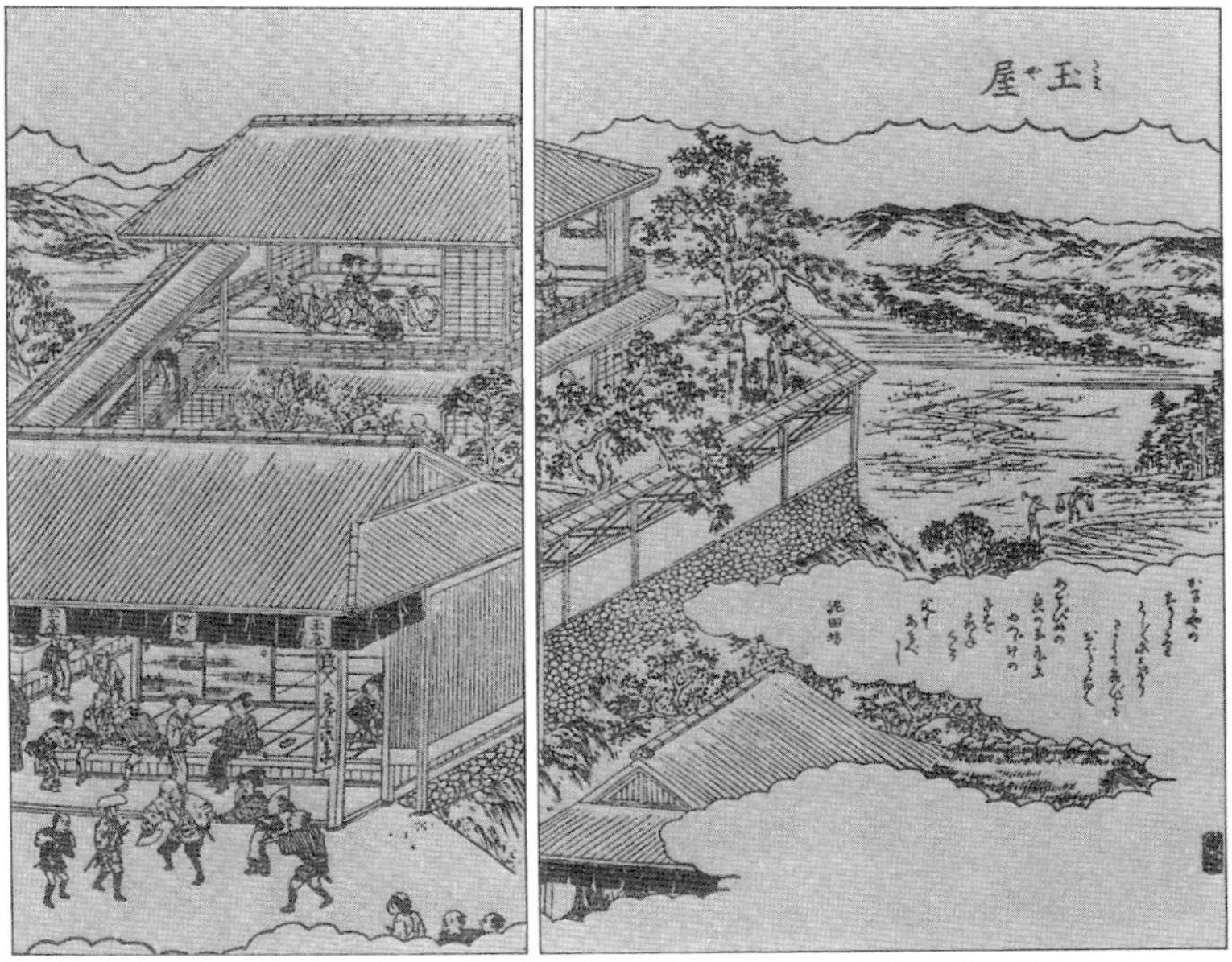

学文路の玉屋はいつのころからか石童丸と結びついて、高野参詣の足かがりとして栄えた宿屋である。学文路は『紀伊國名所圖會』（左）にあるような賑わいはすでにないが玉屋はまだ生き残っている（右）。

うな桜の古木を見る。道標に気づいて、ここが京街道だったのだとあらためて思ったりもする。道沿いに所々家並みがある。茶店めいた縁台に腰を下してジュースを口にしていると、老人が寄ってきて、「この近くで明治四年（一八七一）に赤穂藩士の村上兄弟による日本で最後の仇討ちがあった」などと話をしてくれた。「春歩けば桜もええし、谷々の新緑が見事でこの道のねうちがわかる」とも言った。左手に下ると高野下で、草深い道をまっすぐ行けば河根を経て学文路へ出る。

終戦後堺に住むようになってから、勤めの関係もあってよく高野へ登った。殊に昭和三十五年（一九六〇）、有料道路が完成してからは、毎年一、二回は登っている。橋本の高野口から紀ノ川をわたり、九度山の真田庵の横を過ぎ、玉川の支流に沿って進むと、かつて高野紙を作っていた古沢《こざわ》がある。やがて有料道路の料金所で、ここを過ぎると急に勾配がきつくなってくる。山門までは十六キロばかりの道のりだが、四、五十分はかかる。いつだったかカーブを数えてみたことがあったが、三百をこえてあとやめてしまった。二車線で所々広まってはいるものの、バスに出合うと車をしばしば停めなければならない。左手は深い細川の谷をへだてて南海電車が通じている。トンネルを出たり入ったりしてゆるゆると登っている電車をよく見かける。道路の開通当時はまだ小さかった桜並木も、この頃では見事に育って遅い春を楽しませてくれる。

中間点の矢立《やたて》を過ぎると、昔の町石道に沿っていくようになり、勾配はさらにきつくなる。眺望は一変し、深

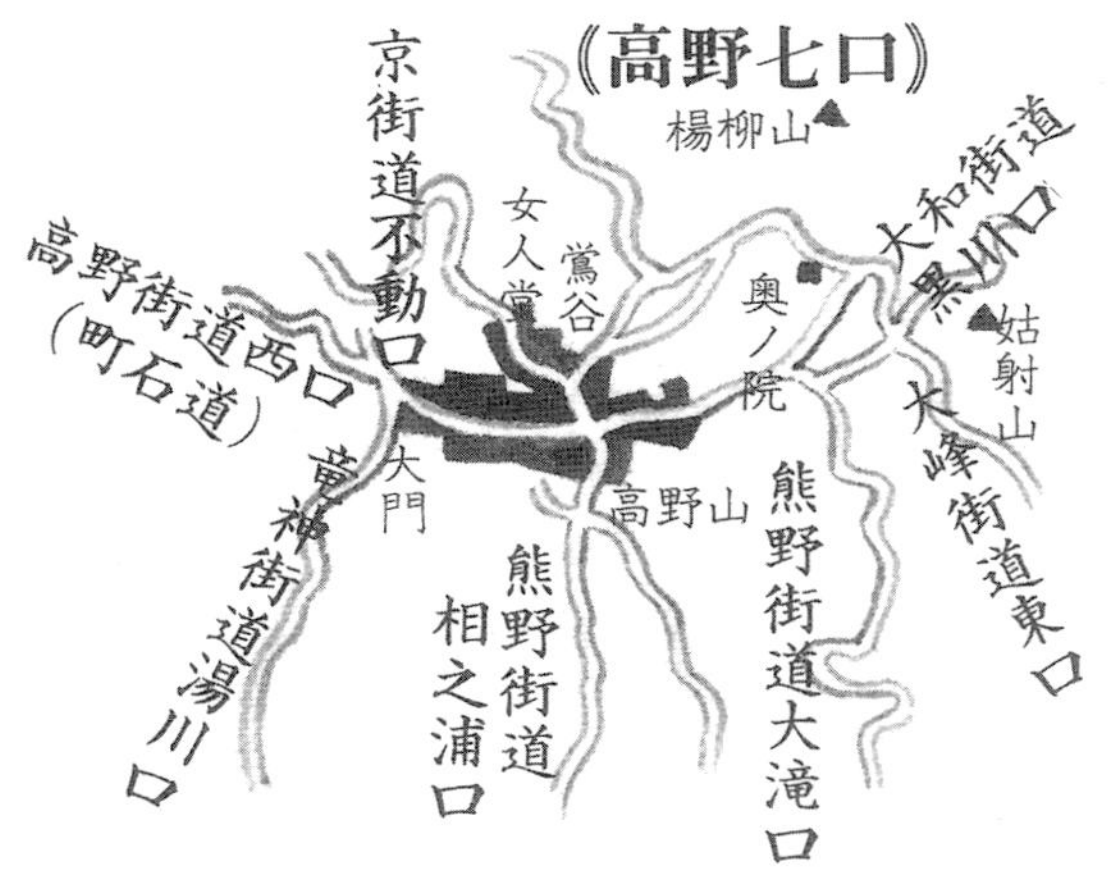

い杉の美林の谷をへだてて遠く天狗岳へ山なみが続く。最近は夏に限らず四季を通じて自動車の往来がはげしく、この道が高野への表参道として変ろうとしている。山門から昔ながらの家並みの通りを下っていくと、金堂、大塔などのある壇場、金剛峯寺を経て奥の院の参道へ至る。山門の右手の峰々に白茶けて見える一条の道が、護摩壇山、竜神温泉へ通じるスカイラインで、左手の道をたどると弁天岳の中腹を迂回してケーブルの終点高野山駅に至る。

　高野山への入口は、昔から高野七口といわれて、高野街道西口、熊野街道相之浦口、大滝口、大峰街道東口、大和街道黒川口、竜神街道湯川口、京街道不動口などがあって、それぞれの入口には女人堂が設けられ、女人禁制のしきたりが固く守られていたのだったが、明治以後は取り払われて、現在では不動口の一屋が残されているだけである。

　また有料道路で見かけた道標は町石といわれ、鎌倉時代に整えられて明治のはじめまでは、高野詣での表参道として最も往来の頻繁だった町石道、すなわち高野街道西口の名残りである。宇多天皇をはじめとして、後宇多法皇、後醍醐、長慶など歴代の天皇が登られたのもこの道である。この道は高野山上の金堂を起点として山麓の慈尊院に至るもので、その間を百八十町に区切って一町ごとに町石が建てられている。これは高さ三メートル、幅三十センチほどの方形の石柱で、上部は五輪に作り、下方には梵字、町数と施主の名などが刻んであり、一基ごとが仏をあらわし、単なる道しるべではないといわれている。白河上皇が登山の折には、一町ごとに建つ木造の卒塔婆に拝礼し、真言を唱えての参詣であったという。現存する石造のものは、鎌倉時代の文永二年（一二六五）から弘安八年（一二八五）にわたる二十一年間に築かれたものである。

　慈尊院のわきの柿畑から、山裾をうめるみかん畑を抜けて雨引山を越える。ふり返ると紀ノ川が陽をうけてキラキラと輝く。小さいながら暢びやかな広がりを感じさせる天野の盆地、神田《こうだ》を見おろす尾根筋をたどり、矢立で有料道路と合してしまうこの道は、参詣道としては往時の面影はない。しかし傾斜は比較的ゆるやかで、町石を数えながら高野の昔を偲び、のんびりと歩くにはいいハイキングコースである。

　近ごろの高野山の七、八月は異常とも思えるほど賑わう。残暑のきびしい九月もどうかすると宿坊にありつけないこともある。平地よりわずか九百メートルの高さだが、朝夕の涼しさは格別で、都会の暑さを避けて林間学校や研修道場など大小各種の団体の利用が殺到し、五十六の宿坊はどこも一ぱいになる。それらを運ぶ本命は、バスの列が登山道を切れ目なく続くといっても、大阪難《なん》波《ば》を起点として特急、急行が頻発する南海電車には及ば

不動坂の途中の清不動。美味い清水が喉をうるおしてくれる。

不動坂を経て女人堂へ。『紀伊國名所圖會』

かつての面影は求めようもない神谷の宿

ない。最近は三日市まで複線化がすすんで、以前よりよほど時間が短縮され、二時間余りで山上に到着する。しかし、高野下から極楽橋までの十キロ余りは標高差四百三十メートル程の急勾配で、のろのろと二十三のトンネルを抜けながら走るのは開設当時の昔と変わらない。もっとも、古沢や細川の谷を見おろし、移り変る車窓の眺めを楽しんでいれば、そうもどかしさを感ずるわけではない。極楽橋につくと、のんびりもしていられない。われ先にホームを走ってケーブル乗り場へ急ぐ。そしてすし詰めの八百メートルである。

いつだったか女人堂前でバス乗客の世話をしていたある老人が、次のような話をしてくれた。初めの計画ではケーブルは女人堂のすぐ下に着くことになっていたが、よそと違う霊山にケーブルのような日本人ばなれした乗り物をあまり近づけては山を汚すことになる、お大師様にお参りするのに乗り物ばかりでは霊験もうすい、という意見の人が多く、すでに設置許可もおりている計画をとりやめて、わざわざ今の所へ変更してしまった。完成後もしばらくの間は、不動坂を歩いて上り下りする者が多く、予想の半分も利用者がなかったので、料金をさげたり、電車からおりる人をつかまえてケーブルに乗ってくれと頼んだり、会社もいろいろと苦労があったという。

日だまりで楮《こうぞ》の皮を剥ぐ。こんな光景も今はあまり見られなくなった。

町内はおろか奥の院のきわまで絶え間なく車が往きかい、今更のように時の移り変りに驚かされるのである。

高野紙

まだ交通が開けなかったころ、高野山をとりまく村々は、みな高野と深いつながりを持ち続けていた。先に述べた神谷の宿をはじめ、奥地の相之浦や新子の村のほとんどは、高野箸や杓子作りをして生活をたて、笠取峠を下った丹生都比売《にうつひめ》神社のある天野地方は、山上の寺々へ食糧を供給する重要な村でもあった。

有料道路沿いの笠木や古沢《こさわ》は、古くから高野紙の産地として知られていた。古沢は上、中、下の部落に分かれ、紙作りは下古沢が最も盛んであった。下古沢の部落の様子を、江戸時代に編まれた『紀伊続風土記』巻五十一では、〈此荘山渓の間にして梯田のみ、人家皆石を畳みて僅に平地をなす。実に寒僻の窮地なり。道遠くして、薪樵便ならず。田畔屋後楮を植えて紙を製して作間の業とす。寒に至りて山野の事なすべからざる時、家居して紙を漉くという。此傍入の利あるを以て村中困窮の姿なし。その紙、生漉きにて虫いらず、水に入りて破れず、墨附はあらざれども力は、甚だ強し。名づけて高野紙という〉とある。

高野紙はその製法を弘法大師から教えられたとのいい伝えもあり、現存する最も古いものが建長五年（一二五二）のものとされていることから相当古くから作られていたものであろう。その後、商品流通が盛んになるに従って、紙漉きは農村副業としてますます盛んに行なわれるようになっていった。江戸末期、傘紙の需要が増えてくるころの天保十二年（一八四二）には、高野山の学《がく》侶《りょ》領となっていた古沢荘一帯の村々には小問屋がおかれ、慈尊院村には原料の仕入れや集荷の取扱所が設けられ、大阪での売捌き所が指定されるなどの規制が強まり、年預坊《ねんにょぼう》（学侶方の各寺院の支配地を統一管理する機関）によって高野紙は専売化されることになった。村人たちは原料を仕入れるのに取扱所から借金をし、製品は全て大阪の商人の手にわたる。幾らで売れるかは商人まかせである。入った金で借金と月に五分の利息を払い、村の小問屋で押してもらった極印料（紙年具）を払い、村の小問屋、取扱所、売捌き所へ手数料を払わねばならなかったから、決して楽な副業ではなかったのである。それでも当時高野紙十郷といわれた古沢や椎出《しいで》、河根《かね》などの村々では、えびす講を結んで、紙漉きの期間（寒の入りから八十八夜まで）や製品の量や質を調製する申合せをして、わずかな収入でもお互いが手に入れられるよう規制しあっていたのである。

　下古沢では、年輩の人ならばほとんどが紙漉きの経験をもっているが、筑前吉三郎という八十五歳になるお爺さんの話と、高野山大学の図書館で見せてもらった『高野紙』という珍しい本などを参考にして、高野紙について見てみたい。

　筑前老人の話によれば、ここでは、昭和四年（一九二九）に南海高野線が極楽橋まで開通してからも十年ほどの間は、五十軒ばかりの家で昔ながらの紙漉きを続けていたが、戦争になってからは、みなやめてしまった。自分の若いころの古沢では、どの家もわずかな米と麦作りで、冬に向かうと家内中で紙作りをして生計を補ったが、決して楽な仕事ではなかった。紙作りに精を出してもみな生活は苦しく、紙で儲けるのは問屋ばかりで、どの家でも正月ごしらえは問屋から借りて、三月頃までにできた紙で支払っていた。昭和五、六年の頃には一時値が出たこともあって、村では借金してまで高知から大量に楮を仕入れた家も多かったが、翌年は大暴落でえらい目にあった。それ以後はやめようにもやめられず、戦争前までどうにか続けてきたという。

　昭和十五年（一九四〇）に紙漉きをやっていた家数は、上古沢に十三、中古沢に十一、下古沢に五十三、椎出に十六軒で、この附近だけで九十三軒にもなっている。

　原料は楮だけで、山楮、岡楮、黒楮、それに県内の有田郡から移植した真楮などである。

　苗木は根ぶせといい、楮の根を三、四寸に切って植える。五月ごろから芽を出し秋までに三〜五尺位に伸びたものを、冬になって五寸位に切り縮める。二年目からのものが本格的な楮になる。二年目には六、七尺に伸びるので、秋のとり入れが終わるとすぐ紙にかかる。

　伐りとった楮は枝をはらい、長さ三尺二、三寸から五寸程度にそろえて束にする（こうすることをコナゲるという）。

　この束を釜にまっすぐに入れて蒸す。釜は口径二尺三寸の六斗釜で、楮を入れて、上に出る部分に高さ三尺、上の直径が二尺八寸の桶状の独特な蓋をし、囲りを藁で巻いて湯気が漏れないようにして約二時間半蒸す。

蒸し終わると、釜の中に入れたまま桶二杯位の水をかける（こうすると渋皮がとれ易いそうだ）。それから莚にひろげて皮を剥ぎ、剥いだはしから手でもんで表皮をとる。

釜も屋外にあるし皮剥ぎの作業も外で、屋内でやることはほとんどない。皮を剥ぎとった木は白くつるつるしていてきれいなので、大正の終わりごろまでは、高野詣の足助けに、一本一銭か二銭で茶店で売られた。電車が通るようになってからは、よく乾かして薪にした。

剥いだ皮は三日間ほど干して、一束三貫目にして束ねておく。楮山《かごやま》から楮を伐り出して皮を剥いで束にすると「タテカゴ」が終わったという。こうしておいていよいよ紙漉きになる。順序は大体次のようである。

1、水（古沢川）に一時間位つけて柔かくする。

2、水分を含んだ表皮を小刀でこそげとる（これをサクルという）。三貫メ一束の楮をサクルと一人前といわれた。

3、サクられた皮を水で三回洗い、川原に一日位干す。乾いたものを馬で家へ運ぶ。

4、これを再び蒸す。六斗釜に六、七分の水を入れ、湯が沸くとソーダ灰を入れる。昔は高野の寺から炭の灰を買いとり、楮四貫匁に灰四貫匁の割合で入れた。釜の底に杉葉を置き、その上に籾がらを入れ、灰を入れて楮を煮る。土灰よりいいのは高野の奥の村で削っている杉箸の削り屑の灰だそうだ。ソーダ灰は五、六十年前から用いるようになったが、四貫匁の楮に四百匁の割合で使った。これだと仕上りがきれいで手間も省けるが、紙質をいためる。こうして一時間から一時間半ばかり煮る。

5、柔かくなった楮を釜の上に置いた竹の簀にあげて、棒で強く押えて水気を絞りとる。

6、付着している皮、塵などを指先で一つ一つとり除く。これはなかなか手間のかかる作業である。

7、打ち板にのせて繊維を叩きつぶす。板は多くは桜材で厚さ五寸、長さ五尺五寸、幅一尺二寸。槌は樫で二尺三寸。叩きつぶすのも大変な仕事であったが、後に精米所で村中の楮を請負い、機械でつぶしてくれるようになった。これだと四貫匁の楮も一時間半足らずで終わってしまう。叩かれた楮は綿のようになってしまう。

8、この綿を桶に入れ、二貫匁に一斗の割で水を入れてかき混ぜる。

9、次にこれを槽（縦二尺、横三尺、深さ一尺）に入れ、綿状の楮百匁について水五、六斗入れてかきまわし楮の液をつくる。これにある種の山芋を摺ったもの（トロロ）を入れる。トロロはひどく臭うので冬場しか使わない。この入れ加減で紙質がきまるので、工夫と熟練がいる。夏の紙漉きにはトロロのかわりに、ノリウツギかビナンカツラを入れる。トロロは大体四国からとり寄せたという。かきまわすにはカイガという道具を使う。これは大正のはじめに高知から移入したものである。

10、漉くにはかやで作った簀を使う。簀作りは、秋の彼岸のころ、高野の奥の新子へ行く途中の辻の茶屋付近か、立里荒神の手前、水ヶ峯あたりへ三泊か四泊の予定で出かけ、二貫匁位のかやの穂をとってきて作った。長

皮を剥ぎとられた楮は乾燥させて薪にする。

さをそろえ、絹糸を十一本使って、すだれを編むのと同じ要領で仕上げる。一度作ると二、三年は使えたという。これを枠（カテ）ではさんで漉くのである。上ガテと下ガテの間に簀を入れ、両手で持って二、三度前後に動かしてすくい上げ、楮の液を平均させ、さらにすくい入れ、表面の塵をとってもう一度すくう。それが終わると上ガテをはずし、別の簀を一枚重ねて挟みこむようにし、斜にして水気をきる。液は固まり、柔かいがもう紙状で、手に持てるようになっている。それを簀からはずして板の上に置く。一枚に約一分ほどの作業である。冬は槽の横に湯をわかし、時々手を暖めなければならない。漉くのはほとんど女の仕事だったそうだ。一帖（六十枚）漉くごとに松葉をはさみ（サイ目）、次々に重ねていく。忙しいと、移し板に重ねたままで冬を越すこともあるが、水分を含んだ半製品の紙はかちかちの氷の固まりになってしまう。それでも溶けると一枚ずつきちんとはがせるそうだ。

11、風のない日を選び、紙付け板に一枚一枚はりつけて乾燥する。板は長さ五尺一寸、巾一尺一寸、厚さ六分ほどの松板が多く、板一枚に紙三枚をはりつける。板についた方が紙の表である。板は家のまわりに立てかけ、冬でも天気のいい日だと、三回ほどはとり替えて干せる。乾いた紙は質によって上中下に分け、一帖ごとに藁シベを入れて十帖六百枚を一束とした。

こうして出来あがった紙は、近くの清水にある大きな問屋が集め、海南の黒江や日方などで傘紙として多く使われた。高野紙一帖で、から傘五本分だったそうだ。古くは高野山で次第紙（経文などの書写用に使う上質紙）として使われたが、明治以後は傘紙として需要が多くなり、また米袋としても使用されたという。

手間のかかるきつい仕事のうえに、価格の上下がひどかったので、生活の足しとしてはそれほど有利なものではなかった。筑前老人たちも、一枚漉いて一銭か一銭五厘の紙漉きではとても足りず、上州や信州へ山仕事の出稼ぎに行ったという。

現在では紙漉きの風景は全く消えていき、わずかに中坊ミキという七十五歳になるお婆さんが、特に頼まれれば時折り漉いているという程度になっている。

奥の院

高野山を訪れる人の誰もが最も印象を深くするものは、伽藍の堂塔や塔頭寺院ではなくて、奥の院への参道

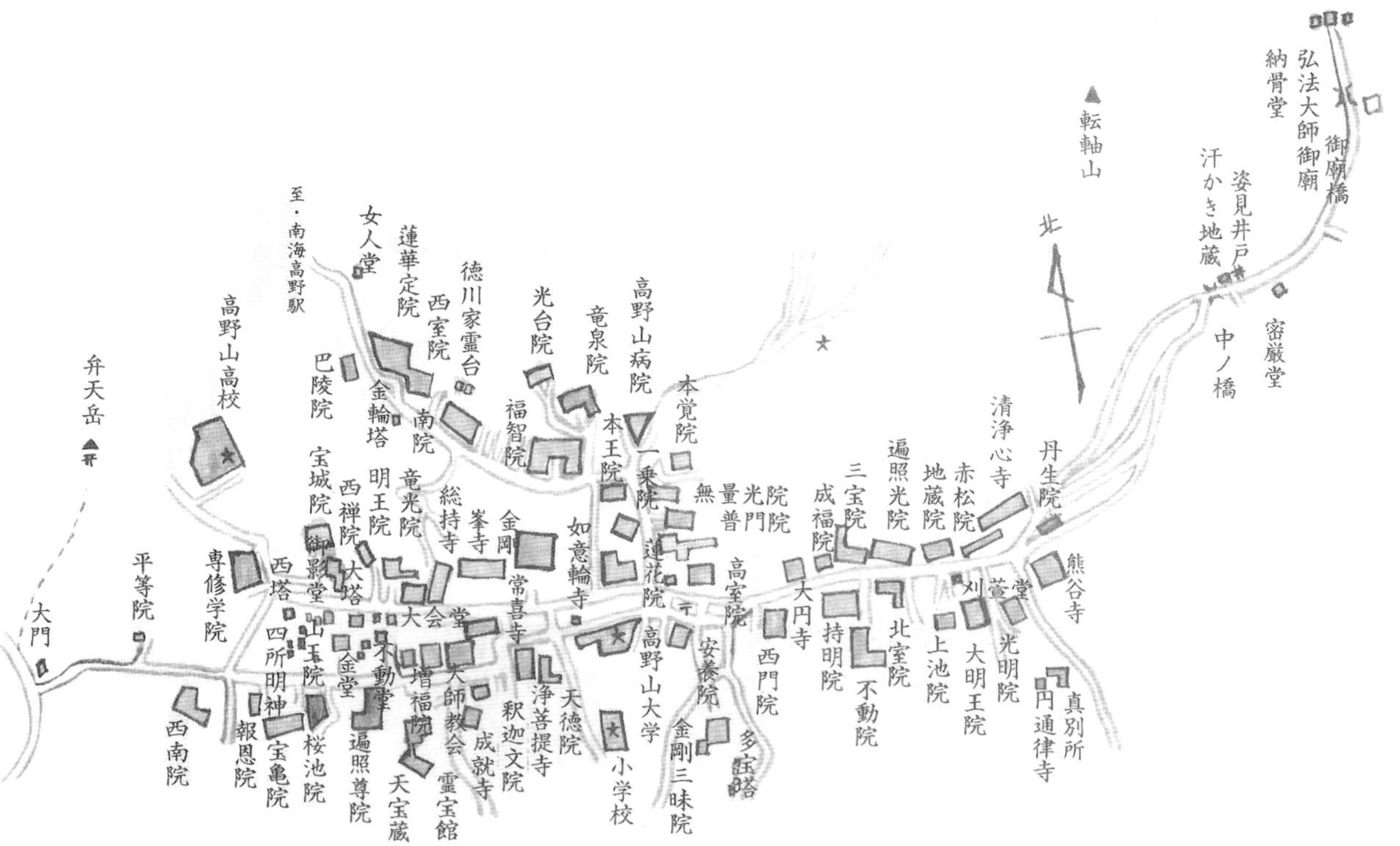

高野山の寺院図

に見る墓石群であろう。一の橋から大師廟に続くこの二キロの道は、空を覆う杉木立のもとに、累々と重なり群れ続く大小さまざまな墓標で埋められている。参道の両側はもとより、左右に目の届くかぎりあらゆる階層の墓碑であり供養塔である。全く観光地と化してしまった高野山とはいえ、他所ではまず見られない光景であろう。静かに苔むして墓石が並ぶさまには身に迫ってくる一種の悲愴さすらある。賽の河原を想わせるような京都嵯峨野の化野《あだしの》念仏寺の無縁塔や石仏石塔群よりも、さらに大きく、さらに無気味さを覚えるのである。

町石道をたどって登山する白河上皇。一町ごとの塔婆に拝礼したという。

学文路にある道標

私はこれらの墓石群に接するたびに、幾年代もの永い間に全国に散り、高野への納骨を勧め、石塔の建立を勧めてきた数知れぬ高野聖《こうやひじり》たちを想うのである。彼らの動きによって高野山は日本の総菩提所としての信仰を集めた。江戸時代には貴族大名があらそって供養塔を建て、一般庶民の間にさらに強く高野への信仰が定着し、それは観光地化した今に続いているのであろう。

案内書には、大名や有名人の墓が幾十幾百と載せられて、訪ねる人の注意を惹いているが、杉の根かたや石垣の片隅には、無名の小さな墓がおびただしく風雨にさらされている。今となっては誰のものとも知ることのできない、庶民の墓である。参道の敷石からちょっと離れて山手へ入ると、注意して歩かないとつい踏みつけてしまいそうだ。これこそ高野信仰の深さ、厚さを示す証であろう。現在はその幾分かは整理されて、霊廟近くの細道の脇に無縁仏として合祀されている。

墓域は最近拡められ、会社や社長の供養塔が今大名といった態で目立っている。また近くには高野霊園が拓かれ、時代は移っても総菩提所としての高野はまだ生きているようである。

一の橋近くには石材店が五軒ある。高野での墓石を取り扱っている店で、墓石の調達はもとより埋葬のこと一切を取り計っていたようである。今は土建業も兼ねているそうだ。

墓石の彫刻は全部機械彫りである。手彫りはここ十年来で全く影をひそめてしまった。石は全て花崗岩で、北《きた》木《ぎ》島（岡山県笠岡市）や庵治《あじ》（香川県木田郡庵治町）あ

大きな石を高野山に運ぶ。『紀伊國名所圖會』

注文に応じて造る墓石

たりのものが多い。しかし大きな石塔などには外材（中国産）を使うそうだ。庵治石は硬くて特にいい石とはいえないが、先年のニューヨーク博の日本庭園、「流れ」に使用されてから一躍有名となって、値段もかつての三、四倍にはね上がったという。

以前は和歌山の問屋や直接現地から取りよせた石材を加工して仕上げるのが仕事であったが、今は現地で品物を撰り、形はもちろん磨きもかけられたものを購入し、文字などを刻むだけのものも多いそうだ。文字は特殊なゴム板に焼付けて切りとり、それを石の表面にあて、金剛砂を吹きつけて彫る方法で、手彫りの十倍位の能率があがり、失敗もほとんどないようである。石彫りの職人は、吹き付けなどの機械操作の上手下手で腕がきまる時代になってきており、五、六年で一人前になるそうだ。彫りの機械にはもっと能率のよいものもあるが、年間の注文の見通しをたてた上で、現在の機械で満足しているという。地蔵や飾りの彫刻が入るものは、ここでは彫れず、岡崎（愛知県）から多く入ってくるようである。

高野五木のうち、人気のある高野槙《こうやまき》が高野山内のあちこちの露店で売られている。

林間学校でにぎわう夏の宿坊、寺院。大きな収入源でもある。

ある石材店の間口が三十メートル、奥行き八メートル程の倉庫には、送られたままの大小さまざまな包みがぎっしりつまり、包みの間から見える石面は、どれもきれいに磨きあげられていた。今では、江戸時代の大名のように、好みの石材を山下から運びこんでくるようなことは全てなくなり、すべて石材店で調達したものでまかなわれている。同じ倉庫で天保年間に使われていたというウインチも見たが、全く金具を用いていない活車は見事にすり減っていた。

参道にはあちこちからの団体客が目立つ。十一月初旬の霜の多い朝でも、次々と観光バスから降りては、引率者に導かれて奥の院へ向い、ハンドマイクから流れる墓の説明に真顔で聞き入っている。私が昭和六、七年ころに聞いた案内者の説明は、美文の七七調?で、節をつけての語りであったことを覚えている。今は全く現代調の話しことばで、「天と地と」が加わったり、「樅の木は残った」がでてきたりする。この説明者は約六十人ほどおり、宿坊から直接世話もするが、観光協会案内所で頼める。彼らは観光案内組合員であり、町条令によって講習を受けた免許状持ちである。三、四十年前までは所縁坊案内所に所属して、小学校五、六年の子どもでも案内をしていた。彼らは先輩の後について幾度も実際に歩いては覚え、節をつけて語ったという。そうした昔流の説明をしてくれる人も、今はほとんどいなくなったらしい。免許状持ちの説明者は、パンフレットで大体をのみこむと、後は自分なりに新しいことがらをつけ加えて話しているようである。

道路わきにお遍路姿の人が、前に小さな銭箱らしい物を置いて喜捨をうけている。最近は少なくなったが、傷痍軍人の気の毒な姿も時折りここでは見かける。春秋の彼岸の人出の多いころを見はからって、参道に蹲って人の情にすがる者もあれば、生年月日の占い札を売ったり、変型の文字で格言めいたことばを認《したた》めて頒布している老人がいたりする。これらの中には本四国の八十八ヶ所巡りをすませて、最後の納経に上ってきた純粋の信者もあるようだが、いずれにしてもここで見る限り、いかにも奥の院参道に似つかわしい風景といえる。いつだったか一老人のそばに坐って話しかけてみたことがある。高野では本通りから離れた丘の手にある木賃宿をたまり場にして、十日なり二十日間をここで過し、次の那智や信貴山へ向かうのだという。はた目で見るよりも案外と屈託なささそうに感じた。

高野聖

文　野吾信雄

聖が生まれる——

　高野聖というと、私たちは泉鏡花の『高野聖』の主人公、宋朝上人にみられるような煩悩を断ち、行ないすました人物を思いうかべがちだ。

　ところが、〝高野聖に宿貸《か》すな、娘取られて恥かくな〟といわれるように、全く逆のイメージを与える高野聖もいたようだ。

　どちらも高野聖がもっていた性格の一面であるといえる。

　聖とは、もともと〝火治《ひじ》り〟〝日知《ひじ》り〟からでた言葉だといわれる。つまり、古い時代に神聖視されていた火を管理し、日を数え、その吉凶を予知しうる者であり、当初は仏教とは関係のない原始的な呪術者、宗教者としての性格を持つ者であったと思われる。彼らは呪力を得るために、一定の期間は山野にこもって修業を積んだであろうが、日常は俗人と変わらず妻帯し生産に従事する世俗生活を送っていたともいわれる。

　律令体制下の仏教は鎮護国家を旨とするものであり、「僧尼令」によって身分と生活は保証されていた反面、官僧として国家に奉仕することが義務づけられていた。すなわち、国家あっての僧尼であり、民衆に仏法を説くことは法度とされていたわけである。しかし、やがて行基に代表されるように、この規制を犯して官寺を離れて山居し、民衆へ接近しようとする者が現われてくる。彼らは、除災や招福など、人々の素朴な宗教心を満足させるためには、顕密の陀羅尼《だらに》によるだけでなく、むしろ呪術を用いたり、木草や民間医学の知識を駆使することも多かった。また民衆を組織して橋を架けたり、灌漑の溜池を掘ったりもしている。これは、社会的作善を通じて民衆を仏道へ誘うための手段であったと同時に、官僧の身分を離れた自らの生活の糧を確保するための手段でもあった。このように民衆と接近していくための技術は、民間の宗教者が持っていたそれを継承したものであろうし、優婆塞《うばそく》、優婆夷《うばい》などという、在野あがりのインスタントな私度僧たちが、世俗生活のなかで持っていた技術がそのまま利用されたものでもあっただろう。こうして、官寺系列を離れた僧、またはその周辺に集まった人々の中から、仏教者としての聖が生れたものと思われる。

高野聖が生まれる——

　九世紀の初め、空海が真言密教の道場として高野山を開いてから、ここで修学するために山内の諸堂に学侶《がくりょ》（学問僧）が集まってくる。彼らに従者・雑役人として従った承仕《じょうじ》という半僧半俗の人々の中から高野聖が生れてきたとされる。彼らは諸堂の周辺に草庵（別所）を結んで、仏道を求めて修養を積もうとする一方、諸堂の管理や学侶個人の生活資糧の調達にあたらねばならなかった。こうした仕事は、俗界から隠棲し、厳しい自然の高野山中で仏道を志そうとする彼らを、常に世俗生活と強く結びつけることになった。

　正暦五年（九九四）、高野山は伽藍壇

場に落ちた雷によって大打撃をうけた。衰微していた当時の皇室にはこれを復興するだけの財力はなく、再興の勅命をうけた紀伊守の大江景理はかえって寺領の没収を企てる有様であった。こうして、十一世紀初頭の長保二年（一〇〇一）から長和五年（一〇一六）にかけては、山上に人影すら見えぬといわれるほどに高野山は荒れはててしまった。

　このころ高野復興のために入山してきたのが興福寺の別所聖人・祈親《きしん》である。祈親は彼の周辺にあった聖たちを各地に遊行させて、奥の院に一燈を献ずることを勧進させて復興の資を得ようとした。勧進とは本来人々に仏道を説いて教化し、善に向かわせることであるが、さらに堂塔や仏像の建立・修復・維持のために勧めて金品を募り、宗教的作善を行なわせようとすることでもある。仏教が国家の保護下にあったころにはこうした行為は規制されていたが、律令体制が崩れて国家の保護力が失われると、経済的に苦しくなった各寺院は勧進に依存する度合を強め、国家もそれを認めざるを得なくなった。また、そうした勧進が可能になっていったのは、仏教が国家のためだけのものではなく、その後の浄土信仰、念仏信仰の流行とともに幅広い層に浸透し、人々が仏教に寄せる願いが大きくなっていったからでもあろう。

鎌倉御家人の熊谷直実が発心し、「蓮生坊」と名乗ったゆかりの熊谷寺

　もちろん回国をし勧進した聖は高野山にだけいたのではなく、長野の善光寺、大阪の四天王寺、鎌倉の長谷寺などにもいたといわれるが、後世、聖といえば高野聖を連想させるようになったのは、厳しい自然の高野山に隠遁した道心堅固な者としての人気があっただけでなく、そうした評判を自らふりまいて歩いた高野聖の活動が、他と比べて極めて盛んであったことによるのだろう。

念仏化する高野聖――

　高野聖の行動と性格に深い関係をもつのが浄土信仰と念仏である。高野山は、空海が入山する以前から、丹生都比売《にうつひめ》神社を地主神として祖霊の集まる山、山岳霊場として尊崇されていた。その性格が平安中期以後に流行した浄土信仰と結びついて、やがて諸仏の集まる極楽浄土と見なされるようになる。さらに極楽往生の行としての念仏も流行し、山内でも盛んに唱えられるようになった。十一世紀末、小田原聖と称される教懐が入山して念仏信仰を説くようになると、その影響をうけた聖たちは念仏聖として彼の周囲に集まってきた。

　このころから半僧半俗の承仕たちは、念仏行者の性格を強め勧進を専らとする聖と、諸堂の管理や寺領の経営をし、後には僧兵ともなる行人に分かれていった。この聖方、行人方に、教学を専らとする学侶方が、その後は住房を異にし、時に激しい対立をみせながらも山内で共存していくことになる。

　聖たちはひき続き行なわれていた高野復興のために回国、勧進を行ない、次第にその数を増して二千人にも及び、山内の法会にも進出していった。寛治五年（一〇九一）、白河上皇が二度目の高野登拝をした折、聖のうち主だった者三十人に賜物があったが、これは当時の高野聖の数の多さ、山内での勢力の大きさを示すものといわれる。

しかし彼らは山内で僧侶として認められ、地位を与えられていたわけではない。本山金剛峯寺の衆徒たちにしてみれば、教学の研究も修業も満足にせず、流行の念仏を唱え遊行・勧進と称して俗界との往来を盛んにし、山内に世俗の臭いを漂わせる者たちであった。江戸時代に編まれた『紀伊続風土記』のうちの、高野山が藩に書上げた「非事吏事歴」で、聖は〝吏務に預らざる隠遁者〟すなわち〝非事吏〟と賤称されているゆえんである。

活躍する高野聖——

山内では賤視されながらも、高野聖は勧進を通じて、上は貴族、武士階級から下は路傍で人知れず死んでいく人々まで幅広い支持と尊崇をうけていた。それは寺院のなかにあって、学問として仏教を学び、僧としての出世のみを考えていた僧侶たちとは対照的であった。

平安末期に入って、末法の世に生きることにおののく貴族、各地で戦乱がおこり、死との直面を日常とするようになった武士、そして変転する世の矛盾に直撃されながらも仏教の救いから最も遠かった民衆。聖たちはそれぞれの力量に応じて、社会の各層で従来にも増して精力的に勧進を行なった。曼荼羅を持ち歩いて仏の世界を説くもの、空海の遺物と称するものを見せて弘法大師への信仰を説くもの、霊場としての高野山を語り、そこへの納骨が死者の往生につながることを説くもの、高野へ参詣し逆修の墓塔を建立することを勧めるもの。

彼らは高野の看板を背負って歩く宣伝マンであり、納骨、建墓代参を請ける御用聞きでもあり、津々浦々に高野の名と信仰をふりまき、そのかけ橋となっていたのである。歴史は彼らの名を殆んど残していないが、中には西行のような例外もいた。歌人としての才能をもった北面の武士、佐藤右兵衛義清は出家して西行となり、やがて高野へ入った。遁世することで世俗世界の身分の壁を破り、地位が高く名声のある人々のもとへ出入りする自由を得て、歌才を売りこもうとしたのかもしれない。しかし、歌僧としての盛名をもって、山内の寺院や寺領のために、鳥羽・崇徳上皇や平清盛を訪ねて勧進・陳情している。やはり力量に応じて行動した高野聖の一人だったのだろう。

唱導文芸と高野聖——

中世の文学には唱導文芸というジャンルがある。唱導とは、人々を仏道に誘うために彼らの心に訴えかけるような話をすることであるが、勧進をより効果的なものにしようとする聖たちの努力によって、文学的、芸能的な要素をもつようになった。そして、それは、『平家物語』の構成や浄瑠璃、浪花節などにも大きな影響を与えた。

平安末から鎌倉初期にかけての争乱は、政治的、社会的失脚者や敗残の武士たちを高野山に送りこんできた。俗界での生々しい浮沈や、血なまぐさい戦場の臭いを漂わせながら高野山へ遁世してくる者の数は多かったのである。彼らの中には熊谷直実や佐々木高綱のように、幕府御家人として地頭職を得て収入を確保してから出家、入山する者や、父母や一族からの仕送りをうけられる者もいたが、多くは身一つで山内の別所へ入ってくる者であった。

ところが、彼らが遁世する原因となった争乱は、高野山にとっても大口の勧進や寄進を難しくさせたばかりでなく、争乱の中で成長してきた名主や地頭などは高野山の経済的基盤の荘園をも蚕食していた。

それでなくてさえ苦しくなっていた別所の経営は、遁世してくる多くの聖を抱えてますます苦しくなる。いきおい彼らは生活の資を得るために、貧しい民衆のわずかばかりの喜捨を求めて勧進に務めなければならなかった。

　彼らはまだ記憶に新しい俗世での体験を語りあった。『一言芳談』に、「むかしの上人は一期・道心の有無を沙汰しき。次世の上人は法文を相談す。当世の上人は合戦物語」といわれるように、遁世した聖たちの間では合戦物語をする風潮がさかんであった。それは彼らにとって過去への追憶であり慰めでもあったが、同時に血なまぐさい戦場で修羅となって悪業を犯した彼らの懺悔談、仏門へ入るに至った発心談でもあった。それは山内で語られただけでなく、勧進の場でも語られた。遁世した者が自らの発心の由来を語ることは、最も身近な題材での唱導であった。

　一方、各地の人々も深い悲しみや大きな喜びなどの感慨をもって争乱を回顧していた。武士たちの間では、彼ら自身の見聞や従軍した陣僧の話をもとにして、多様な合戦談が構成され語り伝えられていく。これらの話は回国する聖たちによって集められ、再構成されていった。

　戦場での武士の働きとその死、残された妻子や愛人たちの歎き哀しみ。戦さにまつわるエピソードの中に人間の宿業の恐しさを織りこみ、さらに人情の機微やロマンを因果応報的に脚色された物語は人々の涙を誘い、ひるがえって勧進に応ずることで自らの後生を願わせることになっただろう。

　こうした唱導をさかんに行なったのは、覚心を開基とするという萱堂に集まった萱堂聖である。彼らが唱導を重ねる中から、筑前刈萱荘《かるかやしょう》の加藤左衛門繁氏や石動丸などの架空の人物を登場させて作りあげた物語は、説教「かるかや」となり、後には浄瑠璃「苅萱桑門《かるかやどうしん》」へとなっていっただけでなく、山内の萱堂の跡や山麓の学問路に、苅萱堂という堂庵を作らせることにもなった。

　また『平家物語』で師の俊寛を鬼界ヶ島へ訪ねたと語られる有王丸は、俊寛の遺骨を奥の院に納めた後、蓮華谷で法師となり、諸国を廻って師の後生を弔う高野聖になったとも伝えられる。これは蓮華谷の聖たちによって仕立てられた話であり、彼ら自身が有王丸を一人称として俊寛の最後を語って供養して歩いた。各地に残る有王塚は、彼らが語った後に主人公のために念仏会を行ない、資縁を募った跡である。

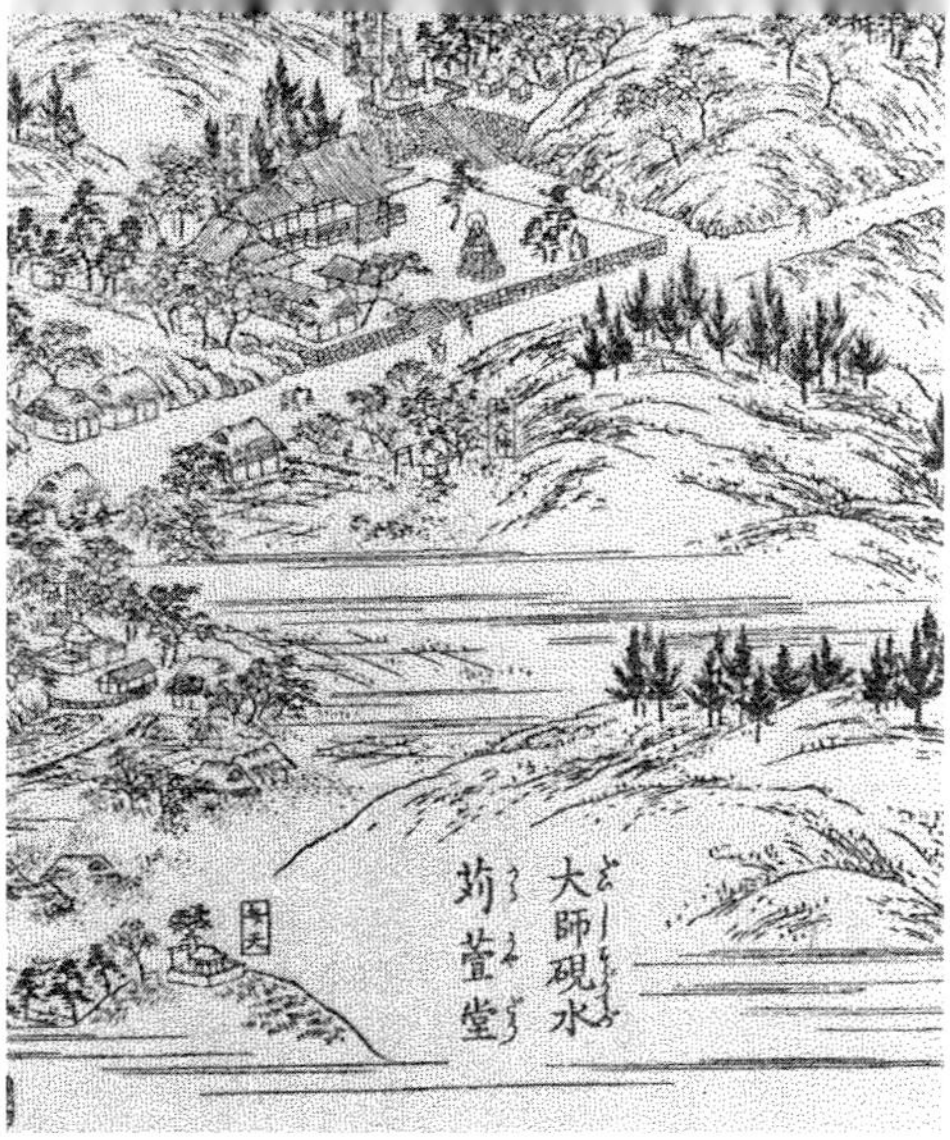

萱堂聖が唱導して創りあげた物語が、苅萱堂を造らせた。『紀伊國名所圖會』

時宗化する高野聖――

　文永十一年（一二七四）、時宗の祖である一遍が高野山に止住してから、千住院谷を中心に時宗が拡まり、やがて蓮華谷聖、萱堂聖などの高野聖の集団をも吸収して、室町時代には高野聖はすべて時宗化したといえるまでになった。

　こうした現象は、一遍による行業の一つである賦算（「南無阿弥陀佛決定往生六十万人」という名号の記された紙札を一人に一枚ずつ配って多くの人を結縁し、勧進の数をかぞえること）が、往生すら認められなかった人々にとって極楽行きのキップとして、法悦にひたった踊念仏とともに迎えられるなど、勧進形態としてすぐれたものだったことによるのだろう。また、賦算そのものが、従来高野聖たちが六字名号の摺り札を売りさばいていたことがヒントになっていただけに、彼らにとっても時宗は受けいれやすいものであったと思われる。

時宗は念仏を唱えさえすれば往生できるという専修念仏を説いたが、高野聖が時宗化したことによって、高野山は全山に念仏と鉦叩きの音が響くようになった。しかしこれは、高野聖の念仏のなかから密教的な要素を失わせていくこととなり、苦行を積むことを要求する人々にとってはとても認められないことであった。

応永二十年（一四一三）高野山では、高唱念仏、鉦叩き、萱堂以外での踊念仏、新たに庵室を造ることなどが禁止されているが、これは時宗化して苦行を嫌い、遊行と勧進をもっぱらにしていた高野聖に対して、本寺真言側からの非難が強くなってきたことの表われである。

しかし、それによって時宗化した高野聖の活動が止んだわけではない。このころ、高野山へ参詣する人が増え、宿坊の制度も生まれてきたが、高野聖による旅人の引きこみすら行なわれるようになり、高野聖の俗悪化はしだいに進んでいった。

俗悪化していく高野聖――

民衆の生活と最も近い所で普及した時宗と、常に俗性をもってきた高野聖とが結びついていくことはごく自然のことであって、時宗化したことだけが高野聖を俗悪にしていったわけではない。学侶と行人が争闘し放火しあった寛正五年（一四六五）の大火、諸堂伽藍が全て炎上した大永元年（一五二一）の大火。この荒廃を再興するために集まった勧進聖のなかには、もともと道心などの持ちあわせはなく、戦乱で失った生活の途を求めて高野山へ転げこんできただけの、質の悪い聖が多く混入していた。再興のための勧進に勅許がおりてから四十年以上もたち、阿本・阿純らの精力的な活動がありながらも、大塔すら完成しなかったことは、勧進による資縁の多くが聖の生活の資として消えていたことを想像させる。道心のともなわない聖の生活手段として勧進は慢性化し、高野聖の信用を失墜させ、やがては宗教者としての命脈をも断っていくようになる。

さらにこのころ、各地の戦国大名たちの中には、遊行・勧進する聖を警戒し歓迎しないものもあった。〝高野桧笠に脛高なる黒衣きて〟関係御免の身をもつ聖たちには隠密を働くものもいたからである。天正九年（一五八一）、信長によって千三百人余の高野聖が安土や京都七条河原で殺され、高野聖は壊滅的な打撃をうけた。これは、信長に叛いた荒木村重の家臣が高野へ逋入し、追捕に向かった役人を行人方が殺したことのとばっちりを受けたものでもあるが、仏道に名を借りて都鄙を徘徊し隠密を働いた聖に対して信長が下した断罪でもあったろう。

民衆もまた遊行する聖をかつてのように温かく迎えなくなってきた。彼らに善根を施す宿も少なくなり、〝宿借ろう〟と村の辻で叫んで一夜の宿を乞う聖は宿借聖と嘲笑めいてよばれ、厄介者の扱いすらうけるようになった。〝高野聖に宿貸すな、娘取られて恥かくな〟といわれるように、道心を失なった聖たちによる姦通、男色、盗みなどスキャンダラスな噂が多くなっていたからであろう。

こうして勧進がゆきづまってくると、高野聖の生活はたちまち苦しいものとなり、遊行をすてて地方の堂庵に定住したり、山師めいたことや商売をして生活の資を得ようとする者も多くなった。商売をした聖は衣聖、呉服聖といわれた。彼らは錦のきれはしを、高野山で仏像の表具に使ったものの裁ち残しと称してお守袋に作って売っていたのが、次第に呉服一般を商うようになっていった。このように商人化した高野聖、もしくは高野聖の姿をした商人が活躍しており、それが社会でも認められていたことは、長崎出島のオランダ屋敷の制札に〝高野聖の他、出家山伏入る可からざるの事〟とあることからもわかる。

高野聖の末路——

信長の断罪、さらに秀吉と高野山の関係を調停した木食応其《もくじきおうご》が行人であったことなどで、山内での時宗聖の勢力は後退していった。徳川の世になって徳川氏の先祖が徳阿弥という時宗聖であった因縁で、再び勢いをもりかえしてきた。しかし学侶、行人方の反発は強く、遂に元和元年（一六一五）、幕府は時宗聖に対して真言に帰入することを命じた。

近世に入っては幕藩体制が強化されるに従って寺院の系列化はすすみ、系列化の遅れた時宗は他宗に吸収されることが多かった。また遊行、回国する者への取締りも厳しくなった。高野山で所属する寺院のない高野聖は多かった。仮りにあったとしても、そこへ帰って満足な地位を与えられるわけではなく、宿坊の客引き位がせいぜいであった。こうして彼らは村の廃庵を求めて定住し、やがて他宗に所属していった。また門付けの願人《がんにん》として芸人まがいのものに変化していく者も多かった。高野山への代願人として喜捨を得る高野願人坊は、宗教者としての高野聖の末路であったかもしれないが、それでも彼らの働きがあったればこそ宗派をこえて高野山への参詣と信仰が途切れもせず続いたのであろう。各地に残る念仏踊り、願念坊踊りの多くは、地方に散り、そこで埋没していった高野聖たちの残したものといわれる。

参考文献　五来重著『高野聖』

かつての高野聖は、江戸時代になると門付芸人として歩いた。『人倫訓蒙圖彙』に描かれた鉢叩き（右上）と御優婆勧進（左下）。左上は空也念仏踊りの鉢叩き。福島県会津若松市　撮影・須藤　功

丹生明神と高野山

文　松田壽男

＊

和歌山県（むかしの紀伊の国）を歩いていると、あちらこちらで両所明神社、あるいは四所明神社におめにかかる。とくに高野山には、金剛峯寺の中心つまり檀場の左手に両所明神が鎮まる。そこは山王峯の山すそにあたり、金堂の西側になる。またここから東に寺街をぬけて有名な墓地にはいると、そのつきあたりに金剛峯寺を創立した空海（弘法大師）の墓がある。その墓の傍らにも両所明神社が立つ。そのほか一心院谷にも両所明神社があるから、山をめぐらした山頂部の高野山だけでも、三か所の両所明神社が数えられよう。

　両所明神とは丹生明神と高野明神の二柱を指す。のちに気比明神と厳島明神とを加えて四所明神ともなっている。丹生明神は丹生都比売《ニワツヒメ》という女神で、高野明神は高野山の地主神にほかならない。もっとも、高野明神は高野御子神とも呼ばれ、丹生明神とは母子の関係で説かれている。

　では、なぜ広くもない高野山の山頂部に、ニウツヒメが三か所も祀られているのか。この問いに対して、なにぶんにも記録が極端に乏しいし、伝説臭も強いために、私の推定を加えながら、解説しておこう。

　まず、ニウすなわち丹生とは何か、である。このコトバは「に」が生まれる意味である。「に」は赤土であって、朱砂（水銀）を表示しているから、それが生まれるとは、朱砂の産出にほかならない。その産出を掌《つかさど》ったのがニウツヒメだ。古いコトバを使えば「水がね姫」、英語でいえばミス・シンナバー。

　この姫神について、記録上もっとも古い報道と思われるのは『播磨国風土記』（日本古典全集の採輯諸国風土記）の一節であろう。それには神名を漢字で爾保都比売と伝える。その伝説とはこうである。オキナガタラシヒメすなわち神功皇后が新羅の国に出征されるさいに、播磨国で衆神に祷《まつ》られた。このとき爾保都比売は国造《くにのみやつこ》の石坂比売に神懸《かみがかり》し、彼女の口を借りて皇后に赤土の効用を説く。皇后がその神教にのっとって大勝利を収めたので、帰国とともにこの爾保都比売《ニホツヒメ》を紀伊国管川の藤代の峯に祀りこんだという。

　ここで高野山の東隣（ここも現在では高野町になっている）に触れておく必要が生まれた。高野山の東隣といえば、高野山の北の九度山町の下を流れて紀ノ川に入る丹生川の上流地帯だ。丹生川の発源部には富貴《ふき》と筒香《つつが》とがあり、ともに有数の朱砂産地である。だから、ニホツヒメが移し祀られた紀伊国管川を加納諸平が筒香に当てたのは、賛成できる。丹生川は富貴谷と筒香谷との間でUターンする。だから発源地の富貴は北流丹生川に沿い、次の筒香では南流し西流するわけだ。この富貴谷と筒香谷との間は、二三の峠道が連絡する。そのうちの水呑峠を加納諸平は藤代の峯としている。しかし私はむしろ北流丹生川の東に高まる紀和国境の一山に当てたほうが、他の記録と齟齬《そご》しないと思う。

　この紀和国境の山々を東に越えると大《お》日川《びかわ》部落となり、そこにはもうひとつの丹生川が南流する。大日川から賀名生《あのう》を経て、丹生川の上流に出ると、有名な丹生川上神社の下社が鎮座し、川のやや上手には、ついこの間まで丹生村を作っていた丹生という部落がある。富貴からここまで古道と認められよう。丹生はもとより、大日川からここに至る丹生川すじが古代の朱砂産地であったことは、私の調査で確認された。だから、もし紀伊側の丹生川の谷で、朱砂の採鉱に従事していた一群の民があったとすれば、彼らはここから東の大和側の丹生川のほとりにむかって拡大したと考えられよう。その採鉱の民こそ丹生氏の起原であり、現在もその中心地に丹生という部落名を残しているのではなかろうか。

　ところが、ここに大事な問題がある。なぜ、播磨国でニホツヒメ（爾保都比売）と称していたのに、紀伊国に移されるとニウツヒメ（丹生都比売）となったのか、にほかならない。もともと「に」が朱砂を示すことは、すでに述べた。しかしニフ（いまはニウと綴る、丹生）とニホ（爾保）とを比べると、一は「朱砂が生まれる」、一は「朱砂が穂のように吹きでる」であり、結局は同じ事実を指す。それは、赤生と赤穂、あるいは石生と石穂との差違にすぎない。だから、ニウツヒメもニホツヒメも、ともに朱砂の姫神であることにちがいはなく、両神は同一の神と認められよう。また「に」という古語にも問題がある。それは「丹」字がもともと「に」とは訓めない文字だからである。『古事記』や『日本書紀』ないし『万葉集』などを見ると、丹塗《にぬり》あるいは丹裳《にも》などのように、丹字を「に」の音にあて、はなはだしい場合には、丹字を爾や仁と同じように、テニオハの「に」にさえ使っている。ところが、漢人の発音では、爾や邇は仁とともにN音またはJ音であるのに、丹はT音なのである。それゆえに丹字で「に」というコトバを写すのは、明らかに不適当だ。どうしてもこれは日本独特の使い方にちがいない。

　では古代の日本人は、どうして丹字を「に」という朱砂の表現にしたのか。漢人は丹というと、丹薬・丹砂という使用でも判るように、朱砂を指した。古代日本人の呼んでいた「に」にほかならない。そのように同一の土壌であった点から、「丹」と「に」とが同視された。朱砂に習熟した人たちの使い方である。このような同視によって、丹字は爾字や仁字とともに「に」という古語を表わすようになり、それが習俗となって普及したとしか私には考えられない。

　南流丹生川と北流丹生川とにはさまれている紀和国境地帯には、早くから朱砂を採鉱する一群があり、彼らは「にう」を氏としてもち、漢字が伝来したときに、これに「丹生」の二文字を、彼らの祖神のニウツヒメに「丹生都比売」の文字を当てた。神功皇后によって播磨国から移されたという朱砂の姫神がニウツヒメと改められたのは、そういう事情からであろう。

　いまでこそ朱砂の露頭は稀にしか見られない。しかし古代では朱砂地帯にはあちらこちらに認められたようである。そのうち最大で最良のものから採鉱されていた。採鉱が進むにつれて竪坑となる。まさに『説文解字《せつもんかいじ》』（紀元後百年ころの著作）のいう・そのままの姿ではないか。ところがその竪坑も、掘りすすんでいくうちに地下水位につきあたる。もうどうしようもない。なにぶんにも地下水を汲みあげる技術に弱かったのである。その竪坑はそれで放棄されてしまって、他の露頭部を求めて移動しなければならなかった。

　大和朝廷の直接勢力圏の南を限る山地

は、全国有数の朱砂地帯であっただけに、このような採鉱部落はかなり大きな存在であった。それは、丹生氏と漢字名をとり、彼らの祖神を祀って丹生神社と呼んでいた。現在でも、丹生という地名が全国的に残り、また丹生神社も全国的に分布するのは、丹生氏の植民を考えねば理解できないであろう。

＊

いよいよ高野山の山頂部に、丹生明神が三か所も祀られている問題に移ろう。丹生明神すなわちニウツヒメが朱砂の姫神であることは判明したが、それは弘法大師空海とどういう関係にあったのか。

『今昔物語』（日本古典全集本）の巻十一には「弘法大師始めて高野山を建つる語」が載っている。それによれば、空海は大和国の宇智郡で「南山の犬飼」と称する狩人に遇い、さらに紀伊国に入って、のちに「丹生の明神」と告白した一人の山人に会し、「われこの山の王なり、すみやかにこの領地を奉るべし」といわれた。前の場合の狩人は「高野の明神」とされ、後の場合の山人とは丹生明神である。これからのち丹生明神は山王と仰がれ、高野山の守り神となった。すでに高野明神という地主神をもち、そのほかに丹生明神を山王と敬っているわけである。

なぜ、弘法大師空海は、水銀の女神と推定されるニウツヒメに特別な崇敬をはらっているのか。その答えとして考慮できるのは、高野山が空海にとって仏教の聖地と化する以前に、この山頂部に活躍していたのが、ニウツヒメを祖神と仰いだ丹生氏であったことであろう。高野山での水銀（朱砂）の産は、山頂部一帯にわたっているといって差支えない。私は大門と壇場との中間の弁天岳（山王峯）から始めて、墓地、および東方の隅にあたる摩尼峯にかけて調べて、この事実を確認したのである。ケーブルの終点高野山駅からバスで走る谷ぞい道の片側には赤いカッティングがつづき、また壇場の表土も真赤であるのに、注意してほしい。それゆえに、前記の『今昔物語』に見える伝説に、丹生明神を「山の王」とし、この明神の化身に「この領地を奉るべし」といわせているわけである。

空海の高野山経営によって、丹生氏は高野山の西隣の天野の原に移された。ここも高野山と同様な準平原で、前者が標高八〇〇メートルくらいだが、ここは標高四五〇メートル。同じく古代の朱砂産地で、真国川の上流（鞆淵川）が南流している。丹生氏の居地の中心に営まれたのが、『延喜式』巻十の紀伊国伊都郡の項に名神大社として収められている「丹（生）都比女神社」であろう。この神社は現在も上天野の部落の山よりに残り、俗に天野大社として近隣の信仰を集め、旧の官幣大社である。いまこの社は両所明神どころか、四所明神とさえ化しているが、もともとは社名が示すとおりにニウツヒメの単独祭祀であったらしい。

高野山がこの神社と特別な関係を保つことは、上記のようにニウツヒメの単独祭祀から両所明神へ、さらに四所明神へと変っただけでなく、明治時代にこの社が管幣大社に昇格したころまで、まことに密接であったが、それは省筆しよう。

一方において『播磨国風土記』が伝えるニホツヒメの祭祀も、もちろん後世まで続いている。現在でも広島市仁保町に邇保姫神社、島根県大田市土江町に邇幣姫神社など、いくつかの例が指摘されよう。もしこの神名を『延喜式』巻十の神名帳から拾いあげるならば、山陽道備後国奴可郡の「爾比都売神社」がそれであろう。

爾比都売の四字の神名は明らかに爾保都比売の誤字と認められるからである。

弘法大師空海は平安朝第一のインテリゲンチァといって差支えあるまい。なにしろ当時は、現代のように教育が独立していなかった。だから、知識人として自らを高めていこうとする人は、たいてい仏教の僧侶になっている。しかも彼は、海外に出て唐朝の本土で修行した。その修行は、彼の本職とする仏教だけではない。彼はいろいろな新知識を吸収して帰国したが、そのなかに水銀（朱砂）のそれがあったと思われる。

漢人はむかしから水銀を薬用とし、それで不老長寿の薬を作っていた。これを丹薬といい、のちに真言系の修験の行者に伝わっている。明治の親政以前に、丸薬をコートするのに朱砂を使うものが多かった。それは朱砂中の水銀が悪い細胞を殺し、その結果として新陳代謝を進めると信ぜられたからだ。また、水銀は死屍に注入すると防腐の作用をする。これは弥勒菩薩の下生説と結びついて即身仏を生んだ。すなわち弥勒菩薩が五十六億七千万年の後に下界に生まれて聖業を行なうとする。その聖業に参与したいために、真言修験の間には自らの身体を留めておこうとする欲望が強かった。そのために水銀の加工によってミイラ化した行者が多い。即身仏である。その即身仏の志願者が宗祖の空海という法号から海の一字をとって自らの法号としているように、即身仏の源流もまた空海に求められた。『今昔物語』の「弘法大師が始めて高野山を建つる語」のつづきを見ると、空海自身がミイラ化した話がこまごまと書いてある。もちろん伝説とはいえ、水銀を使ってミイラ化することも、空海の唐土からの土産のひとつと認めてよかろう。空海が弘仁七年(八一六)に高野山を開基し、その高野山が朱砂の産地であったことと考え合わせるならば、彼の墓側に丹生・高野の両所明神が守護神として経営されているのも、もっともではないか。

ちかごろ頻々と報道される漢土のミイラが、赤い水に浸っていたとあるのは、実際に調べてみ、分析してみなければ何ともいえないが、現在では、つめものに使われた朱砂の水に融けたものと私は考えている。

＊

丹生氏は弘仁六年（八一五）に撰せられた『新撰姓氏録』にも載る名家である。ただしこの書物は平安朝のはじめに家系が重視されたころの撰述だから、各家の祖先に関する部分には、いい加減な作り話が多い。とにかく丹生氏は「なりあがり」と見てよい。しかし今日、全国的に丹生という地名や丹生神社が跡づけられるほど、その植民は甚だしかった。丹生氏が採鉱を専らにしたためであろう。

丹という特殊な用字を示したこの丹生氏が、紀和国境を越えて、東の丹生川すじに拡大したのも、ずいぶんと古いころであったと思われる。現在の下市町の南に、丹生という地名を残しているのが、それであろう。この西吉野の丹生川は、今の五条市の附近で吉野川（紀ノ川）の本流にはいる。しかし五条市の対岸に「丹生川神社」を留めているほど、その名称は延喜式当時に遡り、かつ吉野郡内ではたった一つの丹生川といってよい。この川の上流の丹生に移り住んだ丹生氏の一派は、もちろん祖神としてニウツヒメを祀り、丹生神社をもっていた。

ところが天武天皇のとき（白鳳四年、六七五）になると、神武天皇が宇陀郡の丹生川上で行なわれたという神事が、顕彰されることになった。しかも天武天皇と吉野族との深い関係から、その神事を記念する丹生川上神社という別な神社が吉野郡内に新設される。それは、丹生川上と社名がついている以上、前記の西吉野の丹生川にちがいないから、現に下市町長谷に所在する丹生川上神社の下社とすべきであろう。（この問題については拙著『丹生の研究』また『古代の朱』を

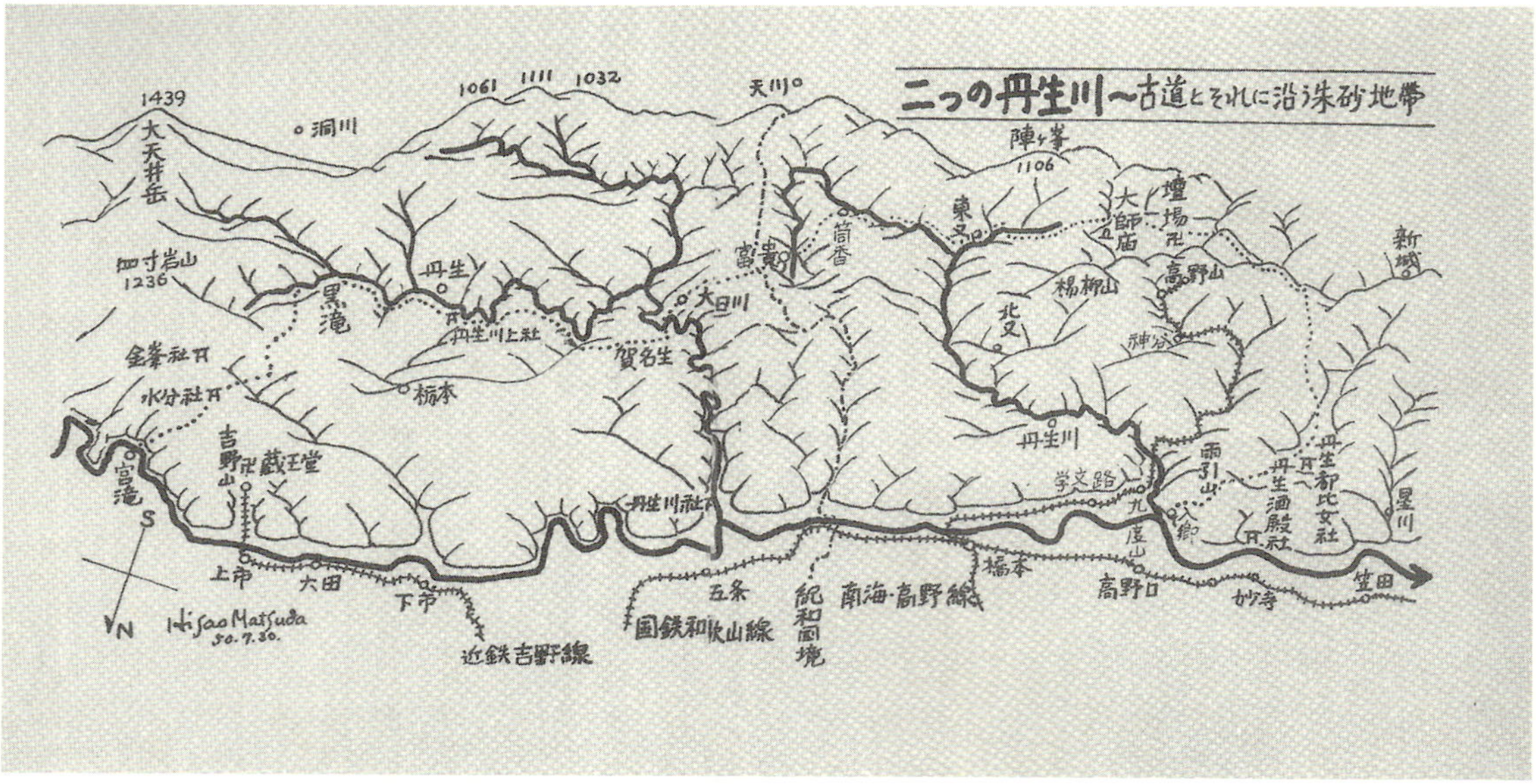

参照してほしい）丹生神社のほかに丹生川上神社が設けられるという、まことにややこしいことになった。あるいは丹生川上神社は、丹生神社のヒサシを借りた形で建てられたのかもしれない。

　こうして丹生神社と丹生川上神社とは、混同されることになった。もともと朱砂の女神ニウツヒメの祠として発足した丹生神社だったが、朱砂の採掘が衰えて、古代日本に農耕一本の生活が普及していくのにつれて、ニウツヒメの正体も人々の頭から消えがちになる。一方、農耕技術に生きる人たちは水への関心を深めてくる。丹生神社の祭神ニウツヒメが水の女神ミズハノメに変ったり、あるいは漢土から輸入した雨師のオカミ信仰に化した場合があったのも、そのためである。私はこれをニウツヒメの大和系変化と呼んでいる。

　室町時代の末になると、丹生神社と丹生川上神社との混同はますます甚だしい。このころト部兼倶は『二十二社註式』を著わす。当時の流行神を二十二だけ挙げたものである。もちろんこの書では、丹生神社と丹生川上神社とは完全に混同されて報告され、それが日本人の常識化してしまった。なんとも処置なしであろう。もちろん丹生神社として本来の祭神ニウツヒメを守りつづけた神社もすくなくない。

　しかし大勢からすれば、朱砂の女神ニウツヒメは、たとえ高野明神と合体して両所明神と化してはいても、弘法大師空海によって護持されて、後世にまで伝わったといえるであろう。人も知るように、高野山の真言宗は、高野山を基にして、すばらしい拡勢をつづけた。たんに紀伊国（和歌山県）だけではない。四国にも八十八ヶ所の霊場を設けるほどであった。とくに紀北ではたいへん根強く、それとともに両所明神も拡大していった。私が『紀伊続風土記』を参考にして調べあげたものだけでも、七十八社に及んでいる。

（昭和五〇・七・二七）

奥の院の受付

奥の院

流灌頂《ながれかんじょう》。撮影・須藤　功（以下同）

ロケット供養

しろあり供養

編者あとがき

日本観光文化研究所、通称「観文研」は『あるくみるきく』の刊行ばかりでなく、さまざまな分野の研究や調査をし、出版物も出していた。いずれも所長・宮本常一の指導によるものだった。

昭和五五年（一九八〇）に、近鉄・志摩線の鵜方駅前に創りあげた「志摩民俗資料館」は、宮本常一の指導による観文研のまとめのひとつ、といってもよいかもしれない。依頼主は近鉄グループの近鉄興業で、年初めに蒐集と展示作業ができるかどうかの打診があったが、開館は七月ということだったから、引受けるには観文研の総力をあげなければならなかった。それは当時の所員、同人の能力を十分に発揮してもらわなければならないということでもあった。むろんこれには志摩の人々の協力が必要だったが、その心配はほとんどなかった。大らかで心温かい志摩の人々は、使わなくなった舟や漁具などを快く提供してくれた。

近畿日本鉄道（近鉄）志摩線の鵜方駅前にあった「志摩民俗資料館」。敷地は今は駐車場になっている。

志摩民俗資料館の開館を知らせるチラシ

将来、志摩の祭りや民俗芸能の展示もしたいという話もあって、私はその写真撮影にあたっていたが、心に強く残っているのは、宮本常一と一緒に高翼（写真撮影に適す）の小型単発機に乗って、空から志摩を撮ったことである。普段は見ることのない志摩の姿を、志摩の人々にも見てもらうためということだった。

飛行場は大阪府の八尾市にあるので、五月二七日の朝早く、宮本常一と付添役の田辺（石野）律子、それに私の三人は鵜方駅から近鉄電車に乗った。中川駅で大阪線に乗換え、奈良県にはいってしばらく走ったとき、宮本常一が、

「昔、あそこに婿にこないか、と

ここで志摩の海女について学べるように展示してあった。

日本観光文化研究所のみんなが協力して資料を蒐集し、展示した。

開館の日、近鉄グループの役員に展示品を説明する宮本常一（右端）

いう話があったんじゃ」と窓の向こうを指さした。そこがどのあたりだったかは覚えていない。

パイロットは若い人だったが、宮本常一の名を知っていたようで、緊張気味に「私が操縦します」と挨拶した。

その日は遠くの山までくっきり見える快晴だった。前席のパイロットの右に宮本常一が座り、私は底部に撮影用の穴のあるうしろに納まった。飛行機が軽やかに離陸するとすぐ奈良市街で、あちこちに天皇陵が見えた。

展示のための志摩の撮影地は決まっていたが、そこに行くまで、また旋回のときにも興味深い風景がある。その撮影のためにときおり機体を大きく傾けてもらったが、宮本常一にはそれは気持ちのよいものではなかったかもしれない。この号の二九頁の法隆寺や四八頁の内宮の山は、そのとき撮ったものだし、志摩民俗資料館にも、このとき撮った写真が展示されていた。

志摩民俗資料館がいつなくなったのかはわからないが、もし存続していれば、飛行機に乗った翌年の昭和五六年一月に亡くなった宮本常一の記念碑として、それなりの評価を受けていたのではないかと思ったりする。

（須藤　功）

著者・写真撮影者略歴（掲載順）

宮本常一（みやもと　つねいち）
一九〇七年、山口県周防大島の農家に生まれる。大阪府立天王寺師範学校卒。柳田國男の『旅と伝説』を手にしたことがきっかけとなり民俗学者への道を歩み始め、一九三九年に上京し、渋沢敬三の主宰するアチック・ミュージアムに入る。戦前、戦後の日本の農山漁村を訪ね歩き、民衆の歴史や文化を膨大な記録、著書にまとめるだけでなく、地域の未来を拓くため住民たちと膝を交えて語りあい、その振興策を説いた。一九六五年、武蔵野美術大学教授に就任。一九六六年、後進の育成のため近畿日本ツーリスト（株）・日本観光文化研究所を設立し、翌年より月間雑誌『あるくみるきく』を発刊。一九八一年、東京都府中市にて死去。著書『忘れられた日本人』（岩波書店）、『日本の離島』（未來社）『宮本常一著作集』（未來社）など多数。

森本　孝（もりもと　たかし）
一九四五年大分県生まれ。立命館大学法学部卒。日本観光文化研究所所員を経て、平成元年からＪＩＣＡ専門家として発展途上国の水産・漁村振興計画調査に従事。この間、水産大学校教官、周防大島文化交流センター参与等を務めた。著書・編著に『舟と港のある風景』（農文協）、『鶴見良行著作集フィールドノートⅠ・Ⅱ』（みすず書房）、他がある。

志村妙子（しむら たえこ　現姓 西山 妙）
一九四三年東京都生まれ。早稲田大学第一文学部卒。日本観光文化研究所に初代事務局長として入る。『あるくみるきく』の創刊以降は、その編集、執筆に携わる。著書には『道は語る』（ほるぷ出版）『ハマの職人探訪瓦版』全二巻（横浜市）などがある。

須藤　功（すとう　いさを）
一九三八年秋田県横手市生まれ。川口市立県陽高校卒。民俗学写真家。一九六七年より日本観光文化研究所所員となり、全国各地歩き庶民の暮らしや祭り、民俗芸能等の研究、写真撮影に当たる。日本地名研究所より第八回「風土研究賞」を受賞。著書に『西浦のまつり』（未來社）『山の標的—猪と山人の生活誌』（未來社）『花祭りのむら』（福音館書店）『写真ものがたり　昭和の暮らし』全一〇巻（農文協）『大絵馬ものがたり』全五巻（農文協）など多数。

渡部　武（わたべ　たけし）
一九四三年東京都生まれ。早稲田大学大学院文学研究科卒、博士課程単位取得退学。東海大学文学部特任教授。画像文献資料と考古学的な出土文物資料を用いて中国文化史・中国農業技術史を研究。著書に『画像が語る中国の古代』（平凡社）『西南中国伝統生産工具図録』（慶友社）『四民月令—漢代の歳時と農事—』（平凡社）などがある。

田村善次郎（たむら　ぜんじろう）
本巻監修者。監修者略歴欄に掲載。

西村與一（にしむら　よいち）
一九一一年山口県周防大島町生まれ。山口師範学校卒。台湾、大阪府の小学校教諭を務める。宮本常一の姉と結婚し、宮本の書籍の写真撮影等を担当。地方誌『山王誌』の元編集長。一九九五年没。

今北哲也（いまきた　てつや）
一九四六年滋賀県生まれ。千葉大学大学院園芸学研究科卒（風景計画論）。人が山村に住む意味を知りたくて、東北を旅した後、一九七五年、滋賀県朽木村に入植。一九八一年、「雑木山は生活文化の源」という理念のもとに「杣（そま）の会」（現「ＮＰＯ法人杣の会」）を設立し、二七ヘクタールの雑木山を都市住民と共有する運動を始める。「火野山ひろば」を呼びかけ、火入れを原点にした山野の再生に取り組む。共著書に『森なしには生きられない』（朔風社）がある。

山崎禅雄（やまざき　ぜんゆう）
一九四三年島根県桜江町生まれ。早稲田大学第一文学部史学科大学院博士課程修了。宮本常一没後の日本観光文化研究所『あるくみるきく』編集長。同研究所の閉鎖後、帰郷し日笠寺住職。桜江町「水の国」初代館長、江津市教育委員等を歴任。主な著書に『水の力—折々の表情』（淡交社）などがある。

工藤員功（くどう　かずよし）
一九四五年北海道生まれ。武蔵野美術短期大学芸能デザイン学科専攻科修了。一九七二年より日本観光文化研究所所員となり主に民具調査・収集に従事。一九八九年より武蔵野美術大学美術資料図書館民俗資料室専門職。現在、武蔵野美術大学非常勤講師（民俗学）。著書に『日本の生活と文化6　暮らしの中の竹とわら』（ぎょうせい出版）、共著に『琉球諸島の民具』（未來社）、『絵引　民具の事典』（河出書房新社）などがある。

西山昭宣（にしやま　あきのり）
一九四三年台湾生まれ。新潟県で育つ。元都立高校教諭。早稲田大学第一文学部卒業後、日本観光文化研究所に参画し、宮本千晴と共に『あるくみるきく』の企画・編集に携わる。後に都立高校教諭として転出するが、研究所閉鎖時まで同誌の企画・編集を行なった。

野吾信雄（やご　のぶお）
一九四七年富山県生まれ。東京教育大学哲学科卒（倫理学専攻）。富山県立高等学校教諭。

松田壽男（まつだ　ひさお）
一九〇三年東京生まれ。東京帝国大学文学部東洋史学科卒業。国学院大学教授、京城帝国大学教授、早稲田大学教授を歴任。文学博士。中央アジア史専攻。内陸アジア史学会初代会長。一九八二年没。主著『漠北と南海』『古代天山の歴史地理学的研究』『砂漠の文化』『丹生の研究』『アジアの歴史』ほか。『松田壽男著作集』（全六巻）がある。

監修者略歴

田村善次郎（たむら　ぜんじろう）

一九三四年、福岡県生まれ。一九五九年東京農業大学大学院農学研究科農業経済学専攻修士課程修了。一九八〇年武蔵野美術大学造形学部教授。武蔵野美術大学名誉教授。文化人類学・民俗学。

大学院時代より宮本常一氏の薫陶を受け、国内、海外のさまざまな民俗調査に従事。『宮本常一著作集』（未來社）の編集に当たる。著書に『ネパール周遊紀行』（武蔵野美術大学出版局）、『棚田の謎』（農文協）ほか。

宮本千晴（みやもと　ちはる）

一九三七年、宮本常一の長男として大阪府堺市鳳に生まれる。小・中・高校は常一の郷里周防大島で育つ。東京都立大学人文学部人文科学科卒。山岳部に在籍し、卒業後ネパールヒマラヤで探検の世界に目を開かれる。一九六六年より近畿日本ツーリスト・日本観光文化研究所（観文研）の事務局長兼『あるくみるきく』編集長として、所員の育成・指導に専念。

一九七九年江本嘉伸らと地平線会議設立。一九八二年観文研を辞して、向後元彦が取り組んでいた「（株）砂漠に緑を」に参加し、サウジアラビア・UAE・パキスタンなどをベースにマングローブについて学び、砂漠海岸での植林技術を開発する。一九九二年向後らとNGO「マングローブ植林行動計画」（ACTMANG）を設立し、サウジアラビアのマングローブ保護と修復、ベトナムの植林事業等に従事。現在も高齢登山を楽しむ。

あるくみるきく双書
宮本常一とあるいた昭和の日本 7 近畿 1

2012年2月5日第1刷発行

監修者　田村善次郎・宮本千晴
編　者　須藤　功

発行所　社団法人　農山漁村文化協会
郵便番号　107-8668　東京都港区赤坂7丁目6番1号
電話　03（3585）1141（営業）　03（3585）1147（編集）
FAX　03（3585）3668
振替　00120（3）144478
URL　http://www.ruralnet.or.jp/

ISBN978-4-540-10207-3
〈検印廃止〉

印刷・製本　（株）東京印書館